# 2020[1]

## Vom Durchmarsch des viralen Wanderzirkus

Christian Seegert

Phantastisches Tagebuch - Band 14

## Impressum

Band 14 (2020.1)
© 2021 Christian Seegert, Ritterhude, *cseegert.tbc@web.de*
Alle Rechte liegen beim Autor.
Herstellung und Verlag: BoD – Books on Demand, Norderstedt
Satz & Layout: Martin Labedat, Northeim

Phantastische Tagebücher

In Vorbereitung ist der
Band 7.3 (2014)
und der
Band 15 (2020.2)

Titelbild: CHRISTIAN GOTTFRIED EHRENBERGS
‚Infusionsthierchen' von 1838 – Foto: (FAZ) Archiv

**ISBN:** 9783753418360

Bibliografische Information der Deutschen Nationalbibliothek: Die
Deutsche Nationalbibliothek verzeichnet diese Publikation in der
Deutschen Nationalbibliografie; detaillierte bibliografische Daten sind
im Internet über *dnb.dnb.de* abrufbar.

# Vorwort

Das Virus unterwegs – das könnte reichen als Jahresprogramm, mögen Sie denken – *Fleutschepiepen*! Denn: es treibt alles auf, was schon ist, das heißt: der normale Wahnsinn exaltiert! Es befeuert die Treiber nahezu aller Themen – und zwar in die gleiche Richtung, nix Kurswechsel.

Dazu das Eigenleben des Gedenk-Tages, was sag ich, des Gedenk-Systems – vom Pompösen sehr nahe an den Tag heran, also hier änderte sich etwas, so meine Wahrnehmung – das stetige Gedenken des ersten Halbjahres heißt ‚Vor 75 Jahren‘, es zieht sich hin über Monate – wo es herkommt? Es brach einfach aus, mit einer Wucht, die es vor 70, 65, 60 Jahren nicht hatte – und die Sender werden voll davon sein und du stehst mittendrin, weil diesmal keine Schonung das Ganze karamelisiert, weil kein moralischer Überzieher die Sache auf Gedenkminute runterbricht und schnell verschwindet.

Früher war das anders, nach dem Krieg von 1870, nach dem ersten Großen Krieg – da bauten sie Krieger-Gedenkstätten, groß wie die Kalvarienberge in der Bretagne, meißelten die Namen der ehemals Ortsansässigen hinein und gedachten am Heldengedenktag – ein Hohn auf die Schlachtfelder mit den Millionen Verreckten – von Kaiserwetter sprach der Onkel, wenn die Sonne schien – von den steinernen Bergen steht das Land immer noch voll, fahr mal rum!

Und was sie gut 20 Jahre drauf vom Zaun brachen, wie kriegst du das weggedrückt? – Wir haben es ‚weggearbeitet‘, richtige Arbeitswut, in West und Ost – so bleibt das Gedenken ein Element im Sediment verwitternder Ereignisse, es wird abgearbeitet, setzt sich ab – und bricht wieder auf, weil zuviel da ist, was verpreßt wurde, unter Druck, wies $CO_2$ in die Erde, dort gärt es, weil es Teil von uns bleibt (wie das Virus, hust!) – bis du es ansiehst – das ist dann wie im SS-Prozeß neulich. ‚Jetzt bin ich frei‘, wird der Überlebende sagen, nachdem er den 93-jährigen SS-Mann angesprochen und umarmt hat – und auch ihn kurz vor dem Ende von der lebenslangen Last ein Stück wegrückte.

3

Noch eins: dieses langsame Dichtsetzen des öffentlichen Raumes mit Organisationen, komplexesten Prozessen und oft unverständlichsten Ergebnissen – bisher nur mit den deutschen Kronjuwelen Steuer- und Baurecht gekrönt – kurz, das Bürokratische nimmt die Luft zum Atmen und die Lust am Politischen, ein halbes Dutzend Belege illustrieren das.

# 2020

**2.1.** Start ins Jahr mit Beerdigung, um 8 Uhr zu viert zum Trauer-strauß und nach Wolfenbüttel vor den Sarg, darin der Schwa-ger – vor vierzehn Tagen standen wir zusammen auf dem Weihnachtsmarkt, jetzt trägt die Schwester ihren Mann zu Grabe, es ist noch nicht zu begreifen – um vier Uhr nach-mittags verabschieden wir uns – mit Boxenstopp am Bur-ger-Stand zurück.

**3.1.** Covid 19: auf Anweisung der nationalen Gesundheitskommis-sion Chinas werden Proben Infizierter vernichtet.

Digit: Richtlinie 770 des letzten Jahres der Kommission Brüssel macht das Geschäftsmodell von ‚Google sieht alles, Apple hört alles und NSA weiß alles‘ (YVONNE HOFSTETTER) zum eige-nen Vertragstyp – womit ‚die Macht der Algorithmen und die Ohnmacht des Rechts‘ (VOLKER BOEHME-NESSLER) in räu-dige Rechtsform gegossen sind (FRIEDRICH GRAF VON WEST-FALEN). Fernab der Vertragsfreiheit wird die Dominanz und Steuerungsmacht der Anbietergiganten über dem ‚Produkt Ver-braucher‘ dergestalt als *‚deal‘* freigestellt, dass die personenbezo-genen Daten des so Behandelten als Zahlungsmittel dienen. Da kann sich die Verbraucherschutz-Fraktion gehackt legen!

Arte bringt die Dreigroschen-Verfilmung mit Charakteren, echter Tipp des Tages – WOLFGANG KOEPPENS ‚Treibhaus‘ (1953), das frisch eingerichtete Bonn, zu Ende gebracht, wo alles hinter sich herschleppte oder vor sich hertrug.

Per Anhalter durch die Gedenktage: ‚30 Jahre Gesamt-Deutsch-land‘ – RICHARD SCHRÖDER, knietief im Stoff stehend, gibt Überblick – wie konnte es nur so kommen? – sein ‚gMv‘ inte-griert gegen das endlose ‚hätte-hätte-Bröseln‘ die Offensichtlich-keiten von Ökonomie, von Sozialhilfe und politischen Impulsen,

- warum das westdeutsche Sozialhilfesystem maßgebend war (wie bei Migration!),
- warum 1:1 kaum anders ging und endlos Arbeitsplätze im Osten ‚kostete‘,
- wie Ankündigung der Währungsunion den Übersiedlerstrom schlagartig auf 10 Prozent zurückbrachte, Motto: ‚Kommt die D-Mark, bleiben wir, …‘
- warum der Fall der Mauer die ‚Währungs-, Wirtschafts- und Sozial-Union‘ erzwang, als Sturzgeburt, als Steißgeburt (wenn Sie das bitte nachschlagen) und als Ganzes eben ‚unaufhebbar asymmetrisch‘,
- warum ‚Exacta‘ und ‚Praktica‘ schlagartig unverkäuflich wurden,
- warum so viele Wessis auf die neuen Chefsessel gelangten, gewählt wurden …
- und über ‚vernichtete oder nicht gewürdigte Lebensleistungen der Ostdeutschen‘
- und wo der Osten des Landes heute steht, verglichen mit westlichen und Ex-Bruderstaaten
- … und warum die Westkader die AfD so puschen können
- … und nicht zuletzt das antinationale Großeuropäertum, welches die vom ‚sozialistischen Internationalismus‘ Gebeutelten verzweifeln läßt – Motto: vom Regen in die Traufe.

Echt gute Übersicht, für so manchen Intelligenz-Kader, fast Gourmet-Spitzenkost!

Ganz ungewöhnlich, so ein paar Tage ohne Klimawahn – was gerade in Australien niederbrennt, ist kaum zu erfassen, während in Stuttgart Autos mit Abgasnorm 5 aus Teilen der Innenstadt verwiesen werden (reiner Selbsthaß) – und die Koalitionspartei im Sinkflug nutzt ihre Berliner Arbeitsstätte auf das Nachhaltigste: nach dem Motto, immer auf die Fresse (der paar Wähler, die sie noch haben könnte), schlägt sie mit Geld für den ‚Windbürger‘ auf – das ist weder Windbeutel noch Burger, aber neuer Höhepunkt, nein Exaltation (es muß, bitte nachschlagen) von Staatsprojekt:

- nachdem bald 2 Jahrzehnte der Windmühlenausbau per Hoch- und Dauersubvention durchs Land getrieben wurde, bis das Geflügel die Ziegel vom Dach holte,
- soll jetzt der Widerstand der Windbürger gegen die Industrialisierung von Landschaft und Vorgarten mit neuer Subvention gebrochen werden, kannst du gleich auf die Billion draufpacken!

Alles jubelt, links, grün, rot eh, die Geflügelindustrie, selbst die Anderen gewinnen was ab – man bewegt sich ja in den heimischen Sümpfen des Subventions-, Vorsorge- und Versorgungsstaats – dabei sind schon 60 Gigas installiert, fast das Dreifache des Zweitligisten Spanien.

In England liegt der Kohleanteil bei 1 %, kein Wunder bei 23 % Kernige – früher auch mit Subvention, sind längst weg, mehr Markt machts erheblich ‚billiger‘ – aber, wer kann nicht billig, teuer muß man können!

(Wie beim Kassenbon! Der ist beschichtet, damit kein Papiermüll, sondern Spezialentsorgung – brauchst die Zeitung nur abschreiben und hast die tägliche Hirni-Kette frei Haus! – Und da die Halbwertszeit sozialdemokratischen Neuerertums akut bei 24 Stunden liegt, folgt tags drauf die Bodenwertzuwaxsteuer, womit Navajo, sorry NoWaBo, also NORBERT WALTER-BORJANS ‚ein Stück weit abschöpfen‘ will – selbst die Warnung des ‚bekanntesten Armenlobbyisten‘, so HEIKE GÖBELS ‚Steuerböller‘-Kommentar, nämlich des ULRICH SCHNEIDER von der Paritätischen Wohlfahrt, könne den SPD-Ko-Chef wohl nicht abhalten, solch ungares Zeug in den politischen Raum zu kippen – jedes Mikro zählt im Panik-Modus.

Zurück ans Atom, wo ja Frankreich den Vogel vom Baum holt! Kohleanteil 0,3, aber Atom bei 70 % aus 58 Reaktoren des Monopolisten EdF, den Rest teilen sich Wasser (13 %), bißchen Gas, Wind und Solar, läuft! – Haushalte kommen mit 17 Cent pro kWh gut hin – ach ja, FRA ist größter Stromexporteur ... wo der wohl hingeht (23.1.20, CHRISTIAN SCHUBERT 21.2.20)!

Gegen soviel Atomlob hat SVENJA SCHULZE von de' Umwelt schon im Dezember radikal vorgebaut (und grün echt überholt!) mit 1 Million Lagerzeit und einer Million Tote, mindestens Gefährdete gell! (Kirche im Feld!) – das zieht einem Reaktor-Ingenieur aus dem Belgischen dann doch die Schuhe aus – REINHARD BÖHNERT (7.1.20) knöpft sich die ‚beweisbar falsche' Textur der Ministerin vor – die weltweit mehr als 600 AKWs und weitere Zubauten werden auf Jahrzehnte ‚helfen, die Erderhitzung einzudämmen' (sein Wort in Gottes Ohr) – die Formel, der Atomausstieg mache unser Land sicherer, sei wohl blanker Hohn (meine Worte), denn ‚sachlich falsch und diffamiert den Stand von Wissenschaft und Technik in Deutschland', mit Quellenverweis – einzig in D. habe das Märchen von den eine Million Jahren gar Eingang in die Gesetzgebung gefunden – zunehmend unsicher sei vielmehr ein ‚frequenzstabiler Strom' im Windmühlenpark Deutschland, dem wohl ausländische AKWs zu Gleichmaß verhelfen müßten. – Keiner ist eben radikaler als wir deutscher Sonderweg.

Das Hartz-4-System verhindert, daß Bezieher in besser bezahlten Positionen sich bewerben, die Verrechnung fördert Mini-Jobs statt Vollzeitarbeit – im Entwurf einer Neuregelung komme das Wort ‚Arbeitsanreize … kein einziges Mal vor', so KAI WHITT-AKER (2.1.20) – das bestehende System ‚hält Menschen von der Arbeit fern' (ANDREAS PEICHL 23.12.19) – isso bei ‚Versorgung in Sicherheit'.

Iran: ein Drohnenprojektil traf den Wagen des QUASEM SO-LEIMANI, Chef der Quds-Brigade, die für den Export der Revolution zuständig ist. Quds ist der islamische Name für Jerusalem. Womit der Auftrag umrissen ist. – Die Revolutionswächter, die das Volk in Armut am Geländer Allahs führen, haben sich das Land auch in materieller Hinsicht unterworfen – von einem Fünftel der iranischen Wirtschaft spricht RAINER HERMANN, woraus das Atomprogramm, ballistische Raketen und die imperialen Einsätze in der Region finanziert werden. In mehreren Konglomeraten mit 800 Unternehmen und Beteiligungen greifen sie, von einer großen Bank unterstützt, auf ‚alle strategisch wichtigen Branchen' zu – Sanktionen spielen ihnen in die Hände, die das mafiotische Spiel der illegalen Kanäle beherrschen.

Die Antwort auf die amerikanische Drohne führten die Revolutionswächter von iranischem Boden aus – dem Regime sei über einen Schweizer Diplomaten anempfohlen worden, seine Reaktion ‚müsse verhältnismäßig sein' (9.1.20). Sie war es, ohne Tote. – In ihrer Panik schießen sie dann ein ukrainisches Passagierflugzeug ab – nach wenigen Tagen kapituliert die Führung vor den US-Satellitenbildern, die zwei anfliegende Raketen zeigen.

**4.1.**  Auch in Afrika läuft die Akkumulation des Kapitals: Eduard der Heilige, also EDOUARDO DOS SANTOS ist dabei, mit Blick auf das Ende den Löffel beiseite zu legen, nach Jahrzehnten maximaler Konzentration Angolas in seiner Hand (guxdu Band 7.1, 2012, Seite 125, Band 7.3, 2014, unter dem 7.12., quasi im Erscheinen begriffen sowie Bd. 9, 2017, Seite 243 – wenn dies einer liest, wird der verrückt) – Bereits als Chefe ‚Volksbefreiungsbewegung' hatte er gemäß kommunistischer Philosophie das Volk von jeglichem Vermögen freigemacht.

Darüber wurde Töchterchen Isabel nicht nur reichlich bedacht, sie lernte frühzeitig Väterchens Handwerk – also zwei Milliarden sind für Afrika schon ein Schlag ins Kontor – dumm nur, die Nachfolgerclique von Kleptokraten hätte gerne was davon zurück – ihre Forderung von 1,1 ist der gerade 41-Jährigen nun gänzlich unpäßlich, sie hat das halbe Leben noch vor sich! Und hübscher wird sie ja auch nicht, oder!

Zurück in die blasse Nordhalbkugel: ADAM HIGGINBOTHAMS ‚Tschernobyl' liefert auf den ersten 40 Seiten die schauerliche Matrix von kommunistischer Organisation und Parteiaufsicht, woraus neben hochdefizitärer Materialqualität und fortlaufendem Materialmangel die Genese des Desasters ablesbar ist.

‚Das Neue Alphabet', DNA, des BERND SCHERER bietet neue Weltsicht als ‚Anthropozän-Projekt' – ich vermute Subversion, habe Probleme, den gewaltigen Abriß unbefangen zu lesen, also meine Mißtrauens-DNA hält mich auf Distanz – auf Youtube erläutert er sein Anliegen:

- die Ausmaße menschlichen Eingriffs kommen einer Transformation des Planeten gleich, forcieren also den menschenverursachten Anteil des Klimawandels,
- dann die Quantifizierung der Zeit, die gewaltige Beschleunigung von Ereignissen und Prozessen, welche die Menschen hinter sich lassen, ratlos, erschöpft, vielleicht verloren,
- die neue DNA, also ‚Das Neue Alphabet‘, womit sich zu Recht die Dachgesellschaft von Google ziert, markiert zwei Themen:
- zum einen die Fähigkeit des binären Codes, alles, aber auch alles zu erfassen, abzubilden, ja an die Stelle seiner Erscheinung zu setzen, ob Sprache, Ton oder Bild – zum anderen den Wandel von der Utopie der 90er Jahre in reale Herrschaftsstruktur, also den Übergang von großer Demokratiehoffnung über verfügbares Wissen und allseitige Kommunikation aus Digitalisierung hin zu Geschäftsmodellen, über welche die große Mehrheit ‚gelesen‘ und gesteuert wird.

Das illustriert tags drauf NIKLAS MAAK (6.1.20) im ‚Neuen Design der Dinge‘, die ihre wahre Funktion verbergen – wie in der neuen ‚Wohnzimmer- und Lounge-Atmosphäre im öffentlichen Raum New Yorks‘: wer im Park und anderswo an den neuen Liegeplätzen auflädt, ‚kann in der ganzen Stadt, an jeder Bank identifiziert werden … die Liege … ist eigentlich ‚der Ort eines Überfalls auf arg- und wehrlose Bürger‘ – ‚Per Design wird die Gesellschaft umgebaut‘.

*Die doppelte Bank im Central Park*

Das neue Alphabet ist in privater Hand, so SCHERER weiter, seine Logik ist privat – die Leute kennen sie nicht, kennen die Algorithmen nicht – und staatliche Instanzen bedienen sich solcher Kapazitäten ebenfalls – und wie sich solche Wächter der Freiheit zum Büttel des digitalen Geschäfts machen, illustriere ja grade die Große Kommission (der EU) – erforderlich sei

1. eine zweite Aufklärung unter der Frage, was passiert hinter den Bildschirmen,
2. eine politische Regulierung, raus aus dem ‚Wilden Westen der Digitalisierung‘,
3. das 20. Jahrhundert war das der Physik, das 21. wird das der Biologie, das Leben wird als Alphabet gelesen – es braucht neue Repräsentationssysteme in der Gesellschaft, neue Formen der Wissensproduktion.

Das klingt sehr ungefähr, nach hilfloser Suche – wenig überraschend. Welcher Kapazitäten, sprich ‚politischer Fähigkeiten und Weitsicht‘ es dafür bedarf, ist nicht ersichtlich – es wird im ewigen Muster laufen: Repression, Vereinnahmen bis zum Widerstand, Unterwerfung, Unterdrückung bis zum Aufstand, sodann Neuausrichtung … jedenfalls: diese Zusammenhänge, dieses ‚Verweben von menschlichem Handeln und Naturprozessen‘, die Integration von Atmosphäre-Biosphäre und Technosphäre sind einleuchtend, auch, daß Erdsysteme wie menschliche Ordnungssysteme ‚aus der Balance‘ geraten und destabilisiert werden – Stopp! Das unterstellt eine vorgegebene Ordnung der Natur – die gibt es nur in unserer Wünschelrouten-Wahrnehmung – wir hätten gern Ordnung – die ‚kennt‘ Natur nicht, den Menschen bekanntlich auch nicht, diesen dramatischen Auswurf – bringt der eine ‚Ordnung‘ zu Fall, geht's einfach weiter, nenne es, wie du willst! Statt kalt eben warm, statt Eis mehr Wasser, statt gemütlich eher ungemütlich – da wieder setzt unsereins ein: mit der Behauptung unseres prägenden Einflusses auf planetare Prozesse, die Frage bleibt! Sie von Algorithmen beantworten zu lassen, ist der akute Hinterhalt – solche Codierung von Herrschaftswissen – Motto: alternativlos! – war schon immer Handwerk des Herrschens, könnte jetzt neue Qualität gewinnen, ist auch schon immer so!

11

**5.1.** Aufgemerkt, besser festhalten, der Planet im sonnennächsten Punkt, dazu auf Höchstgeschwindigkeit, wegen Winter …, hatte schon olle KEPLER ermittelt!

Nachkriegszeit: 2016 feierte das LKA NRW den 70. – und wollte alle Chefs ehren – und bekam Zweifel, ob's denn alle verdient hätten – und schickte MARTIN HÖLZL auf Recherche – und der legt offen, daß die ersten sechs (in Worten: 6) LKA-Chefs hochrangige Nazi-Frondeure waren, vereinzelt mit beeindruckender Mord&Totschlags-Biographie, mit dichtem Seilschaftengeflecht nach dem Ende der Kampfhandlungen, mit hoher Persilschein-Stütze, bis in die Aura des Widerstandskämpfers lavierend – WALTER HELFSGOTT, als SS-Hauptsturmführer seinerzeit in der Einsatzgruppe C und als Führer des Sonderkommandos 1005 B unterwegs, erwischte es dann doch noch in den 60er Jahren, andere stiegen unbehelligt ins Grab – vertiefende Forschung sei angesagt, so der Gutachter. Mit weiterer Aufklärung ist zu rechnen, bis zur Mitte dieses Jahrhunderts.

Der Sammler- & Jägerverein Cambridge Analytica (guxdu Bd. 10, 2018.1, Seite 102 f.) war in 68 Ländern aktiv, ex-Direktorin BRITTANY KAISER veröffentlicht Beweise für allerlei – der Bankrott der Muttergesellschaft SLC Group sollte der Veröffentlichung zuvorkommen (7.1.20) – SARAH GENNER sagt, die Vermessung des Menschen nach dem Set Gewissenhaftigkeit-Verträglichkeit-Neurotizismus-Offenheit-Extraversion sei wohl aktueller Standard (NIKLAS ZIMMERMANN 10.1.20), der Erkenntnisgewinn aber nicht dramatisch größer als jener der *spin doctors* oder mancher Demagogen sonst.

**8.1.** 9–15.00 acht Lifo-Gespräche in der Filiale von äußerster Virtuosität.

**9.1.** Traumhaftes Ergebnis im Bankhaus meines Vertrauens vorgestellt – das Parfüm allerdings riecht nach Seife, meint Marion, lass doch Leon sowas kaufen …

Die Bürgerkriegsszene Hamburg geht in Anschlag, drei auf einer Parkbank ergriff die Polizei, mit den Utensilien in der Hand, Jubel, Beifall und Fußtrommeln begleiten den Prozeßbeginn (MATTHIAS WYSSUWA).

VERENA LUEKEN über ‚Queen & Slim' der MELINA MATSOUKAS, das 13. Road Movie über das amerikanische Drama: zwei Schwarze im Wagen, Mann und Frau – Polizeikontrolle, der weiße Polizist schießt, bleibt aber tot zurück – ‚nichts erschreckt einen weißen Mann mehr als ein Schwarzer auf einem Pferd', zeigte auch QUENTIN TARANTINO – der Blick einer Schwarzen macht den Unterschied zu ‚Bonnie und Clide', verändert das Thema.

**10.1.** In die Stadt, das widerliche Parfum umtauschen, Jonas tauscht seine Töpfe, der ‚Dinner'-Frack geht in den Probenraum – alle sind da, nächste Premiere am 29.

Vor 100 Jahren trat der Vertrag von Versailles in Kraft, Gebiete um Eupen und St. Vieth gingen an Belgien, Kompensation für die Verheerungen 1914 – Johanna R&B, 1918 geboren, vier Staatsangehörigkeiten, vier Sprachen, lebt im Altersheim, man fühlt sich sauwohl als ‚deutschsprachige Gemeinschaft', berichtet Thomas Gutschker.

HANS-WERNER SINN nimmt den deutschen Klimalärm unter die Raster von Effektivität & Wirksamkeit, spiegelt also deutsche Religiosität vor den volkswirtschaftlichen Treibern & Kosten, dazu mit Blick auf die Aktionen und Reaktionen der weiteren 1.000 Akteure rund um die Kugel – denn dieser Blick allein ist in der Lage, die Frage der Nachhaltigkeit zu beantworten – hierfür gibt es in Berlin ja eigens Einrichtungen, die sich jedoch in Schweigen hüllen.

Also beginnt er mit dem Desaster-Konstrukt EEG, woraus 20–25 Milliarden jährlich auf das Volk niedergehen, wohl weltweit höchste Stromkosten, die Standortverlegungen auslösen, weiter über Batterie, Speicherkapazitäten und grüne Stromspitzen, die

Zeho2-Bilanz der Elektros, die Kernkraft, den ‚Stellerator' und die Mülleimer-Analogie.

> ‚Wenn man dem nicht regelbaren grünen Strom das Einspeiseprivileg nähme und seine Erzeuger zwänge, die unerläßliche Unterstützung durch die konventionellen Anlagen zu bezahlen, würde jedermann sofort erkennen, wie preisgünstig die Kernkraft ist.'

Sein letzter Tipp ist WILLIAM NORDHAUS, der auch Vorschläge hätte. Diesem Vorschlag zur Rückkehr aus dem Wahn in den Realismus folgen fünf weitere Optionen, wie das Land zu Effektivität in seinen Klimazielen zurückfinden könnte – wenn dem Glauben denn Substanz beschieden ist, der Mensch, und das ist nicht Deutschland, ihr Hanebüchenen, könne das Klima steuern.

Derweil ruft URSULA VON DER LEYEN die nächste Klima-Billion auf – die Karawane in ihrem Lauf, hält weder Ox noch Esel auf, *newwar!* Akut im Null-Kohlemodus, ausgestattet als Doppel-Desaster: $CO_2$-Effekt gegen Null und das teuerste Verfahren auf dem Planeten – daher in verdauungsfördernder Scheibchenweise serviert (MICHAEL THEURER 18.1.20), nach Strukturwandel-, Entschädigungs- und Vorruhestandsmilliarden, so 282.000 pro Kumpel, mal 17.000 – hat alles mit Klima nix zu tun, so LARS FELD, Steuerzahlerbeistand REINER HOLZNAGEL kreischt, in Summe 50 Milliarden, weit über den 30 für die ‚Steinkohleliquidation' – und alles schön im nationalen Alleingang – der 1.000-fach effektivere Zertifikatehandel ist ja uneitel, taugt nicht zum politischen Balkonauftritt – HEIKE GÖBEL macht den Weg durch die planwirtschaftliche Agenda (17.1.20) und die ‚panisch anmutende Subventionsorgie', am Ende fehlen ausgerechnet zwei Milliarden für die Subventionierung von Strompreissenkungen beim gebeutelten Verbraucher (GEINITZ 23.1.20).

**11.1.** 20.00 – Start mit einem Satz Sozialpolitik der Linkspartei, die alles Maximum zusammengekehrt hat (MARKUS WEHNER 13.1.20) – dem Sofa fehlt der Gurt zum Anschnallen, Marion redet beruhigend auf mich ein.

**12.1.** SONNTAG

Auf Umwegen gerate ich in das 25-jährige Im-Kreis-Fahren der Eisenbahnfreunde, wozu ich – bekennenderweise – zählte – da sitzt etwa einer vor zerbombten Häusern und einer Straße unter blühenden Obstbäumen, darauf eine Folge von Militärfahrzeugen, ‚hab ich erlebt, als Kind', weiter Arbeiter beim Skat im Sägewerk, geborstene Eisenbahnbrücke – so sind wir.

Abends geraten wir vor den Reaktor 4 in Tschernobyl, über den die 37.000 Tonnen schwere Abdeckung auf Teflongleitern geschoben wird, innen mit allem Arbeitsgerät zum Abbau der strahlenden Reste ausgerüstet, 100 Jahre Haltbarkeit werden gegeben – gerade folge ich dieser Utopie, wie sie ADAM HIGGIN-BOTHAM nachzeichnet – Samstag 6.15 in Prypjat halten Bauarbeiter Wodka für eine ‚wirksame Prophylaxe' – können Kopien der Kraftwerkspläne nicht erstellt werden, weil ‚die wenigen Kopierer vom KGB überwacht' werden – wo auf die Frage, was ist mit Block vier?, weiterhin ‚die Anweisung, nicht darüber zu sprechen' gilt – während

> ‚ein rubinrotes Glühen … in der Ruine erstrahlte (und) weiße Blitze wie Geysire aus Licht … den 150 Meter hohen Abluftkamin in ein gleißendes Strahlen hüllten (und) weißglühende Brocken vom Himmel regneten'

– und die Zahl der Kommissionen in die Höhe schnellte, die nicht wußten oder nicht sagten, was passierte – und ex-Politbürokader Schtscherbitzki dem Genossen Gorbatschow am Telefon mitteilte, er werde ‚verlangen, daß der Energieminister alle vier Blöcke wieder in Betrieb nimmt. Wir werden alles dafür tun, um den Unfall zu tilgen'.

**13.1.** Das Feuilleton wieder reines Vergnügen – nach ‚*Hootie and the Blowfisch*' reist das Ensemble des Deutschen Theaters für die Proben des ‚Decamerone' zum Regisseur im Moskauer Hausarrest. Premiere des Stücks mit KIRILL SEREBREN-NIKOW ist 8.März in Berlin! – Und dann die Seidenstraße gleich zweimal, erst die 21st-Version unter der Laterna

Magica von XI (MARK SIEMONS), dann ihre Geschichte (THOMAS HÖLLMANN): als die Tributbringer unter den Gegengaben, ‚Ballen kostbaren Gewebes, häufiger auch Seide fanden, gelangte die in die feinen Kreise Roms – wo sie dazu dienten, daß die Frauen der Öffentlichkeit genau so viel von sich zu sehen gaben wie den Ehebrechern im Schlafzimmer‘, wird SENECA zitiert – so gehen die uralten Geschichten von traumhafter Schamlosigkeit, wer soll da noch schnödem Lebenswandel frönen!

Und das Berliner HAU1 unterm Regiekollektiv Schwarze Pumpe bringt die 50/50-Regel aus dem Basis-Workshop auf die Bühne, ‚100 Prozent Berlin *Reloaded*‘ – das Ensemble als Abbild der Stadtbevölkerung, Sex, Alter, Nation, *sole/married*, Wohnplatz – Rekrutierung über Kettenreaktion, sehr verrückt und Stadterlebnis in kultivierter Forrn, oder einfach echtes Berliner Straßentheater – ‚Clärchens Ballhaus‘ macht nach vierzig Jahren Schluß, Aufruf zum letzten Schwoof – ach, ich hätte ja Geld gegeben, wie neulich fürs Goya, das die Eröffnung nur knapp überlebte und *abri kadabri ... furt war sie*, meine Kohle! Über allem Rausch wieder die Tücken des Geschäftsmodells übersehen – auch dies hatte seine Zeit, kaum Platz für Standardtanz nach Mitternacht, klagt HANNAH BETHKE, ja, für was ist heute Platz in Berlin?

Hört nicht auf, noch Enkulturation des höfischen und dorffestlichen Paartanzes durch GEORGE BALANCHINE, 116 wäre er diesen Monat geworden, so WIEBKE HÜSTER, der von St. Petersburg nach Amerika gelangte und das *‚School of American Ballett‘*, darauf das *‚New York City Ballett‘* gründete, er starb 1983, jetzt das ‚b.42‘ in Stuttgart, zum Ende die Frauen aus den Gassen von links, die Männer von rechts aus dem Dunkel – ‚über die Breite der Bühne hinweg schauen sie einander in die Augen, bevor sie aufeinander zutanzen‘, WH. – Etwas Archaisches, dieses Verhältnis Frau und Mann, wie die Anziehung der Planeten – das atemberaubende Tanztempo in stupender Intensität, daraus ORAZIO DI BELLA, großartig – wie sie das schreibt!

Schließlich PIETRO ARETINO, geboren 1492 (obacht Columbus), laut Eigenwerbung adliger Abstammung, formulierte ‚Herr, brich mir das Genick im Sturz von einer Bierbank' – und so geschah es.

Belarus droht das Verschwinden in Rußland, so ANDREY VOZGANOV, sein Präsi ALEKSANDR LUKASCHENKA ist auch dafür bekannt.

17.02: Loki gibt Laut, 1 Box mit Futter ins Gras – kommt rein, Kong – such! – bringt den leeren Kong an den Schreibtisch, ab zum Abschlußbrot (trocken), echtes Dreigang-Menü.

**14.1.** Abends wandern wir beiden Geschäftsführer ins Hamme-Forum, wo Hunderte der Begrüßung durch die Bürgermeisterin lauschen, die sich erstmal über JOHNNY TRUMP hermacht, sei ja wohl das Letzte, dann aber doch zu den Kosten in der Gemeinde kommt – die junge und neue IRB-Chefin legt einen präzise gearbeiteten Text vor, der größten Eindruck macht, echte Bürgermeister-Kandidatin – nach Schnittchen und Sekt verlassen wir, bevor's umschlägt, mit der Pastorin im Geleit den Berg hoch.

Covid 19: es gebe keine klaren Beweise für die Mensch-zu-Mensch-Übertragung des Virus, so die WHO (ANKENBRAND 16.4.20).

**15.1.** Zum nächsten Empfang, wir nehmen den Weg über Walle, wo Marion in einem echten Szene-Café verschärftem Gitarrenauftritt folgt, derweil mein Türke mir den Kopf in Form stutzt – sodann über die Obernstraße ins Bankhaus, das sich den kleinen roten Teppich nicht nehmen läßt – die Aussichten sind schließlich glänzend! Nach zwei qualifizierten Talks des OLEARIUS JR. und KARSTEN KLUDE wird ein beeindruckender Service am dreistöckigen Häppchen & was du denn trinken willst durch die Eingangshalle getrieben, beste Unterhaltung, am Ende noch mit dem Meister, der herbeitritt, alle anderen sind schon weg – ich fühle mich gut aufgehoben, wenn Sie ahnen.

Über hundert Jahre ‚Untergang des Abendlandes' des OSWALD SPENGLER schrieb neulich einer – ich also ins Netz und hatte im Nu 1250 Seiten auf dem Tisch, erschienen 1918, konnte also keine Prophetie sein, eher eine Variante der ‚Gesetzmäßigkeit der Geschichte', in die übrigens Nordamerika einbezogen war, also das Siedlungsgebiet des weißen Mannes – ich finde, man könnte das Thema auch kürzer fassen. – Dazu ANGELA MERKELS neue Chinareise, die 12., zum KP-Meister mit einem Welt-BIP-Anteil von 20 Prozent.

FRANZ MÜNTEFERING hat die 80.
BERND SCHLINK fordert, der Kirchenaustritt gehört vors Pfarramt und nicht vors Amtsgericht oder Standesamt, soviel Zumutung muß sein zwischen Kontrahenten – wer das staatlich eingefädelt hat, wäre eine Recherche wert.

Aus der Straßenreinigung: SANDRA KEGEL wirft einen Blick auf die Münchener Liste störender Straßennamen. Wie längst in Berlin betreibt die Stadt auf SPD-Initiative das Geschäft mit der Rückabwicklung der Geschichte. In diesem Verfahren trifft es dann HEINRICH VON KLEIST, CHRISTOPH KOLUMBUS, ERICH KÄSTNER und ARTHUR SCHOPENHAUER ebenso wie ROBERT KOCH, GUSTAV ADOLF VON SCHWEDEN oder FRANZ JOSEF STRAUSS – Jeder hat Dreck am Stecken, der Kriterienkatalog ‚street credibility' wird wohl auch in Kürze publik. Hoffentlich gibt's keine Jesus- oder Augustinusstraße, meint die Journalistin abschließend – tröstlich die umseitige Vorstellung der ‚Titanic-Kolumnen' des WALTER BOEHLICH:

Schwächstes Wachstum der Industrie seit 2013 bei wiederholt stärksten Überschüssen auf Staatsseite, erzählt bloß was von Sondereffekten, die EZB-Staatsschutzprogramme und Höchststeuersätze gewähren fettes ‚Staatsleben', das zu personalisieren ist – das wertlose Geld beflügelt Vermögenspreisinflation – den Staatsüberschuß von 50 Milliarden in irgendeiner Form zurückzugeben, erscheint der SASKIA ESKEN einzig ‚gefährlich'.

A propos wertlos, THORSTEN POLLEIT (ef Nr. 196) kennzeichnete die Null- und Negativzinsstrategie als ‚radikales Antikapitalismus-Programm', bei Null und drunter bleiben Ersatz- und Erweiterungsinvestitionen aus, dazu Kapitalaufzehrung, Immobilienpreise weit über Wert usw., Massenvernichtungswaffe sei das Monopol der Zentralbanken über Geld & Zins.

17.1. Stasi: … ist ja schon häufiger medaillenverdächtig prämiiert worden, kaum ein Geheimdienst konnte ihr das Wasser reichen – die Ausstellung ,*Artists & Agents*' im Dortmunder ,Hartware' Medienkunstverein zeigt krönende Infamien. ERICH MIELKE ließ ,Kunsthistoriker in Zivil' los, also ,Tschekisten mit dem sechsten Sinn *für'n Glassenfeind*', so ähnlich GEORG IMDAHL, im Studiengang ,Operative Psychologie' an seiner Hochschule Potsdam-Eiche ausbilden, zu Weltmeistern in den Anwendungen ,operative Legenden' – fiktive Sachverhalte – Infiltration von ,Kompromaten' – ,Tipper' – Spürnasen unter den Schnüfflern.

Zum kulturellen Handwerkszeug gehörte ,performative Zensur' – ,vorbeugende Überwachung' – ,fingiertes plötzliches Unheil' wie Wasserrohrbruch – Entsendung ,anonymer Rowdys' in Ausstellungen – Auslegen von Pornos oder einfach Dreck im Hausflur – aber auch Versenden von Einladungen mit falschem Datum, von Stasi-feindlichen Gedichten an Künstler – dagegen der KGB: 1974 mit schwerstem Gerät, also Räumfahrzeugen, in eine Ausstellung rein, alles plattgemacht, konnten die Kollegen bestimmt nur schmunzeln! Denn es kommt noch mehr: Verkleidungsseminare mit Transvestitenansatz.

Stasi war der erfolgreichste 2-Millionen-Block des Untergangsregimes, mit 41 Millionen Karteikarten und 11 Regalkilometern in der Erbmasse, seiner Zeit also weit voraus in den Themen überwachen – infiltrieren – zersetzen. Vielfach wurde einfach ,Nichts' beobachtet – und akribisch festgehalten, das sei ,Teil einer Selbsterhaltung, der Selbstbezüglichkeit und eines Systems, das stets den Anderen, das Andere, den Feind und die Gefahr erschafft, um selbst am Leben bleiben zu können', so die Autoren der Broschüre ,Überwachen und zersetzen' – gute Tipps für Gegenwärtiges, oder? Das Gendersternchen in jeder zweiten Zeile zerstört den Text beträchtlich und produziert Grotesken in

Folge – die das Thema dominieren – was fehlt, ist ‚der/die Flüchtling*in‘.

JEFFREY EPSTEIN nannte etliche Inseln in der Karibik sein eigen, wohin er einige hundert Mädchen und Frauen verschleppte, die Täter kamen freiwillig.

Tierversuchsgegner filmen verdeckt im Labor des Hirnforschers NIKOS LOGOTHETIS – das zum Skandal zusammengeschnittene Video sendet ‚Stern TV‘. Der Mann wird daraufhin mit dem Tod bedroht, das ist guter Empörungsstandard, als Teufel und Nazischlächter tituliert. – Niemand aus dem MPI Tübingen tritt dem entgegen, nicht einmal dem strafbaren Vorgehen der, wie heißen sie doch gleich, Aktivisten – die Protagonisten des ‚öffentlichen Fanals‘ werden im ARD-System als Experten vorgestellt – Protest gegen die pestige und infantile Skandalisierung nur aus dem Ausland, nicht zuletzt gegen die Führung der MPG, die sich unterwirft, wider besseres Wissen – das Strafverfahren endet mit Entlastung, spät – nach dem Entzug der Institutsleitung folgte die Rehabilitierung, ebenfalls spät. – Das Ganze der 100. Schlag ins Kontor ‚Wissenschaftsstandort Deutschland‘ – denn NIKOS LOGOTHETIS wechselt mit einem erheblichen Teil seiner Mitarbeiter nach Schanghai, wo grade ein prachtvolles Institut fertiggestellt wird (ausgerechnet), berichtet MARCO WEHR.

> Sieglinde hats jetzt auch erwischt – der Hund machte kurzen Prozeß – die Eignerin bekam in zweiter Instanz 615 statt geforderter 4.000, für den toten Fernseh-Vogel, Revision nicht zugelassen.

An der Uni Frankfurt weiterhin Faustkampf seitens der ‚Studis gegen rechte Hetze‘.

Aus der korruptiven Elite Maltas tritt jetzt auch Polizeichefe Lawrence Cutajar zurück. Von ihm sprach die Journalistin DC GALIZIA (guxdu Bd. 10, 2018.1, Seite 139).

PS.: Im Vorgriff weitere Partikel aus der Malta-Sklerose: der MUSCAT-Kabinettschef KEITH SCHEMBRI zum zweiten Mal ‚kurzfristig‘ in Haft (rüb. 24.9.20) – das Kautionsgeld für die Entlassung ‚am späten Abend‘ hatte er wohl mit, alles Übrige der Familie, des Buchprüfers und der Geschäftspartner wurde beschlagnahmt – Anlaß ist das ‚MUSCAT-*Malta Individual Investor Programme*‘, vulgo, Pass-Verkauf an Oligarchisches mit Handsalbe, welche der Rechnungsprüfer sodann in Richtung Jungferninseln abseite.

Der Katalog NORBERT TADEUSZ, wuchtige Malerei in Farbe und Motiv, in Teilen nahe bei FRANCIS BACON.

Google, nach 22 Jahren als Alphabet bei einer Billion Marktwert, Gründer SERGEY BRIN und LARRY PAGE bei je 67 Milliarden, nur zu verständlich. – JACK D. HIDARY zur Historie und dem Forschungsstand der Quantentechnologie – 1.000 Unternehmen bei der Arbeit, Qu Spin, Ao Sense, 'D Quantique, dazu Werkstätten für Quantencomputer, Q-CTRL, Quantum Machines, jeweils Hunderte Millionen $ im Einsatz – Software Freaks sind Zapata, QC Ware, 1 Qbit, kurz, da bricht in Kürze erneut was rein.

19.1.  China: in 3sat ‚Die Neue Seidenstraße‘, ff. – KISHORE MATIBUBAHNI aus Singapur, *‚Has The West Lost It?‘*, erklärt die Expansion über die Seidenstraße und die Folgen für seine Gegenüber, die USA und Europa – der amerikanische Isolationismus befördert diesen Prozeß – ARNOUD DE MEYER, Belgier in Singapur: der Westen nimmt die geopolitischen Absichten nicht wahr, überläßt Afrika den Chinesen – TIM SUMMERS aus Hongkong vom *ThinkTank* ‚Chatam House‘: Europa wird absehbar vom Tourismus leben, dem asiatischen – JOE NGAI von Mc Kinsey: gegen 2.000-jährige Dominanz von China und Indien sehen 200-jähriger westlicher Vorrang aus wie eine historische Anomalie, Film von BASIL GELPKE, paßt so zu XIS akutem Procedere und den Langzeitplänen (guxdu Bd. 12, 2019.1, Seite 81 ff. und Bd. 13, 2019.2, Seite 109 ff., insbes. MAXIMILIAN TERHALLE, Seite 114). – Kurz, weiterer strategischer Aufschlag.

**20.1.** USA: UFUK AKCIGIT erklärt den Rückgang der amerikanischen Wirtschaftsdynamik aus der Monopolisierung, welche die Konzentration neuer Patente auf sich zieht: solche Zentralisation erstickt Produktivität und hält – wie der Nullzins – unproduktive Unternehmen am Markt – der gleiche Abstand bestehe in Deutschland zwischen West und Ost.

**21.1.** *Out of German Mr. Moneypenny:* EEG: Höchstförderung für Photo-Wind+Bio-Treiber 27,3 Milliarden finanziert über Stromaufschlag pro Haushalt+Mittelstand von 6,4 Cent pro Kilowattstunde, dazu MehrwertSt, also über 8! – Große kriegen's ermäßigt – mit dem Kohleausstieg setzt sich das fort, kommt gleich! – Fast vier Millionen Leute im Spitzensteuersatz, der ab dem 1,5-Fachen des Durchschnitts zieht.

RUS: Wie XI feilt VLADI PUTINOWITSCH am heroischen Geschichtsbild, der Diktatorenpakt von 1939 nervt, der mit zwei Überfällen aus West und Ost Polen physisch und von der Landkarte fegte – das besiegelten die beiden Anführer mit einer gemeinsamen Panzer-Parade in Brest-Litowsk – ,ein kurzer Schlag … (hat) genügt, damit von dieser Mißgeburt des Versailler Vertrages nichts bleibt', zitiert FRIEDRICH SCHMIDT den seinerzeitigen Regierungschef MOLOTOW – Im Dezember 39 entbot STALIN einen Gruß nach Berlin und sprach ,von einer durch Blut bestärkten Freundschaft der Völker'. – Danach traf es von östlicher Seite fünf weitere Staaten, bevor der deutsche Anführer den allgemeinen Überfall befahl, dem geplanten russischen zuvorkommend – und dessen Potenzial grundlegend fehleinschätzend.

Bildungsrepublik: Anstieg Studenten an privaten Hochschulen auf eine Viertelmillion, 7 %, im WS 18/19.

Als ich zum Briefkasten will, hält ein paar Häuser weiter der Krankenwagen und ein Rollstuhl wird ausgeladen, das nächste Ende in Sicht – ein halbes Dutzend Kunden hatte das Totenlicht in 12 Monaten, es geht nicht aus. – Das Altern, MELANIE MÜHL traf in Zürich HEINZ RÜEGGER, der vom ‚Bilanzsuizid‘ vieler Alter spricht – weil die Philosophie der Unabhängigkeit und Selbstverwirklichung und des Anti-Aging gegen das steht, was ist: das Altern und die Abhängigkeit, diese ‚narzisstische Kränkung des Ego‘ – dabei steigt, nach ihrem Tief zwischen 30 und 45 die Zufriedenheitskurve bis ins 85.! Anderen etwas zu bedeuten, ist das Futter dafür – dem muß das Eingeständnis von Abhängigkeit folgen, vielleicht die härteste Kopfarbeit.

20.00: zum Davos-Spektakel mit starker Klima-Komponente wird natürlich Kenner ROBERT HABECK interviewt, denn in den Alpen klagt gerade ANGELA MERKEL die ‚Klimaleugner‘ an – wer bitte, ist das? Wenn sie spricht, hat das oft was von Nebelkerze – naja, HUBI HEILS Installation treibt auch in den Wahnsinn: ein ‚Rat der Arbeitswelt‘ muß her, die 20. Kommission für Soziales.

Nazi auf Arte: zwei Juden flüchten im April 1944 aus Auschwitz und berichten im tschechischen Untergrund vom Prozeß des Mordens, das werden die ‚Auschwitz-Protokolle‘ – von der Erweiterung des Lagers 1944 nach der Besetzung Ungarns – in 54 Tagen wurden in 154 Zügen, 2.000 Juden in jedem, in Summe an die 500.000 in das KL transportiert und der größte Teil in kurzer Zeit ermordet, vergast oder erschossen – ‚Gib deinen Schmuck ab, gib alles ab, was du besitzt‘, hieß es am Bahnhof vor dem Einstieg in die Viehwaggons – RUDOLF HÖSS wurde wieder ins KL geholt – eine Rampe direkt ins Lager gelegt – der Vorraum zur Gaskammer faßt 2.000 Menschen, die durch eine Tür in Gruppen in die Vergasung gehen – die Protokolle erreichen das *War Refugee Board* in Bern – es ergeht ein Aufruf zur Bombardierung von Auschwitz, Mc Lennon – CHURCHILL befürwortet Bombardierung.

*Venus of Lespugue; Paleolithic figure of the Gravettian culture; dated to between 26.000 and 24.000 years ago; discovered in 1922 by René de Saint-Périer in the Rideaux cave of Lespugue (Haute-Garonne) in the foothills of the Pyrenees; 6 inches (150 mm) tall; carved from tusk ivory.*

Seit Jahren steht das Format Holz, 100 x 40, quer auf dem Gerüst, mit Profilportrait, gehetzt – wohl vom Jahrhundert. Ich habe es um 90 Grad gedreht, Profil guckt jetzt zu Boden, und Mme. DE LESPUGUE darüber gepackt – so wird das Profil Teil eines Geburtsvorgangs, schön, wenn der noch zum Ende kommt, vor dem Abgang! Frag nicht!

*Madame de Lespugues, 100 x 40 cm, Acryl auf Holz, 2020*

,Etwas geht mir im Kopf herum, das ich nicht los werde, weshalb ich mich schäme – wie kann ein 14-jähriges Kind hoffen, daß neben ihm jemand stirbt, damit es einen Platz zum Sitzen hat, Hedy Bohm – Max Eisen – süßlicher Brandgeruch – Lenka Brelsberg – Mutter auf die linke Seite, der 60-Jährige auch – ,Arbeit macht frei', *work will liberate you* – er verlor seine Brille, kniete nieder und suchte sie, ein SS-Mann kam dazu und trat ihn tot – ,wir verstanden, was mit denen passierte, die nach links gingen' – ,deine Familie ist durch den Kamin gegangen', was redet der da – sie verbrannten die Familien – ich wußte, daß ich allein war.

*30.7.1944 at Madison Square Garden, 40.000 for information on the Jew Murdery* – am 26. November werden die letzten Juden vergast, das Sonderkommando abgezogen – die Überlebenden ,hätten sich eine Bombardierung gewünscht' – Dokumentation des MARK HAYHURST – gehörte in den Schulunterricht, so Oliver Jungen.

CARL CLAUBERG und die Frauen von Block 10, an denen er Experimente zur Sterilisierung durchführte, von März 1943 bis Januar 1945–1955 im Rahmen der Amnestie aus sowjetischer Gefangenschaft entlassen, gelangte er in den Märtyrer-Status – und trotz justizieller Obstruktion noch vor Gericht, verstarb vor Prozeßbeginn.

MARKUS MÜLLER erzählt die Geschichte des ,Arbeitsscheuen' August Schäfer III. Die ,Einstufung' genügte, ihn durch drei Konzentrationslager zu treiben –
,Schutzhäftling/Rückführung – 3.12.43 K.L. Au übersteht
Haft Nr. 60,
Beruf: Packer, Post Hagenburg
von Stapo Frankfurt/M.
Effektenverwalter: Unterschrift SS-Oberscharführer

WOLF BIERMANN (83) hat das KL Auschwitz nie ,besucht' – ,ich bin schon mein Leben lang in Auschwitz, durch all die Familiengeschichten'.

15.00, Loki verfolgt sich im Veitstanz durch den Garten – nach Verlängerung unseres Netzwesens halte ich Kilopost in der Hand, die Produktbeschreibung krieg ich noch runter, die AGB erschöpfen mich, die Preisliste für Moldau, Moldavien pp. lasse ich – was soll die Aufregung, wenn sogar die 80-seitigen AGB von Paypal beim OLG Köln als zumutbare Beschäftigung rauskamen, setze ich glatt ein Geschäftsmodell drauf: Bildungsurlaub!
Zahlt ja die Innung!

**22.1.** TERRY JONES von den Monty Pythons ging, 77.

Nach Jahr und Tag wieder ein Gang um die Felder, 3 km – der Zeitungsartikel rüttelte mich.

MARIO DRAGHI jetzt auch noch mit Bundesverdienstkreuz, HANS-WERNER SINN gratuliert.

**23.1.** Corona: über Nacht wird Wuhan von der Außenwelt abgeriegelt – der Ausbruch begann vor etwa zwei Monaten (vgl. Bd. 13, 2019.2, Seite 202 ff.).

**24.1.** WALTER STEINMEIER macht bemerkenswerte Worte in Yad Vashem, dem Ort der Schoa in Israel, auf englisch, das größte ,Verbrechen ,… von meinen Landsleuten begangen. Es waren Menschen'.

JOACHIM GAUCK wird 80.
ANGELA MERKELS 10. Treffen mit RECIP – ihr Gesprächsfaden auch mit PUTINO markiert eine ihrer Stärken.

**25.1.** Corona: Beginn des chinesischen Neujahrsfestes – den hoch ,politisierten Umgang mit Daten in China selbst bei Fragen von Leben und Tod', nämlich beim epidemischen Corona-Virus stellt FRIEDERIKE BÖGE vor – er spiegelt eins zu eins das KGB-System Tschernobyl vor bald 24 Jahren – jenes Ereignis, mehr jedoch der Prozeß seiner Abwicklung wurde zum Katalysator des Sowjet-Kollapses, trieb Perestroika und Glasnost vor sich her, die

Leute glaubten kein Wort mehr. Das treibt mich zum Leserbrief, dem wenig geschmeidigen. – So geht's in China auch weiter! Mit dem Fortgang des Virus, der steigenden Totenzahl, offenbaren Funktionäre ihren Zustand – sie zeigen auf ‚die eigentlichen Mörder … die Indifferenz und Inkompetenz … die Feigheit der lokalen Kader, eigene Entscheidungen zu treffen' – Folge des chinesischen Top-Down-Systems, so FB (boe. 6.2.20), Folgen des kommunistischen 20. Jahrhunderts.

Im dritten Anlauf schließt die SPD THILO SARRAZIN aus, Peter Carstens zählt ihn zu deren Gespenstern, der in ‚politisch-ideologischer Nähe zur … AfD' publiziere – das ist selbst gespenstisch – und wie pikant die Prophetie des Geschaßten in der Sonntagszeitung vor vier Jahren: ‚Hätte man auf mich gehört, gäbe es heute keine AfD' (FAS 24.4.16).

Abends zur Schwankhalle, deren kleinen Hinterraum wir auch finden für einen fulminanten Abend eines Quartetts mit Gesang auf FRANK ZAPPA, dazu *drums*, Saxophon und E-Baß, sehr gelungen.

**26.1.**  SONNTAG
Nach Hamburg zum Neujahrsbrunch zu Sigrid in die Haynstraße, wo an die vierzig die ‚Hamburger Etage' füllen, wieder sehr unterhaltsam.

**27.1.**  ‚Ich reise ans Grab meiner Eltern und meiner Familie' sagt einer, auf dem Weg nach Auschwitz – ADORNO sprach von den Tätern als von ‚Erkalteten', an sich Menschen wie du und ich – zu Weihnachten in den verdienten Urlaub und nach Hause ‚zu den Lieben', die Mutter geküßt und vor dem Baum das Repertoire gesungen – ein Drittel der Amerikaner halten die sechs Millionen für eine Erfindung.

Der 75. Jahrestag währt noch gut vier Monate – und dann hört er nicht auf, selten wurde das monströse Verbrechensnetzwerk so offengelegt, entfesseltes Wüten uniformierter Bestien gezeigt, waren die Gesichter der Toten und Überlebenden so präsent, hinter denen das Erlebte bis heute nistet – je länger es zurück liegt, desto unfaßbarer wird das frivole Morden durch Tausende, zig Tausende, die durch erobertes Gebiet streifen, Leute suchen und abknallen, niederbrennen, ins Lager verbringen, selektieren, bei den Haaren packen und die abschneiden, alles Habselige zusammenraffen, in Kammern pferchen, die Leute dabei anlügen, wie sie es von ihrem Anführer kennen, aufs Dach steigen und Giftgas einwerfen – und wenn die Niederlage näher rückt, die Lebenden auf die Straße treiben, alles abreißen, einebnen und Blumen draufpflanzen – wie im Film ‚Lauf Junge lauf‘ bei Arte.

Abends drauf das ‚Tagebuch der Anne Frank‘ – mehr geht nicht – etwas kriecht in mir hoch, etwas Deutsches, das waren doch alles Deutsche, die den Frauen die Haare vom Kopf schnitten, Kapos – wenn Du es lange genug ansiehst, wird es ein Teil von Dir, jede Distanzierung wird lächerlich, diese fraglos willigen, pflichtbewußten, folgsamen Deutschen – was haben sie aus sich gemacht, in der Mitte des Jahrhunderts, und danach.

75 Jahre sind wohl ein erforderlicher Abstand, um das zu wagen, was alles Menschliche mobilisiert: es anzusehen, die Verantwortung zu sehen, zu nehmen, die Scham endlich zuzulassen, vor der Ungeheuerlichkeit auf die Knie zu gehen, zu schweigen. – Und der Weg wird angegangen, in der Emotionalisierung, wie es etwas holprig heißt – die muß kommen, sollen die Menschen erreicht werden – sie kommt über die ‚Verkörperung des Verbrechens‘, über die Gesichter der Opfer‘, die der Erkalteten sind ja

bereits bekannt – das alles sind Menschen – und dann die Geschlossenheit von Tätern und Gefolgsamen.

Dazu paßt BETTINA STANGNETHS ‚Eichmann vor Jerusalem' – sie geht durch die fünfzehn Nachkriegsjahre, das ‚unbehelligte Leben eines Massenmörders', der Lobhuldigungen in Argentinien mit ‚SS-Obersturmbannführer a.D.' zeichnete, bevor er, einst direkt HEINRICH HIMMLER unterstellt, in Jerusalem das kleine Rädchen im großen Getriebe gab – und bis zur Entführung mit dem Gesinnungspack an großen Plänen arbeitete, wieder Erinnerung an KOEPPENS ‚Tod in Rom'. – Dazu noch RALPH GIORDANOS ‚Naziplāne nach dem Endsieg', der Planet bis ins Detail aufgeteilt und beplant.

Griechenland um zwei Positionen über Ramsch geliftet auf ‚BB', alles Psychologie.

Parlamentsbestuhlung: DANIEL DECKERS macht den letzten Aufruf, dieses Wahlrecht vor der nächsten raumgreifenden Erweiterung des Hohen Hauses zu reformieren – das Motiv PEP© scheint durch jede Ritze des brechenden Gestühls: Mandate, Mandate! Diäten, Versorgung! Posten der Entourage und manches mehr – die Aufgabe versinkt hinter all der Ausstaffierung, werden's 800?, 900?

Die SPD ‚stellt sich tot', dafür muß sie nicht viel tun – grade fragte Allensbach: ‚Geht's auch ohne SPD?' und 30 % sagten ja! – die CSU eitelt vor sich hin, die CDU, sagen wir, ziert sich – der Opposition, fehlts an Mehrheit – Schlagender Beitrag zur Politikverdrossenheit, Abwendung der Leute von solcher Art von Vertretung – ‚Leere der Mitte', welche die Ränder nährt … ob sich die Herrschaften auf den Vorschlag des JOACHIM BEHNKE (13.2.) zwei Wochen drauf besinnen können, steht aus.

> Er folgt der Idee, überschüssige Direktmandate nicht zu vergeben, sondern dem ‚Erststimmen-Zweitplatzierten' zu überlassen, um die 598 zu halten – da könnte, schließt der Autor, aus empfundener Zumutung ‚eine eigene institutionenlogische Schönheit' aufleuchten.

PS.: Gelegenheit für einen Blick auf die Landesparlamente, unter denen das Abgeordnetenhaus Berlin grade hervorsticht: für seine aktuell 3,7 Millionen Belegschaft und Vertretene nimmt es für den Regelfall 130 Mandate in Anspruch, nach Ausgleich und Überhang sind's 160 – knapp unter NRW (181/199) und Bayern 180/206), wo immerhin 18 bzw. 13,1 Millionen zu vertreten sind – also schon hier ein satter Überhang, der nun auch pekuniär bedient wurde mit einem Diätensprung um 60 % auf 6.250, dazu die Kostenpauschale von 2.600 und Weiteres – dafür solls von Teilzeit in Vollzeit gehen, als drohe massiver Arbeitsandrang unmittelbar – man habe sich mächtig angestrengt, tönte TORSTEN SCHNEIDER – umso ungefähr auf den ersten Platz an Vertretungsaufwand in der Republik zu kommen – eben ganz wie die Kollegen, die ja auch um den ersten Rang weltweit kämpfen – der Bund der Steuerzahler wie wöchentlich im Komatrinken.

König KURT wird 90, BIEDENKOPF. – Eintreffen ‚Die Leiden des jungen Werther', ein feines fadengebundenes, mit Farblithografien von 1866 aus dem unbekannten Anaconda-Verlag – Kitsch, sagt Wulf, tut nichts.

Der Wehrbeauftragte: ‚bemerkenswert wenig einsatzfähig' sei der Komplex, genannt Bundeswehr – gewaltiger Apparat, die Ausrüstung im Tauschhandel – und der Nachwuchs? ‚Dicker, schwächer, dümmer', so BERTHOLD KOHLER, paßt doch zur schulischen Grundausbildung, dabei steige der Etat grade sprungfix an, so Peter Carstens – obs hilft, ist entscheidend, die Bildungsausgaben pro Kind sind etwa beim Schlußlicht Berlin am höchsten! – Und der Berateraufwand fürs Militär (darf man das überhaupt noch so nennen?) ist auch der höchste: vier der 15 Ressorts mit mehr als 20.000 Leuten haben gemeldet: Verteidigung auf Platz 1 mit 155 Millionen von geschätzten 500 Millionen, darin die Petitessen vom ANDY eingeschlossen, dort sind's so 85, nur für die schöne neue ‚Autobahn GmbH' (mas. 3.11.20) – vielleicht haben wir ja eine Berater-Regierung, mit Berater-Armee und Berater-Verkehr.

PS.: vielleicht haben wir ja nicht mal eine Berater-Armee, sondern nur eine Segelschule! Denn bei der Marineschule Mürwik macht der Rechnungshof eine Flotte von sieben feinen Segelyachten aus, zu 1,8 Mio (mas.28.10.20) – möglicherweise entscheidende Abwehr im Tarnmodus gegen die Ostflanke, was meinen Sie?

Kindesverbrechen: nach bald zehn Jahren offenliegender Vorfälle beklagt JOHANNES-WILHELM RÖRIG das ‚ohrenbetäubende Schweigen' der Gesellschaft in diesem Thema – Zeugnis des Entwicklungsstandes dieser Gesellschaft, Leute.

**29.1.** Neue Premiere, ‚Ein ungleiches Paar, früher mit JACK LEMMON und WALTER MATTHAU, und sechs hübschen Damen – Buffett bis Mitternacht.

**30.1.** GENE HACKMAN 90, ‚die harte Oberfläche schmückt diesen Mann', DIETMAR DATH.

**31.1.** D1 – Klimarepublik: die Quadratur des Kreises sei ein Kinderspiel, verglichen mit der deutschen Energiepolitik, ruft CHRISTIAN GEINITZ aus (30.1.20). Weder Kohlekommission noch Ausstiegsgesetz wären notwendig für Energiewende, denn der Zertifikat-Handel erziele weit höhere Ergebnisse, so in 2019 erneut – So aber sind alle wieder im Plustermodus gegeneinander aufgebracht und 50 Milliarden für ein deutsch-komplexes Ablaufprogramm in alle Richtungen zugesagt, der gleiche Politik-Modus wie Brüssel – und, bitteschön, das Ganze so $Co^2$-sinnlos wie der gerne zitierte Kropf – ein Ingenieur erinnert an den Pinatubo, Dreckschleuder Asiens, der 1991 ‚in vier Tagen soviel von dem Zeug auswarf, wie die Menschheit bis dahin'!

*Sachich* doch, selbst wenn's nicht auf den Kubikmeter stimmt! Dazu auftauender Permafrost plus Meeresbodenabgabe, lassen die alles weg, weils nicht in ihr Violinkonzert paßt. – *The Germans, dedicated to clean up!* – Was würden sie bloß ohne Klima machen, denkt sich das befreundete Ausland, verheizen ihre Ressourcen, sind es Fernwirkungen des Selbsthasses? … der Wille zum Untergang?, also olle Spengler im Nacken?

Dummes Zeug, ich weiß, aber – welche Energie treibt in derart stupende Uneinsichtigkeit – und gegen jeglichen Zweifel hilft das Potsdam-Klima-Institut sofort: da rechnen doch glatt Drei aus, bei Fossilreduktion auf Null (auf dem Flecken Deutschland?) bis 2050 sei die 2-Grad-Erwärmung quasi gewährleistet – also Hypothese – Kalkulation – Ergebnis, genau zum Klima-Meeting, alles *opti, Mr. Synkopti!* – Bei den Aussichten steigt der Aufwand für die Regierungs-Eigenwerbung spürbar, auf 42,8, Mickerkram, sagst du, immerhin um 63 Prozent!

Bremen: ,Wir stehen vor einer Klimakatastrophe, aber keiner verhält sich dementsprechend', ruft PHILIPP BRUCK (Energie-Klima-Tier) in die Bürgerschaft – die kennt kein Halten und ruft sofort die ,Klimanotlage' für den Flecken aus, alle Beschlüsse ab sofort mit Klimavorbehalt. Die Opposition findet das übertrieben. Taumelnder Politikbetrieb vom Feinsten.

EVELYN RICHTER zum 90. – sie war die Fotografin, ,das illustrierte Geschichtsbuch eines Staats', der DDR, FREDDY LANGER – einer festgefahrenen Utopie mit oft verhärmten, melancholischen Gesichtern.

0.00 CET: Großbritannien tritt aus.

1.2.     Neuer Monat und wieder Beerdigung – ein Vater hinterläßt Frau und Kinder, wir standen mit ihm am Geländer, vor dem die Kinder Fußball spielten – Grablege ohne Kirche, aber mit sehr gutem Text der jungen Frau, die am Grab die Erschütterte umarmt – zurück und mit dem Wischmob durch den Wintergarten, dazu *,Bridge over Troubled Water'.*

Das Einkommen der 36.000 Landwirte wird zu 46 % durch EU-Direktzahlungen und Zuschüsse erbracht – klingt nach fortgeschrittener LPG, *newwar G'nossen.* Da funktioniert also gar nichts, was den Kontext betrifft ,Arbeiten, um das Leben zu finanzieren'. – Jetzt gibt's weiteres Schweigegeld wegen der ,immer weiter verschärften EU-Naturschutzvorgaben'.

**3.2.** Alle Stromversorger haben die Preise ordentlich hochgezogen, was folgt? Ei Subvention, aber im qualifizierten, sprich Ping-Pong-Modus – erst die Verursacher, die Geflügel-Farmer, dann die im Zuber, vulgo: die Ausbadenden.

> Zur Entspannung mit den Freunden vom Kuckucksnest ins Kino7, Waterfront: ‚Lindenberg – mach dein Ding‘, klasse, gut besetzt, HERMINE HUNDGEBURT aus Paderborn macht eine tolle Regie (Neue Vahr Süd!) mit langen Einstellungen – ohne Maniriertes, in echt durch den Alkohol und alle Kneipen – zu Hause muß die ‚Heute-Show‘, wobei Klimawandler OLLI WELKE seinen CLAUS KLEBER parolenseits echt überbietet. Um Bürokratie abzubauen, wie seit 10, 20, 30 Jahren – alles lacht, machen sie ein – bitte anschnallen – ‚Maßnahmengesetzvorbereitungsgesetz‘ – der Name ist doch Programm, der Kabarettist wirft hin.

RONALD S. LAUDER führt Anklage in Auschwitz, gegen die Welt: vier Monate nach der Konferenz von Évian im Juli 1938 folgte die sogenannte Kristallnacht, der reichsweite physische Angriff auf die Juden, ‚Évian führte zu Auschwitz‘ mit 1,5 Millionen ermordeten Kindern – und 163 der jüngsten 202 Resolutionen in sieben Jahren wendeten sich gegen Israel – gewagte Konnotationen. – Zur Erläuterung: Évian war der Versuch ROOSEVELTS, eine Reihe von Ländern zur Aufnahme jüdischer Exilanten zu bewegen. Er scheiterte.

**5.2.** Tesla vorgestern bei 780, gestern bei 896, der Schnee von gestern.

Thüringen: BODO RAMELOWS dritte Runde steht an, stärkste Fraktion – und gewählt wird der Chef der 5 %-Fraktion zum Ministerpräsidenten, bei Stimmenthaltung der AfD, Kontakt ist ja eklig – Aufschrei aus Südafrika, die Kanzlerin: das ist umgehend zu revidieren! Es sei ‚Tabu-Bruch‘ – sowas passiert, wenn Politik auf Tabus beruht.

Darauf war zu warten – was vor zwanzig Jahren die SPD mit der Linkspartei machte, geschieht jetzt zur Rechten – und die Zen-

tralparteien scheuen ja keinen Rechtsbruch, um ihr Tabu durchzusetzen – womit Motive und Gründe der AfD-Wähler ins Tabu
gestellt sind, für solche Ignoranz wird bezahlt werden.

RÜDIGER GRAFS ,Dumm und frech' (6.2.) versammelt Reaktionen der Weimarer Parteien auf wachsende Stimmanteile der
Kommunisten und Nazis: unvernünftig, irrational, emotional –
womit sie den Motiven jener Wähler keinen Deut näher kamen
– im aktuellen Tabu-Modus ist das noch ausgeprägter: keinerlei
Erkenntnis noch Verständnis der Motive – und keinerlei Refle-
xion des eigenen Auftritts und Handelns als möglicher Ursache
solcher Abwendung (also die Workshop-tragenden Flip Charts
,EVA' und ,50/50-Regel' im Keller, wer bringt mich nach Berlin!
– Ups, wer will mich da sehen?) – ihr Rückzug in die Blase des
Hochmoralamts kaschiert mühselig ihre Verweigerung offensi-
ver Auseinandersetzung, was verfassungsgemäße ,Mitwirkung
an der Willensbildung des Volkes' wäre – so verkommt das lär-
mende Fingerzeigen zur eitlen Selbstbespiegelung – und bedient
die politische Achsenverschiebung nach links.

Erholung beim Abend über die LOU ANDREAS-SALOMÉ, deren
rebellischer Umgang mit den Konventionen, zuerst dem Kampf
der Geschlechter, jene fatalen Beziehungen nach sich zog – neben der Liebe zu RAINER MARIA RILKE die zu FRIEDRICH
NIETZSCHE, einem weiteren Freigeist, ,Gut deutsch sein, heißt
sich entdeutschen', soll sein Text sein (JÜRG ALTWEGG 15.2.20)
– dem Film folgt die Dokumentation (sehr gutes Sender-Format)
über NIETZSCHES Gang in den Wahnsinn – und hier die tiefe
Einsicht in das, was eben doch zu einem langen Vorläufer des
Nazi-Wahns & Morden wird: der ausgeprägte Antisemitismus
in beträchtlichen bürgerlichen Kreisen – gegen diese ,Antisemi-
terei' stand NIETZSCHE auf und aus dem Projekt des RICHARD
WAGNER aus, wohl voller Ekel, nachdem dieser ihm schon eine
große Rolle im Plan seines ,Bayreuther Festspielhauses' zuge-
sprochen hatte. Für die ,Geburt des Antisemitismus aus dem
Neid' (auf die erfolgreichen jüdischen Kollegen) ist Jener eine
Paradefigur.

Soweit bekannt, doch erfahre ich noch zweierlei dazu in den 60 Minuten: der Schwager BERNHARD FÖRSTER übertraf den Komponisten in seiner Berliner Antisemitismus-Agitation, was ihn nach Entlassung aus dem Schuldienst wegen Prügelei mit einem jüdischen Fabrikanten zur Gründung der ,reinrassigen Kolonie Neu-Germania' in Paraguay führte, drei Jahre drauf in den Selbstmord, da ausgiebige Propaganda nicht zum Erfolg führte. – Das Zweite, fast bedeutender, die Rolle der Schwester ELISABETH NIETZSCHE: die wurde zur bekennenden Antisemitin und FÖRSTERS Frau – und die Pflege des in Umnachtung vegetierenden Bruders nutzte sie für die Inszenierung des Nietzsche-Archivs zur Weimarer Zeit als Wallfahrtsort – aus sechs nachgelassenen Manuskripten hatte sie zuvor jenen Band ,Der Wille zur Macht' gefälscht, den sie bereits ein Jahr nach dem Tod des Bruders herausgab, 1901 – das antisemitische Flickwerk wurde Teil der Nazipropaganda, selbst der Anführer besuchte die 88-Jährige. – Eine Ausgabe von 1936 war Teil des Amrumer Nachlasses.

Die antisemitischen Brücken zum Massenmordregime erscheinen mir tragfähiger hiernach, eine dichtere Zusammenstellung, zumal unter Einschluß dieses Wilhelm Zwo und seiner Kreise, sollte das Bild weiter erhellen, oder verdunkeln.

,Ich weiß gar nicht, wie man einen Betrieb führt, ohne die Arbeitszeit genau zu dokumentieren', schüttelt INGRID SCHMIDT den Kopf, Chefin des Bundesarbeitsgerichts.

7.2.  Thüringen: die politische Mechanik nimmt ihren Lauf – BERND KOHLERS verstiegene Handschlags-Metapher HITLER-HINDENBURG kann das krähwinkelige Aufplustern dieses zweifellos politischen Coups kaum kaschieren – nach dem Ordnungsruf aus Südafrika nutzt die SPD den Thüringer Schlag in ihr Linkskontor sogleich zur Stellung der Koalitionsfrage, mit der sie ja regiert. Und KEVIN KÜHNERT intoniert den Erfurter Probelauf hoch assoziativ als ,Ermächtigung', CSU wettert ins gleiche Horn, schließlich arbeitet sie in Bayern auch auf Abstand nach rechts hin, JÜRGEN KAUBE gibt der CDU-internen Werte-

Union noch einen mit. – Die FDP ist längst weniger geliebt als die Grünen, die ‚Nutznießer eines Machtgefüges sind, das größer ist als sie selbst' (BRUNO BANDULET) – und alle benutzen ‚Ethik als Mittel des Rechthabens' (MAX WEBER), das genügt ihnen. – Die prozessierende Spaltung des Landes, worüber eine Mitte konstant Substanz verliert, befördert durch das innerparteiliche Schuhriegeln der kleinen durch die großen Landesverbände, mit starker West-Ost-Neigung, da isses wieder!

In der Anweisung aus Südafrika erkennt das HB-Briefing (10.2.) hingegen Führungsstärke, auf ihre ‚Anregung' hin wird der Ost-Beauftragte CHRISTIAN HIRTE entlassen, er hatte zur Thüringenwahl gratuliert. – JÜRGEN JOOST (LKR) ist empört und verschickt einen Offenen Brief – tja, das ‚Nach rechts-Abräumen' hat sie gelernt, ‚ich bin keine Konservative' ihr Motto, die ‚Geringschätzung des konservativen Flügels' (ECKART LOHSE 11.2.) ihr Markenzeichen – mit ihrem *dictum* vom ‚unverzeihlichen Vorgang', einem ‚vernichtenden moralischen Urteil', zielte sie auf die Parteivorsitzende, betont BARBARA SCHEUERMANN (15.2.20), also auch keine Chance für AKK.

Covid-19: LI WENLIANG, Arzt in Wuhan, stirbt an der Infektion.

Nachmittags ins Ukulelezentrum OHZ – drei Songs gehen ab, dann kamen alle für den Auftritt, 3 x 18, 2 x 80 alt und der Reporter für den Bericht, heiße Fotos und zurück.

Stationen wuchernder Staatswirtschaft benennt CLEMENS FUEST (zum wievielten Mal), ausgehend vom Kampfbegriff des ‚Neoliberalismus', der ist so unverstanden wie dieser ‚Populismus' – angemessen sei ‚Neodirigismus', unter dem die Staatseinnahmequote auf den Höchstsatz von 46,4 % seit 1989 gestiegen sei – extremste Ausprägung in der Umwelt- und Klimapolitik, erst über Jahrzehnte eine $CO_2$-Bepreisung vermieden, jetzt angestrebt – und zugleich konterkariert, also wirkungslos gestellt durch Flottenverbräuche und das Klientelsubventionieren mit Kollektoren und Windmühlen – oder im Gebäudesektor durch

Wärmedämmung versus Mietregulierung – oder Mautgebühren versus Fahrverbote – oder Staats- versus Privatinvestition, Volumen 9:1, letztere unter Höchststeuersatz – oder Wohngeld und sozialer Wohnungsbau versus Mietendeckel – oder Groß-Industriepolitik versus F+E von Spitzentechnologie – ‚Deutschland bewegt sich im Unterschied zu China an der Technologiegrenze‘ – und dagegen die politisch-medial geführte Öffentlichkeit, welche die rote Sonne des Sozialismus in den höchsten Prozenten malt: in Ostdeutschland ‚konstant über 70 %‘, im Westen von 39 (1991) auf 49 % (2018) – die Sphären der Inkompetenz sind in Deckung, wer bitte übernimmt hier Führung, oder einfach Orientierung? – Wo liegt mein Beißholz!

Hingegen die Deutsche Straßenreinigung, das Umschildern der Namen durch die Abteilung Schild-Bürger (kommt von Wut-Bürger!) – da ist großes Wetteifern, wer hat die ‚saubersten Straßen‘, also erfüllt den akuten Politisch-Korrekt-Trend, die Zeitung folgt dem Treiben, PATRICK BAHNERS in Düsseldorf, das Ergebnis sei blanke ‚Willkür der Urteile‘ – wenn's denn zum Ende käme, blieben immer noch alle Richard-Wagner- und Kaiser-Wilhelm-Straßen und -Alleen auf dem Tisch!

**8.2.**    Heute bietet sich ELFRIEDE JELINEKS ‚Schwarzwasser‘ in Wien an. Bestimmt würde die gerne aufhören, aber das Land liefert politischen Müll auf drastisch-derbe Art, wie er hierzulande der in den endlosen Regulierungsmatten einer glattgezogenen Feinstaub-Korruption kaum zu entdecken ist.

Dafür gibt's heute wieder eine ganze Seite über unsere treuen ‚Rundfunk(ge)räte‘, richtige Räterepublik, deren sumpf-siedende Existenz HERMANN ROTERMUND pointiert. Sie erfüllen ihre zugedachte Aufgabe nicht, die 667 wackeren Frauen und Männer, das Staatsfernepostulat ist ein Witz, Vertreter des Staates und der Parteien sitzen, hausen auf ihrem ‚natürlichen Vorteil‘, in ihren ‚Freundeskreisen‘, auf Google erscheint bei Eingabe ‚Rundfunk-RAT‘ der WDR-Intendant, mit Lächeln vor seiner Gefolgschaft – ‚intransparente Konsenspolitik‘ gehört zu den Umschreibungen des Autors – *mer fehrd halt hin, sitzt, guckt, verstehdnix, hebt*

*die Hand un nimmd des Sitzungsgeld undie Tahchespauschal'. –*
Noch acht Wochen bis Las Vegas!

Nochmal ins Union Theater, wo Fallhöhe sichtbar wird, wie auch anders.

**9.2.** Tee trinken in Jonas neuer Wohnung Crüsemannallee, anschließender Gang durch den Bürgerpark, von der Waldbühne zur Meierei, wie der Gang die letzten 30 Jahre entlang, zu den Spielplätzen, zum Hochzeits-Café, bis zum Park-Hotel mit Kraft Foods.

**10.2.** Aus jeder Ecke tönt das Lied von der sklerosiffigen <u>Bürokratie</u>, die Berliner Ministergärten mit ihren Divisionen müssen ja Wirkung zeigen – so auch JÜRGEN HAEREUS (HB-Briefing): nichts geht voran außer Bürokratie – im Detail REINHARD BINGENER (15.2.) übers Bauen – Klinikärzte – Bäcker – das 2-jährige ElterngeldPlus – die Mietpreisbremse – DüngeVO – EEG-Novelle, was zeigen die Regulate? Pure Selbstreferenz, also Spiegelung des PEP-Modus als Zustand – Kundenorientierung nur in einem Punkt: deren Geld, Steuer oder Abgabe – beim unumgänglichen Kontakt mit den Leuten, ,Fellachen im altägyptischen Staat', zitiert RB olle MAX WEBER von 1907, also zu Wahlzeiten wird das Thema einvernehmlich gemieden – da ist Privatwirtschaft sozialer, weil in der Kundenorientierung letztlich angewiesen auf eine Äquivalenz von Preis und Leistung.

Und! Zahnradgeschmeidig spielt die Allensbacher Bürokratieumfrage (19.2.20) der Zeitung die Krönungsmelodie: trotz eines ja bisweilen klinischen Sicherheitsbedürfnisses sind die Leute, das Volk, schlicht genervt – und wenden sich in Teilen ab – das Bürokratiedickicht hat die Qualität, das gesellschaftliche Klima in die Tonne zu drücken – zumal alle Appelle, alle Änderungsvorschläge, ,seit FRIEDRICH MERZ und PAUL KIRCHHOF vor fünfzehn Jahren' in Ignoranz beerdigt wurden.

Zwischen Wut und Verzweiflung klagen Alten- und Krankenpfleger (,größte Belastung', gleichauf mit Personalmangel), Professoren (mehr als 40 % der Arbeitszeit für die akademische Selbstverwaltung), Ärzte (Regulierung sei sehr wichtige Ursache des Ärztemangels, also wie Pflegebereich), klagen 61 bzw. 80 % der Befragten mit Schwerpunkten Ladenöffnung, Energieeffizienz (Häuser), Straßenverkehrsregeln, weiter Wirtschaft, erneuerbare Energien, Zuwanderung, Banken- und Finanzsektor, die Regulierungskosten machten inzwischen 30 % der Gesamtkosten aus, sagt ein Sparkassen-Chef im Abgang, Organisationsaufbau und -abläufe werden vorgeschrieben, das sei Eingriff in die Geschäftspolitik ohne Haftung (ham./joja./smo. 6.6.20) – bis hin zum Moloch Steuererklärung, der Arbeiter und Bildungsvernachlässigte sich zu 14 % gewachsen fühlen, also den Schwurbel selbst ausfüllen, die übrigen lassen sich behandeln.

Bürokratie: ein massiver Standortnachteil, eine der Ursachen für schwaches Wachstum und ‚mindestens ebenso großes Wettbewerbshindernis‘ – und wer profitiert? Das Staatsmonster, die wuchernde Exekutive, der fulminante öffentliche Dienst, auf der Einkommensskala ewige Nr. 1 – und die Parteien, die das ändern könnten – massiver Wählerauftrag, Leute, es aber nicht wollen – Aufbau, Anbau geht vor schlank, gell Frau BKA (guxdu sogleich und Band 12, 2019.1, Seite 21 f.)! – Unverhohlener PEP-Modus, Freunde, falls ihr's schon wieder aus dem Resthirn (das ist euer Arbeitsspeicher, Mann) in die Festplatte ausgelagert habt! Bürokratieabbau heißt neben Prozessen immer auch: sie müßten an die fatale Überbesetzung ran, Modus wie im FDJ-Schlager ‚Baut auf, baut auf …‘, falls Sie noch erinnern – da stehen aber die 5 oder 10 zuständigen Gewerkschaften und Fachverbände vor (Aufzählung irgendwo zwischen Band 9 und 12).

PS-chen: tags drauf die Ortszeitung Bremen: Bauanträge mit Spitz und Radiergummi wie zu Kaisers Zeiten (Fellachen eben!), Architekten, Ingenieure und Handwerker gehen in Auto-Aggression – wir lernen: Leistungsverwaltung langsam & bürokratisch, Eingriffsverwaltung auf der Höhe des technisch Möglichen, denn auf eingreifen folgt abgreifen!

PS.: das zwingt zum Vorgriff, denn der Rechnungshof verfolgt den Transformer Bürokratie unter dem Kostenaspekt, hier die

Anbauhütte BKA (guxdu Bd. 12, 2019.1, Seite 21 f.): gut 18.000 kostet da der Quadratmeter (mas. 7.10.20), wonach dieses Institut Berliner Quartiersformat erreichen und nach 410 beim Einzug über akut 750 auf vielleicht 1.000 Angehörige anwachsen wird – schließlich sind 400 neue Büros zu besetzen und wer weiß, was alles über den Hubschrauberlandeplatz einfliegt – und neun Wintergärten von fünfgeschossigem Format wollen auch begangen sein – allen Kürzungsvorschlägen des Hofs, einschließlich einer weiteren Spreebrücke zum Flanieren und der Kita ‚für 12 bis 15 Kinder‘ zu dreifach höheren Baukosten tritt das Amt beherzt entgegen – man möcht's schließlich schön haben. – Wahrscheinlich hat die Chefin das ewige Genöhle über Bürokratie auch einfach satt, wie bei der Grundrente.

*Quartier-Ausbau Bundeskanzleramt, Foto: Modellbaukasten Rechnungshof*

Und NIKLAS MAAK macht acht Monate drauf noch einen scharfkantigen Rundschlag zum ‚Neuen deutschen Größenwahnsinn‘ (17.10.20), was dem größten Bauskandal der Republik entspricht: bereits das bestehende Amt läßt mit seinen 36 Höhenmetern nicht nur die Berliner Traufhöhe weit unter sich sondern auch jegliches Regierungsgebäude auf dem Planeten: es ist mit 64.000 Quadratmetern ‚das größte Regierungsgebäude der Welt‘, so auch achtmal so groß wie das Weiße Haus – ‚wie der Traum eines Dschungeldespoten' ragt es neben ,trostlosen Schlafkisten' in den Himmel – mit der Erweiterung zu Kosten von Hochsicherheitslaboren entsteht ein ,gigantisches Sicherheitsschloß, ein Regierungsviertel, das ... die Dimension eines Kleinstaats annimmt' – ,das Gebaren von ölgeldbefeuerten Wüstenstaaten' – angesichts Tausender sanierungsbedürftiger Kommunalbauten ,wirken die zentralistischen Giga-Baupläne immer obszöner'. – Die Louis-Quatorze-Allüren haben zudem grotesk Lächerliches, sie stehen gegen abnehmende Bedeutung dieses größten Regierungssitzes und des bald größten Parlaments der Welt, denn drinnen sitzen die eifrigsten Europa-Flüchtlinge des Kontinents.

Natürlich malen Frauen anders als Männer, davon berichtet FELICITAS WITTE, Ergebnisse der ,*Advancing Women Artists*'-Auswertungen vorstellend – du mußt nur die Erwartungen, Zuschreibungen und Zurichtungen mit ihrem Horizont ins Verhältnis setzen, die Mischung machts.

RUS: fünf Spalten über MICHAIL WLADIMIROWITSCH (Obacht, wie Chefe!) MISCHUSTIN, issich neue Ministerpräsident mit Wohlstand in kritischem Ausmaß, wie Amerika, aber mit Finesse, schreibt FRIEDRICH SCHMIDT. Die FBK, nicht wie normal Geheimdienst, sondern ALEXEJ NAWALNYJS Antikorrupt-Organisation, hat Drohne über Michis Anwesen geschickt, das ist wie Wandlitz mal eine Million, verstehst du! Schwesterchen bewirtschaftet dort Schloßburg, also Schloßfräulein wie im Märchen, alles geschenkt von de ALEXANDER UDODOW (möchte nicht genannt werden, weil im Geschäftsfeld Umsatzsteuerbetrug aktiv).

Die ganze Familie wie ,Geldbörse' in Vermögenshaltung, viel Immobilie – aber auch viel Fallenstellerei, ist schließlich Land & System Putinowitsch: im Grundbuch dieser Gefolgschaft des politischen Vertrauens, Gattin, Mutter, Schwester einbezogen, wird nicht der Name eingetragen, sondern die ,Russische Föderation' – das erschwert Nachforschung und erleichtert Enteignung, also mehr Lehensverhältnis (guxdu Mittelalter), der ,Reichtum ist

Unterpfand einer Zugehörigkeit auf Widerruf' – ist die Gunst weg, steht de FSP (da isser!) im Vorflur.

Covid-19: heute werden die Parteiführer von Wuhan und der Provinz Hubei ,ausgetauscht' (F. BÖGE 25.4.20), im Land herrscht Ruhe.

**11.2.** Manchmal macht sich der Teufel los, so nach der Notiz über die NATO und die ,geschwundene Einstandspflicht' im Falle eines Angriffs, aber die Gewißheit, die Amis würden es schon richten (FRANKENBERGER) oder bei den Attacken auf die FDP, Bedrohung, Beschimpfung, Bespucken, tätliche Angriffe, Sachbeschädigung (MÜLLER) – laß ihn doch reinfahren mit seinem Stalin-Klumpfuß und Schluß machen mit dem Gezeter, Anweisung geben und sie kuschen lassen – und wieder ans Aufbauen gehen, das vierte Mal in hundert Jahren, sind doch geübt, vielleicht schon genetisch, epi, wenn Sie ahnen – die Polen täten mir leid, denn da müßte er ja durch.

Es ist kaum zu überschätzen, Konnex-Gedanke, was ANGELA MERKEL in bald vier Amtszeiten aus der Partei gemacht hat, falsch – was sie haben mit sich machen lassen – Panik streift die Zeitung, MICHAEL HANFELDS ,Zerstörung der CDU', an sich Spezialität der SPD, stehe an, wenn sie nicht ,herausfindet' (!), wofür sie steht – das wird nicht über rollierende Personalsortierung gelingen, ebenso wenig über Abgrenzungsübungen – so wird sie Getriebene, wofür die Dämonisierung des Umfelds gar nicht nötig ist – das Umfeld am Rande nährt sich nämlich – ausdrücklich, Herrschaften! – aus dem Fehlen von Auseinandersetzung – nur ANGELA MERKEL braucht Markenkern nicht, sie steht für sich, ihre Geschichte und hat die freie Hand des Durchgriffs, auf jedes Thema, sei's Person oder Sache – was die Klärung eines Markenkerns natürlich hintan stellt, wohin eigentlich?

Wie wohltuend ist es da, FREDDY LANGER zum Schuhkauf nach Dallas zu folgen, wo Wild Bill feinstes Material an Westernstiefeln bereithält (13.2.) – oder, näherliegend, sich den ,Fantastischen Frauen' hinzugeben, in der Schirn-Kunsthalle zu Frankfurt, nach langer Zeit wieder ein Fest des Surrealismus, dem Auge des ,Meretlein' (ROSE-MARIA GROPP 13.2.). – Und im Nu bist du wieder in der ,bleiernen Zeit' der 70er Jahre, geprägt vom finsteren Anschlags- und Aufstandsklima des linksradikalen Antisemitismus, dessen Mordfuror bis heute eine außergewöhnliche Rate nicht aufgeklärter Täterschaft bildet, erst eingeholt von der Staatsschutzbleiche zum NSU.

Zurück in die Brüsselagen der Gegenwart: da zieht der Grieche MARGARITIS SCHINAS vom vierten in den elften Stock, womöglich begleitet vom Parallel-Aufzug Gehaltsband – für den neuen Aufgabenbereich ,Förderung unserer europäischen Lebensweise' – ich schlage mit dem Kopf gegen die Wand – ist kein Arzt zur Stelle! Was, bitte schön, wird an Sinnlosigkeit erst im 15. Stock geboten, dem ja auch das Gehaltsband folgen wird – der Teppich rollt unaufgefordert ein! Gegen solch' nährstoffarmen Schwurbel ist unsere ARD-ZetDeEff-Unterhaltung ja richtig kantig. Nähere Betrachtung erweist dann doch mehr den Tarncharakter des obszönen Titels: neben Migration ist die ,Sicherheitsunion' sein Wichtigstes, dann noch ,Vertrauensaufbau', so'n bißchen FBI-mäßig, das Mandat von Europol für neue Herausforderungen zu ertüchtigen, wenn Sie ahnen, ich nenn's mal Aufstandsbekämpfung. – ELISABETH WEHLING muß in Brüssel einen Riesenauftrag abgearbeitet haben, dagegen war das ARD-Framing kleine Handsalbe (guxdu Bd. 12, 2019.1, Seite 49 f.) – Da tröstet dann doch die milde Abenddämmerung spätrömischer Unterhaltung um 19 Uhr.

Gefolgt vom Zivilisationsbruch Kommunismus, GULag: von 1918 bis 1950 – obacht, Mitschrift, hältst du nicht durch – in Summe mehr als 40 Millionen, jeder 6. Einwohner – vom Weißen bis zum Schwarzen Meer – ein Staat im Staat – Start 1917 mit der Vertreibung der Mönche aus dem Kloster auf den Solowjetsky-Inseln, 18-jährig – Lagerkommandant: vergeßt eure Rechte, keine sowjetische Gesetzgebung gilt, nur das Solowjetsky-Gesetz – Christi Himmelfahrtskirche in Isolationstrakt verwandelt, Treppe mit 385 Stufen hochgetrieben und hinuntergestürzt – die Wärter Verbrecher – die Frauen Sexsklaven, anfangs einige Hundert, später 20 Tausend – Oktober 17 direkter Start in Gewalt und Exekution – dazu die Tscheka, jenseits aller Legalität, FELIX DJERJINSKI (40) – die Politische Polizei 200.000 – 10–15.000 Opfer bis Herbst 1918 –

Konzentrationslager in Arbeitslager umbenannt, Umerziehung durch Arbeit – 1921 120.000 in 200 Lagern – 1922 Schauprozeß gg Sozialrevolutionäre – Tausende Priester u Mönche verhaftet u deportiert, Muster-Lager Torfabbau u Abholzung – OGPU – aus 3 Jahren Haft wurden 27 – Nichterreichen der Arbeitsnorm führte zur Erschießung – ‚die ersten 3 Monate alles herausholen, dann brauchen wir ihn nicht mehr‘ – 1926: Bericht in London – 1927: *Une bagne en Rousse Rouge‘*, 1928: GPU-Film: Paradies! – MAXIM GORKI unterstützte, wandte sich ab und lobte später alles.

4 Wochen drauf die größte Massenerschießung, 300 x ins Genick, sie trafen nicht immer – Begründung: geplante Flucht – 1924 LENIN ist tot, STALIN übernimmt; Generalsekretär – Erbe – Kult – innerer Kreis – Diktatur des Proletariats = Diktatur der Partei – 1928: Ergebnisse des 1. 5-Jahr-Plans: 20 % – Beginn der Schuldigensuche 1930: Industrie-Partei-Prozeß: Sabotage der Produktion – Vorsitzender Richter WYSHINSKY – Die Angeklagten gestehen frei erfundene Verbrechen wie ‚Sturz der Sowjetmacht‘, ‚vom Ausland bezahlter Saboteur‘ – 5 x Tod durch Erschießen, 3 x Lager –

Kollektivierung – Maria (8) deportiert, alle Wohlhabenden davongejagt – Kulaken enteignen – Beschlagnahmen – alles weg, Hungertod – Millionen gezwungen, das Land zu verlassen – Aufbruch zur Deportation – in den Schnee geworfen – neue Maschinen, Traktoren – 1932-34: 6-7 Millionen verhungerte Bauen – Liquidierung der Kulaken als Klasse – 2 Millionen umgesiedelt – sämtliche Gefängnisinsassen in die Arbeitslager/Gulag – wurde entscheidender Wirtschaftsfaktor für umfassende Infrastruktur-Projekte, wie Weißmeer-Ostsee-Kanal – Abkommandierung für 18 Monate – 227 km

Kanal, davon 39 in den nackten Fels gehauen – Baustellen pharaonischen Ausmaßes – 100-Tausende Zwangsarbeiter, ‚Kanalhäftling' – Blut – Verletzungen, keine Hilfsmittel, keine Maschinen, alles Muskelkraft, mittelalterliche Methoden – 12.000 sterben, 10 %, die Leichen im Schnee liegen gelassen, tauchten im Frühjahr aus der Schneeschmelze auf.

30 Schriftsteller feiern die Wiedergeburt der Häftlinge durch Arbeit in einem STALIN gewidmeten Buch – Unterhaltung entlang des Kanals – vor den erschöpften, verschlossenen Gesichtern – Einweihung des Kanals im Mai 1933 – ‚Sieg des Kommunismus' – er wurde kaum genutzt – Arbeit zum Schein – 500.000 Gefangene sind interniert – ein Projekt jagt das andere – Goldprojekt Kolima, bei 50 Grad Frost – keine Landverbindung – 1937 verhaftete Studenten nach Kolima, 5 Meter hoher Schnee, Erfrorene – 1.000 km Straßenbau – 80.000 Häftlinge – wie ein exzentrischer Zar im Rolls Royce zum Baustellenbesuch – ‚Kolima Kolono du verzauberter Planet' – von Hand Löcher hacken, 10 am Tag, 60–70 cm tief, Permafrostboden, 1 Qm³/Tag, dann 2, später 4–6 Kubikmeter.

SCHALAMOV 10 Std an 7 Tagen – über 17 Jahre – bis zu 52 Tonnen Gold/Jahr, die Hälfte der Landesproduktion – das Land der aus der Gesellschaft Verbannten, sie hatten und waren gar nichts mehr, arbeiteten sich buchstäblich und planmäßig zu Tode – jährlich 100.000 – Ersatzlieferungen durch die GPU, Vorrat unerschöpflich – 1937: Sterberate 10 % – das weiße Krematorium, die Knochenstraße – höchste Bedeutung für das 20. Jahrundert, ein zentralistisches kollektives KZ-System/von ‚Memorial' gesammelte Filmausschnitte.

26.1.34: Triumpf STALINS auf dem Parteitag – jeder preist seine Verdienste – jeder Rückgang der landwirtschaftl. Produktion verschärft die Zwangsarbeit – kann nur auf Sabotage beruhen, da alles richtig ist – 1.12.34: Ermordung KIROWS, Verschwörung! Eifersucht! – STALIN nutzt das NKWD: das Sinowjew'sche Zentrum wars – Urteil – Erschießung 17. PT: Aufbau des Sozialismus = abgeschlossen – neue Ära – das

Leben ist fröhlicher geworden – die Nomenklatura: ja! – Privilegien am Schwarzen Meer.

1935: 1 Million im Gulag plus 1 Million ,Sonderverwandte‘ nebenan – 3 gigantische Projekte: der Moskau-Wolga-Kanal – eine Minute Aufmerksamkeit: ,aufgrund der Initiative unseres geliebten Führers … bauen wir den größten Kanal der Welt‘ – fast 200.000 auf der Baustelle, 30.000 sterben, 12–14 Stunden Arbeitszeit, in Schichten bei apokalyptischen Wetterbedingungen – Stalin bekommt begeisterten Empfang durch die, welche er in die Hölle geschickt hat.

Nächstes Projekt: die 2. Trasse der Baikal-Amur-Magistrale, 1500 km von 1933–1945, 200.000 – 1 Toter alle 150 Meter – weiter: Öl- und Kohlevorkommen – 100.000 graben 20 Kohlebergwerke bei 60 Grad Frost, 3-monatiger Polarnacht, Workuta, nur die ,gefährlichsten Straftäter‘, im Winter unpassierbares Gebiet, Beginn einer Bahnlinie – industrieller Strafvollzug, die Lager Großbaustelle.

Weitere Projekte: Belbalt-LAG – UktPeck-LAG – KarLAG – SibLAG – DAL-LAG – BAM-LAG – Dal-Stroij/Kolima – die Lagerkomplexe vermehren sich wie Tumore – Prozeß gg feindliche Agenten, Abschaum, 3 Prozesse 1936–1937–1938 – alle gestehen frei erfundene Verbrechen, die alte LENIN-Garde, Ankläger u. a. CHRUSCHTSCHEW, ,Verbündete der Faschisten‘ – STALIN grinst, erschießen! Keine Gnade, Tod den Verrätern (wird skandiert), sie sind für alle Probleme verantwortlich – Ausstellungsstück des großen Terrors (?), lenkt ab von den Massenexekutionen, 120.000 verhaftet, 60.000 erschossen – Lubjanka – ,ich muß auf eine Dienstreise‘, verabschiedet er sich von seiner Frau, draußen warten sie … – die Angehörigen kommen für acht Jahre ins Lager, Stalins persönliche Befehle, 1.000’e NKWD-Führer, 10 Jahre, ohne Recht auf Briefverkehr, Exekution, auch die Lagerleiter mit dem Rolls Royce, erschossen – innerlich erstarrt.

Armee: 40.000 höhere Offiziere enthauptet – das Ziel: eine

neue Generation, von STALIN geprägt, hörig, die Revolution frißt ihre Kinder – 90 % im Volk keine Kommunisten – NKWD-Chef erschossen, JESCHOW, ein blutrünstiger Zwerg, der Vollstrecker des größten Massakers in Friedenszeiten – 750.000 in 18 Monaten, 1600 pro Tag, per Genickschuß, massenhafte Mordlust – Gabriel Bogdanow, sofortige Verhaftung und Erschießung, Befehl 00447 Jeschow, ein für alle Mal aus der Welt zu schaffen, Quoten pro Region, August 1937 bis Dez. 38 – Säuberung der Sowjetgesellschaft – um 3 Uhr nachts geklopft u mitgenommen – alles insgeheim – Verhaftung-Prozeß-Verhör-Erschießung od. Deportation – in Lastwagen mit Planen abtransportiert – kann ein Mensch sowas vergessen – um Mitternacht Motorrad, schwere Stiefel, NKWD, meine Mutter verhaftet, sie umarmte mich, ich lag gekrümmt von der Angst in 2 Jahren. 1,5 Millionen Deportierte.

Jan. 1939: 2 Mio Häftlinge – 17.11.38: Stopp und Ermittlungen gg JESCHOW, Anfang 1940 erschossen – Nachfolger BERIJA, enger Freund u Profikiller, der Himmler Stalins – den Gulag rentabler machen, nach Wirtschaftszweigen neu gegliedert – Bau diverser Wasserkraftwerke, 200 Militärflugplätze.
1939–41: Hitler-Stalin-Pakt, Aufteilung Polens – April 40 Katyn und weitere, 110.000 Polen in den Gulag, 320.000 in Sondersiedlungen deportiert, danach die baltischen Staaten, Moldawien annektiert.

Überfall Hitlers, 700.000 nach Osten in Gewaltmärschen verlegt, Lemberg 7.000 ermordet, 600.000 u 400.000 aus dem Gulag in die Armee, Kaloriennorm 60 % – 1941/42 ein Viertel verhungert, Typhus, Cholera, keine medizinische Hilfe – kein Leben mehr, keine Menschen mehr, behaarte, verdreckte Wesen, wie Holz aufeinander gestapelt, Zettel am Fußknöchel.
1943: Vormarsch, Befreiung, Verhaftung – ihr Vater von Stalin erschossen, die Tochter zu 20 Jahren Lager verurteilt – 4 Mio Kriegsgefangene in NKWD-Lager, dem Gulag entsprechend, mehrere 100.000 starben.

3. Teil, 1945–57 – Gefängnismaschinerie von großer wirtschaftlicher Bedeutung – Gulag ein verlogener Kontinent – der blutige Diktator als Sieger über das Nazisystem – nie zuvor so viele Häftlinge wie nach 1945 – Auslieferung aller russischen Staatsbürger war vereinbart, 4,1 Mio an die UdSSR, Prüfungs- und Filtrationslager, 360.000 Lagerstrafe, Verbannung – Kontingent neuer Gulags – Gruppe von 100.000 aus den westlichen Teilen in den Gulag, brutale Sowjetisierung – 3. Gruppe 1.000er Intellektueller als Konterrevolutionäre in den Gulag, aus dem Hörsaal ins Gefängnis – ‚paß auf, du bist eine Laus am Körper des Volkszorns‘ – SOLSCHENYZIN glühender Kommunist, 1945 verhaftet, 8 Jahre Lager, einfache Bürger MWD (?) verhaftet, kleinste Fälle, Vorfälle, kleinste Diebstähle, immer längere Lagerhaft, viele Frauen, ein Viertel, gleiche Schwerstarbeit, es gab noch keine Pferde in den Bergwerken, 6 hohe Kiefern pro Tag, Äste absägen, 3 Stücke war die Norm, 5 km durch Schnee bis zur Taille – beim Eisenbahnbau 10 km zu Fuß, dann 10 Stunden Arbeit, 10 km zurück – mit Spitzhacke die gefrorene Erde aufhacken, verladen – Frauen reine Sexobjekte, mißhandelt und mißbraucht, Gruppenvergewaltigung, bei Verweigerung ins Bergwerk –

ein sinnloses Universum ohne moralische Schranken, Sex findet überall statt – das Lager verschleißt den Körper und die Widerstandskraft, die Frauen verlieren ihren Körper, ihre Jugend – Spiegel – nach 4 Jahren: ich habe mich nicht wiedererkannt –

1952: 500.000 Frauen, 35.000 Kinder, die wurden den Müttern sofort oder nach 2 Jahren weggenommen – Sterbehäuser für Kinder – ein Häftling repariert einen Zaun – Großväterchen, machst du mir ein Auto? – aber ich bin doch ein Häftling – da brach er in Tränen aus – Kravchenko – Prozeß 1949 wegen Verleumdung – der Gulag erstmals vor Gericht, gegen ELSA TRIOLET – MARGARETE BUBER-NEUMANN an die Gestapo ausgeliefert – das Gericht: die Lager sind real – 25 % der Franzosen wählen die KP – der Kommunismus in Westeuropa leugnet weiterhin – 2.750.000 im Gulag + 2,8 Millionen in Sondersiedlungen, die größte Kolonie in Kolima – Norilsk – Workuta Kohleabbau 200.000 – Krasnojarsk – Amurlauf – Eisenbahnbau Kasachstan, Kusbass 100.000 – Polarkreiseisenbahn, völlig sinnlos, 100.000 für sechs Jahre, jedes Frühjahr alles kaputt, Abbruch, tote Trasse – Häftlinge schlafen in Zelten oder Schneelöchern – in Baracken auf Holzpritschen in 3 Ebenen, wie KZ, 500 pro Hangar, frierend, hungrig, Teile erfroren, meine Haare an der Wand festgefroren – später verbotene Zone – Appellplatz, Lebensbedingungen eine einzige Abfolge von Schmerz und Leid – alle Verbrechen – Suppe mit Abfällen (Heringsskelette), Kohlstrunke – 10 Jahre, weil er seinen Lehrer verteidigt hatte – extreme Gewalt, das absolut Böse dominiert – körperliche Gewalt wird zur moralischen Kraft – 7 Jahre, weil ihm eine Stalinbüste runterfiel – die einzige geduldete Organisation ist die der Kriminellen, die freie Hand hatten – 1951: kein Gewinn mehr – 5.3.53 STALIN stirbt – Hurra im Gulag – 1.200.000 verlassen die Lager, auch SCHALAMOW – BERIJA verhaftet und hingerichtet.

Bestreikung der Sonderlager – Verhandlungen – Kennummern ab – Frauen in den Aufstand – alle 4.000 Frauen haben geschrien, wir waren lauter! – die Wachen eröffnen das Feuer, die Wände waren durchlöchert, Blut, Gehirn klebte – 1956: PT CHRUSCHTSCHOW De-Stalinisierung – 1 Million aus der Sonderzone – Auflösung des Gulag – Aufhebung politischer Urteile – 1962: SOLSCHENYZIN im Kreml – BRESCHNEW, KOSYGIN neue Eiszeit – 1973: Archipel GULag, Manuskript herausgeschmuggelt – 1974 verhaftet und ausgewiesen, politischer Tsunami, SACHAROW zu Memorial. ‚Vor Stalin waren alle seine Untertanen gleich. … jeder konnte jederzeit vernichtet werden. Und jeder wußte das.' (MICHAEL MOROZOW: Der Georgier).

12.2. ‚Dunkelfeld', Dokumentation des Kindesmißbrauchs in der DDR.

CDU: AKK wurde in ihrer Geschlechterrolle fixiert und stigmatisiert – die Männer umstanden sie – ANGELA MERKEL ist

DDR-sozialisiert, hat eine andere Ausbildung – für die beteiligten Männer wurde zur Gewißheit, sich nicht gegen diese Kanzlerin auf die ungewisse Position zu begeben (den Parteivorsitz) – jetzt ist die halbe Wegstrecke gemacht – MERZ ist gesetzt, er mag die Kanzlerin nicht.

CAMILLA NYLUND als Marschallin im Rosenkavalier/Berlin in einer umwerfenden Figur, so eingehüllt in die Beschreibungen von JAN BRACHMANN, daß ich den Reclam-Erwerb erwäge, wie schon einige Male – wo ich nicht finde, was mich antreibt – als sei es nachzulesen, was ich sah – haben Sie keine Angst vor dem Alter, sagte sie in die Kamera – ich fühlte mich wie ertappt.

13.2.    Früh an den Deich zum Laufen, besser – abends beim Chor zu reichlichem Umtrunk.

Hier die Obszönitäten aus dem Heuschrecken-Stadl, vulgo die *Hedgefond-Five*, mit ihrer Handsalbe 2019, Währung in Dollar, Volumen in Milliarden, ihr Sparhanseln:

1. CHRIS HOHN, TCI, 1,85, Fondsrendite 41 %,
2. JAMEY SIMONS, Renaissance, 1,73 Fondsrendite 14 %,
3. KEN GRIFFIN, Citadel, 1,5, Fondsrendite 19 %,
4. STEVE COHEN, Point 72, 1,26, Fondsrendite 16 %
5. CHASE COLEMAN, ??, 1,1, Fondsrendite 33 %,
   laut Bloombergs ‚*Billionaires Index*‘, falls Sie da irgendwo mitmachen möchten.

PETER GABRIEL wird 70, seit 55 Jahren an der Arbeit.

TIMO FRASCH ruft den 50. Jahrestag des Brandanschlags auf das Haus der Israelitischen Kultusgemeinde in der Reichenbachstraße in München auf – WOLFGANG KRAUSHAAR setzte die Indizienkette über die ‚Aktion Südfront‘ und die ‚Tupamaros München‘ dicht, woraus die Zuordnung in die große anonyme Tätergruppe des linksradikalen Antisemitismus folgt.

Abends ‚Einer nach dem anderen' in der Regie des HANS PETER – ein Vater rächt den Drogentod seines Sohns, fröhlich, skurril & gnadenlos, BRUNO GANZ als serbisches Oberhaupt, groß bis Mitternacht.

Und dieser splitternde LARS EIDINGER als PEER GYNT an der Schaubühne, zerlegt und zusammengefaßt – weißgeschminkt mit eckigen nackten Schultern, goldenen Grills über den Zähnen, einem umgedrehten Stuhl auf dem Kopf und hilflosen Strapsen, offenen Stiefeletten und lackierten Fingernägeln … heruntergezogenem Slip, läßt er sich rammelnd …, ja, mal es dir aus, diese Verzweiflung, dieses Hand an sich legen und sich wieder sammeln, … eine scharfe Peperoni, die EIDINGER sich, mit den Tränen kämpfend, Stück für Stück in den Mund schiebt … posiert, ‚der CRISTIANO RONALDO des deutschen Theaters' – wer das Teflon verachtet, läßt die ganze Welt durch sich hindurch, läßt der Welt ihren Einlauf. – Hüte dich vor dem Tag.

*Screenshot*

51

**17.2.** MIKE POMPEO liest die Leviten in München – und NANCY PELOSI, härteste TRUMP-Opponentin, sekundiert, als es um Huawei geht, 40 Kongress-Mitglieder reisten an – ‚der Applaus, den der Amerikaner für seine Publikumsschelte bekam, dauerte … mindestens so lang wie der Beifall für STEINMEIER am Tag davor‘, so ANDREAS ROSS.

China: Corona heißt aktuell der Klassenfeind, der Klassenkampf unerbittlich, grade wird Autofahren unterbunden, im Netz permanent gelöscht, so FRIEDERIKE BÖGE aus Peking.

Darunter MARKUS WEHNER über die sieben Bewegungen in der Linkspartei und ihre Scharnierfunktion zum exekutiven Trotzki-Linksradikalismus mit Anweisungen aus der ‚London International Socialist Tendency‘ – ‚Marx 21‘ ist angesagt und die Aufhebung des Antitotalitarismus im Antifaschistischen Konsens, Legitimation und Deckung für das Umgraben in Staat und Wirtschaft.

Darunter die terroristische Rechtsradikalisierung von 12 Unfertigen im Netz, also reine Netzbekanntschaft von Ressentiment, die an großer Aufmerksamkeit der Macht zerbricht und ausgehoben wird – alles innerhalb von sechs Monaten – von ‚Bürgerwehr‘, ‚Bruderschaft D.‘, Prepper-Szene, ‚Soldiers of Odin‘, mit Armbrüsten, Goldbarren und Äxten, über das Scharnier HÖCKE, den ‚Volksaufstand‘ ersehnend.

In einem Container, Hafen Costa Rica, mit Destination Rotterdam fanden sich unter Zierpflanzen fünf Tonnen Kokain – Rotterdam bleibt zentral.

Klima-Koma-Meister LORENZ GÖSTA BEUTIN, Mandatsträger, packt sein Dogmenpaket aus vom Kapitalismus und seiner Handvoll Jackpotter – von der Industriestaaten-Klimakrise – von der ZehOh![2]-Dreckschleuder Deutschland, so nach x, y und z sind so 95 % weg, Herr Calculator und von de Klima-Klassenpolitik, voll der Polit-Klamauk – blanke Verwirrung auf allen Seiten – der will nur vor den nächsten Kohlebagger – vor dem sich aber schon alle drängeln!

Hingegen wieder die Brillanz jenes GEORGE ORWELL aus dem Jahr 45, die jetzt übersetzt und in gehöriger Form, also auf CD, angeboten wird: sein Essay ,Über Nationalismus' – den versteht er zwar nicht als Gehirnschaden, aber kurz davor, nämlich als ,obsessive Identifikation mit seiner Agenda ... im kämpferischen Dienst an einer Sache', die größer ist als er selbst, so WOLF-GANG SCHNEIDER – Loyaliät sei alles, insbesondere präge sie linke Argumentationsmuster, daher liege über allem die Frage: wer sagt es, in welche Schublade gehört es!

Ja, wie meine Genossen 1968: wem nützt es, hieß es, wenn das Begreifen ans Ende kam. ORWELL weiter: Daher jene ,ausdauernde Verklärung des Stalinismus unter westlichen Intellektuellen' – die ,spöttische und dezent feindselige Haltung gegenüber Großbritannien (war) mehr oder weniger Pflicht innerhalb der Intelligenzija' – eine erstaunliche Beschreibung ,verschiedener Spielarten des westlichen Selbsthasses bereits 1945', so der Rezensent.

Ach ja, klar auch die ,rechten Nationalisten', für ORWELL jedoch angesichts ihrer oft tumben Simplifizierung komplexer Zusammenhänge weniger interessant – und noch die ,innere Instabilität der Nationalisten', ihre Labilität, zu jener Zeit der häufige Wechsel vom Kommunisten zum Faschisten, die operativ ja häufig in Atemnähe wüteten, so ähnlich waren sie sich – und gegen das ,Elend des ideologischen Freund-Feind-Denkens schließlich das große ,erkenne dich selbst' – wieder lande ich in Tag 1 des Workshops! Fehlt nur noch die Plattitüde: wir greifen zum Äußersten und reden miteinander! Was ja zuhören einschließt, Leute! – Traumhaft aktuell, der Mann.

In der Geschichte der Menschheit stößt man nur, gemach, jedenfalls häufig auf Schutt & Asche, ROBERT FISK beim Gang durch die syrische Ruinenstadt Homs, auf dem Weg nach Idlib – dort soll die letzte Schlacht stattfinden! 1,2 Millionen auf der Flucht, mehr als die Hälfte Kinder – Anusra, Al Kaida, gibt es einen *hot spot* – nein, aber wir könnten einen draus machen, grade ist aber Waffenstillstand.

Tagesausbeute schließt mit ROR WOLF, der ging, 88, diesem Ultimativen, der Leben ins völlig Verzweifelte brachte – seine Bände 1 bis reichten für die Restlaufzeit! – die Welt ist eine Collage, der ging er nach, seit 1958, links die Erklärer, rechts, die es jeden Tag ausbaden, das Leben, das Schöne und das Elend und da sind ‚die Regulierer, die eine Idee haben‘ – ‚Wirklichkeitsfabrik‘ machte er aus alldem (MICHAEL LENTZ) – die Arbeit an der Ordnung, große Sehnsucht aussichtslos.

18.2.  ‚*Surrealism was a Decidedly Feminine Movement*, erklärt KATE BROWN auf Artnet, warum so viele von ihnen bloß ‚vergessen‘ seien – *ei, weil se ned son Hermann mache um alles* – Hermann = Mann, = Rampensau, vorher hört er nicht auf.

19.2.  Wenn's grau wird, also undurchsichtig, werden aus Gewißheiten Vermutungen, gestützt auf ‚Hinweise‘. Die fanden drei Ökonomen zuhauf – dahingehend, daß Entwicklungshilfegelder der Weltbank in beträchtlichem Umfang in Steueroasen namens Cayman oder in der Schweiz zum Erliegen kommen: im Vierteljahres-Rhythmus, dem Zahlungsmodus der Weltbank an die 22 bedürftigsten Länder ... stiegen regelmäßig deren Guthaben in den Steueroasen (19.2. wvp) – Guthaben in anderen Ländern verharrten hingegen.

Solch herzhafter Zugriff der Eliten könnte die ‚geringe Effektivität von Entwicklungshilfe‘ hinreichend erklären, an sich gesunder Menschenverstand, oder! Versuche, den Report zu blockieren, zu verwässern bzw. zu bremsen, könnten wiederum den überraschenden Rücktritt der Chefökonomin PINILOPI GOLDBERG erklären – warum solche Zweckentfremdung bedeckt bleiben soll, bliebe weiterer Recherche vorbehalten, das korruptive Geschmäckle hängt über solchem Geschehen. – Dass sich die deutsche Finanz-Kavallerie für solch Ungemach interessiert, erscheint auch unwahrscheinlich – dabei mißt sie im Inland doch längst kommunizierende Kontostände!

20.2.  Nazi: Woche für Woche werden 75. Jahrestage aufgerufen – da die Volksgemeinschaft unter die Todesparole gestellt war ‚Sieg

oder Untergang', was ein Aufhören ausschloß, hieß das, die seit drei Jahren erkennbare Alternative Untergang zu erwarten und zu erleiden – am 23. Februar praktizierte ,Bomber-Harris' sein Konzept ,Massentötung der Zivilbevölkerung' über Pforzheim: in 30 Minuten mit 368 Bombern, unter 1575 Tonnen Abwurf gingen 17.600 der 79.000 in den Tod von Flächenbrand & Feuersturm, die Überlebenden für den weiteren Aufenthalt gezeichnet, traumatisiert bis heute, zitiert RÜDIGER SOLDT – das Mahnmal erinnert, wofür und wogegen, bleibt der Diskussion wert.

Die Grundrente ist durch, das Versicherungsprinzip auch, so KERSTIN SCHWENN, die Gerechtigkeit, dieser Hundsfott, sowieso und die Kohle dafür sonstwo – die Koalition mit der fünften oder sechsten Sonderrente an der Arbeit, wie JENS S. und HORST S. beschwören – und die Rentenkommission, eine von 20, guckt allem hinterher.

Corona: der erste Tote in Italien.

**21.2.** Massenmord in einer Shisha-Bar in Hanau und in einem Kiosk – ein gepflegter 43-jähriger Bankangestellter erschießt schließlich auch noch seine 72-jährige Mutter und sich selbst – sein Manifest versammelt die gereifte Paranoia bis hin zur Abweisung durch Frauen – der spontane Beistand im Land wird schnell von politischer Abgrenzung dominiert – eine rechtsradikale Einbindung kann CONSTANTIN VAN LIJNDEN nicht ausmachen – in pathologischer Welterklärung sind Fremde immer wesentlicher Bestandteil, bei diesem Mörder seit der Schulzeit – die Sache erscheint komplizierter als rechtsradikal. – Die Bilder der Überlebenden zu sehen, zerreißt dir das Herz – wenn der Selbsthaß zum Untergang ruft, wie in seinen organisierten Formen von 4Chan oder Moguca – hier als ,einsamer Wolf', wie es beschönigend heißt.

Nach den ersten Einzelheiten kommen dann doch klare Konturen zutage, wie JÜRGEN KAUBE aus dem Erklärungstext, eher Rechtfertigungstext des MICHAEL KLONOVSKY zitiert, dem Redenschreiber für ALEXANDER GAULAND: da wird der ‚Bürgerkrieg (zwischen) zwangsvermischten Gruppen‘ aufgerufen und als wohl verständliches ‚Revierverhalten‘ Jener legitimiert, die diesem ‚verantwortungslosen Experiment ausgesetzt werden‘.

Das ist gedankengleich ADOLF EICHMANN, dessen ‚Zeit vor Jerusalem‘ der BETTINA STANGNETH ich gerade durchgehe: in Vorbereitung seiner Rückkehr nach Deutschland, vorweg geplant einem ‚Offenen Brief an den Herrn Bundeskanzler‘, kam er über den ‚Totalen Krieg‘ auf das ‚Recht ist, was dem Volke nützt‘, auf das Völkische und das ‚arteigene Denken‘ – was im Großen als Kampf um Lebensraum für diese Art inszeniert wurde – was sich spiegelt in der Begründung von ‚Revierverhalten‘, also der Vernichtung von Eindringlingen – im Kleinen – Beides auf der völkischen Folie der ‚eigenen Art‘, die sich gegen Überfremdung, Bedrohung durch Anderes, Minderwertiges auflehnt.

Denkt so auch nicht die Mehrheit des AfD-Wahlvolks, so darf den Kadern die Konfrontation mit dem Zivilisationsbruch der Menschen-Hierarchisierung nicht erspart bleiben – reine Abgrenzung klärt nicht, sie stabilisiert! – Und daß HANS-GEORG MAASSEN dieses Morden in eine stupide ‚Freund-Feind-Projektion‘ hochpolitisiert, wie EDO REENTS vorstellt, drängt ihn als Chef der CDU-Werte-Union ins peinliche Abseits. – REENTS ruft die Kette von Ermittlungsunterlassungen und -fehlschlägen, Unfähigkeiten und moralischem wie Organisationsversagen jenes Verfassungsschutzes auf, nach dessen Sinn von Grund auf zu fragen sei.

An ‚disruptiven Impulsen‘, also technologischem Entwicklungspotenzial, hatte dieses Land ‚in etwa die Bedeutung, die die USA heute einnehmen‘ – das war um 1880 – heute: ‚seit sehr, sehr langer Zeit gar keine relevante Disruption mehr, so THORSTEN GOTTSCHALK von Warburg. Der Weltmeister ‚in evolutionärer Verbesserung‘ kommt an sein Ende – finanziell, physikalisch und

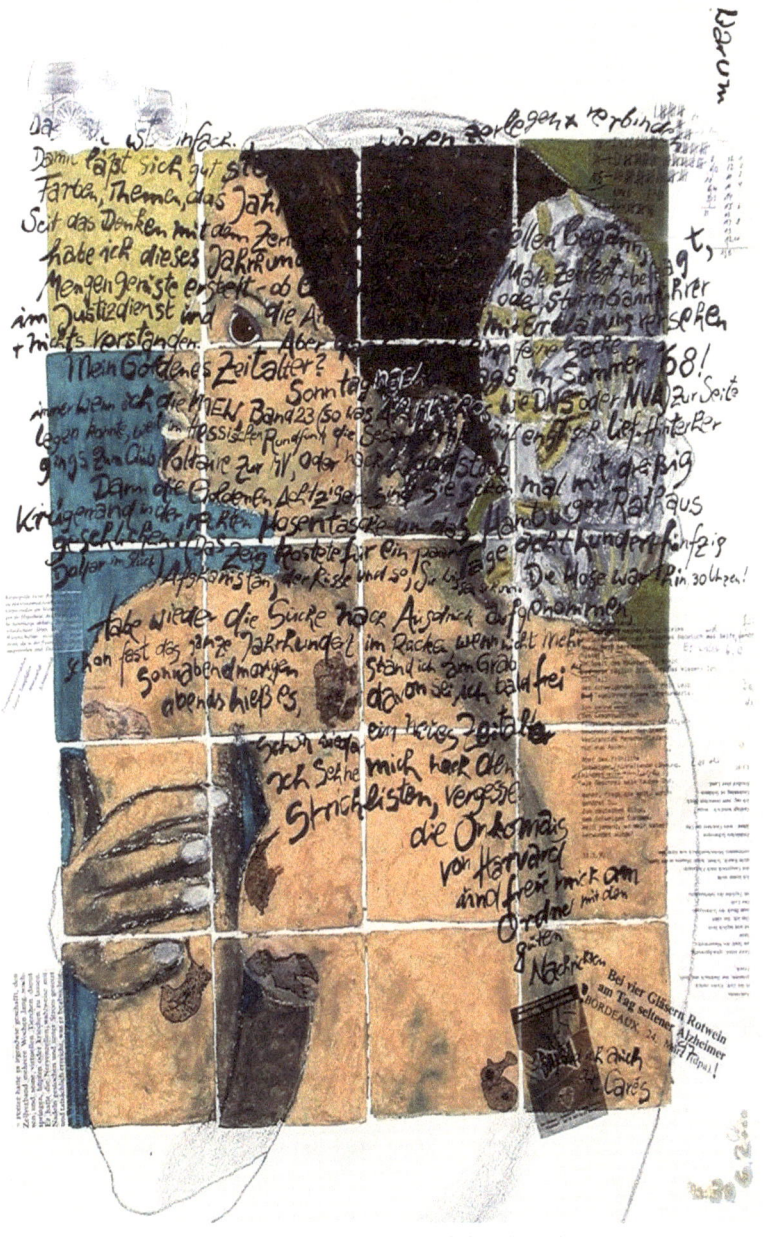

*‚Warum?'* – *Wachskreide, Collage, 42 x 57 cm – 2000*

chemisch. – Im Disruptionsranking werden Chemie und *Audos* ‚von deutschen Unternehmen dominiert‘ – doch sind das die beiden letzten Plätze, Nr. 19 und Nr. 20, Schlag ins Kontor, odr!

Das bestätigt der EVI-Bericht an die Kanzlerin, worin die Verteilung von Investitionen und Patentanmeldungen im Bereich der Cybersicherheit angezeigt wird: von 150 der innovativsten Unternehmen kommen 112 aus den USA, 18 aus Israel, eins aus Deutschland – der Anteil an Patentanmeldungen bei 6,2 %, weit hinter Japan (13,4 %), China (11,6 %) und den USA (33,5 %).

Diesen Abbruch wiederum illustriert die Zählung der KfW empirisch: war unter den 3,8 Millionen Mittelständlern in 2016 noch jedes zweite digital innovativ, so in 2019 noch jedes fünfte, in Produkt oder Prozess – zu wenige Fachkräfte, zu wenige Gründer, heißt es – besser bei Großkonzernen, da zieht Deutschland in 2019 an Südkorea vorbei auf Platz 1, so der *Bloomberg Innovation Index*. – Sehr mies die staatliche Forschungsförderung, ‚seit vielen Jahren im Sinkflug‘, so der Branchenverband VDMA, bei 3 % hinter Amerika mit 6 %, Großbritannien mit 8 % – derweil übt sich in Grünheide ein buntes Völkchen rings um die Elektro-Hütte von ELON MUSK in ‚allgemeiner Kapitalismuskritik‘, so JULIA LÖHR, ‚Einheimische wundern sich über auswärtige Demonstranten‘.

Ich suche den Zugang zur Ablage in ‚meiner Bank‘ – du wirst zum Reißwolf, besser Ausbildung zum Panzerknacker!

ALEXEY MILLER aus St. Petersburg beschreibt den ‚Erinnerungskrieg‘ im Osten Europas – zum innenpolitischen Instrument aggressiver Umschreibung der Vergangenheit formatiert, wird vornehmlich die eigene Opferposition bedient – darüber gerät eine ‚Politik der Reue‘ aus dem Blick und der materielle wird im ideologischen Grabenkampf verstetigt – die Frage nach dem eigenen Anteil an den Feldzügen wird als Nestbeschmutzung eliminiert, das ‚Leid der Anderen‘ nicht mehr gesehen – ganz wie in hiesiger Nachkriegszeit, als nach zwei bedingungslosen Unterwerfungen, erst unter das Todesregime, dann unter

dessen Überwältiger, das Selbstmitleid und Opferdasein domi-
nierten – auch in dieser Verkapselung hatten Empathie, das Leid
der Anderen, der Wille zu Versöhnung, ja die Frage nach dem
übergroßen eigenen Anteil, allgemein die Frage nach dem ganzen Zusammenhang dieses Weltdesasters lange keine Chance.

**22.2.**  7.30 Nagel-Lucy (wenn Sie ahnen) – Gassi, Brötchen – Marion an die Essensvorbereitung, 12 Schnitzel mit Umgebung
– Wohnungsputz zu CAT STEVENS *,Tea fort the Tillerman'*,
die Scheibe hat wohl fünffachen Wasserschaden klangvoll
überstanden, das Cover sieht aus wie Seegang 5 – mittags
Lara mit Freund aus Wolfenbüttel – langer Nachmittag auf
den Sofas – gegen Abend in den Kulturbahnhof OHZ – mein
Glitzeroutfit stimmt, die Unterhaltung auch, ich kegel' mit
den Strophen etwas, was die *ukulele according ladies* vorübergehend in *crazyness* bringt – um 22 Uhr weiter zu Giselhers
Geburtstagsfeier ins Nurdachhaus – der tischt auf vor Mitternacht, gegen 2 Uhr zurück ins Eigene. – Das Video vom
Auftritt ist großartig – und über Nacht ist alles gestorben
– nach frecher Nachricht an mich sieht sich auch Marion
mit tolldreisten Anwürfen konfrontiert – wir lassen das im
Schweigen versinken.

**24.2.**  Etwa ein Viertel aller Netzmitteilungen zum Thema ,menschen-
gemachter Klimawandel' seien von Bots generiert, so THOMAS
MARLOW von der Brown University Providence (F.A.Z.).

**25.2.**  Wie nenn' ich's? Desaster-Kontinuität könnte markieren, was
nach der Hamburg-Wahl im Volksparteien-Stadl läuft – LARS
KLINGBEIL weidet den Thüringen-Dreisprung aus, die CDU ko-
puliere ja wohl mit der AfD, die FDP ja ohnehin, also heillose
Orientierungs-, weil Themenlosigkeit – Halt! Stopp! Weit gefehlt:
es ist Baustein der Flucht in die ,Nationale Front', der Achsenverschiebung wie neulich in der ,Mitte-Studie' von Friedrich-Ebert
– alles, was nicht in die Einhegung des Linksblocks paßt, steht
dem Lager des Rechtsradikalismus wenigstens nahe, eher drin.
Solch politischer Wüstenei ist die Röte der Schamlosigkeit nicht
anzusehen *(wie auch, die sinnja schohn rohd!)*.

Darauf prüft die CDU die Koalitionsfrage und sieht ihren Hamburger Katarakt auf kurz vor einstellig, ebenfalls durch Thüringen angelegt – dabei droht auf Bundesebene gerade der gleiche demontierliche Zirkus wie neulich bei der SPD, nach ANNEGRET KK'S Ankündigung niederzulegen – Führung ist Amalgam aus Person und Sache, darüber abzustimmen elementar, kann aber alles vernebeln, wenn's in mediokrem Abstimmungspoker versandet – lasst es bloß liegen, Loide! *(wenns bloß einer lese däd)*.

Und wieder ein Arte-Abend STALIN, das Massaker und der Pakt (es muß, nein ich muß) – seit 1918 wurden die Leute verscharrt, die in Smolensk füsilierten, dann die 4.000 – ein Bruchstück aus Jahrzehnten – der MOLOTOW-RIBBEN-TROP-Pakt als Freibrief für HITLERS Polenvernichtung, – überfallartig auch die Rote Armee – 230.000 gefangen, entwaffnet, zu Fuß an die sowjetische Grenze, Tarnopol – SOLOMON SLOWES, jüdischer Arzt, auf Lastern in endloser Reihe ins Innere Rußlands, nach Kosielsk, 4500 Offiziere und 6500 weiter ins ehemalige Kloster Starobielsk, jetzt Gefängnis für 3800 – Einschüsse von 1917 – Lautsprecher Tag&Nacht, Musorgski – unterbrochen von Parolen –

seit 1917 Tscheka, dann NKWD, FELIX DJERJINSKI, Exekutor der Parteidiktatur – gegen Konterrevolution - Spekulanten – Sabotage – auch zufällige Passanten entkleidet – erschossen – verscharrt, ‚das Verschwinden der alten Welt zu forcieren' – 3.000 Priester verhaftet – geschmolzenes Blei schlucken, hingerichtet – in Moskau, Lubjanka-UG: Netz von Verhör und Erschießen, von 600 auf 260.000 – die Tscheka kontrolliert die Städte – ab 1922 GPU, ‚staatliche politische Verwaltung', LAWRENTI BERIJA aus Georgien, seit dem 18. Lebensjahr dabei, unterwandert gegnerisch, um zu melden, foltert und liquidiert persönlich

grandioses Begräbnis des DJERJINSKI 1926 – hinterläßt eine unerbittliche und paranoide Repressionsmaschine – jede Person mit großem Dossier! – Muster-Tschekist wird 1. in Georgien – Verbindung zum Politbüro, ANASTAS MIKO-

JAN – persönliches Regime STALIN: 110.000.000 Bauern sind zu kollektivieren – große Aufgabe für Tschekisten, ab der ersten Kuh: Kulake, 30.000, erfundene Kulaken gibt es nicht – Ukraine: 110.000 Deportierte auf die Slowjetzki-Inseln am Weißen Meer, neu: GULag – in 2 Jahren Widerstand gebrochen – Ernte fällt, Lieferquote steigt – Saatgetreide abliefern – Hungersnot – Quoten einhalten, ersatzweise Fleisch! – Dörfer, die nicht abliefern – Auswirkungen zu notieren, ist verboten.

1933: zweiter Besuch des Engländers GARETH JONES, der das Land nicht wiedererkennt, von Leichen übersät, täglich 10.000 Tote, das jüngste Kind getötet, um die anderen zu retten, Mütter bieten sich an – dagegen Andere sprechen von phantastischen Erfolgen, von Massen von Mähmaschinen, die es nicht gibt – 4 Millionen im Schatten der Lüge ermordet:

1934: GPU-Chef stirbt, GENRICH G. JAGODA wird Chef NKWD – die Alt-Bolschewiki sind als Nächste dran – Schauprozesse: gestehen – hinrichten – BERIJA persönlicher Vertrauter STALINS und erfolgreicher Liquidator.

1936: Nachfolger NIKOLAI JESCHOW, JAGODA wird 1937 liquidiert, JESCHOW ein paranoider Perverser mit zahlreichen infektuösen Krankheiten, der den Offiziersbestand radikal dezimierte, dazu zwei Drittel des ZK.

1937: Befehl 00447 – Erweiterung der Liquidationen auf die gesamte Gesellschaft, Quoten für Deportationen und Liquidation – WOROSCHILOW – MOLOTOW – MIKOJAN – KAGANOWITSCH – KALININ, Verhaftungen regelmäßig nachts – Gefängnis – Folter ist offizialisiert, Komplizen professionelle Killer – Hinrichtungen nachts, 2 halten fest, einer schießt in den Nacken, bevorzugt Walther 7,65, hält das Blutspritzen im Rahmen, erhitzt nicht, 2-Minuten-Takt – Verbrennung im Krematorium oder Massengrab, von Bulldozern zugeschüttet, schnellwachsende Tannen darüber gepflanzt – in 18 Monaten 750.000, methodisch, ohne Zeugen – JESCHOW im Personenkult, für kurze Zeit – Vorwurf Unterwanderung NKWD, Beginn gegenseitiger Liquidation – letzter Ruf: es lebe Stalin! – Spuren verwischen!

1938: JESCHOW in der schalldichten Zelle liquidiert JAGODA – BLOKHIN (?) liquidiert seinen alten Chef vor den Augen des neuen – 1938 nach Polen für Sowjetisierung – Filme mit erzieherischem Wert – CHRUSCHTSCHOW Neuzugang im Politbüro, zuständig für Polen, ‚jede Erinnerung an Polen zu liquidieren‘ – Listen ‚Nichtsowjetisierbarer‘, Studenten, Offiziere, Polizei, Beamte, Journalisten, Künstler, Industrielle – BERIJA studiert die Berichte, in die Hinrichtungszelle, Lubjanka, trifft JESCHOW, der gesteht nach Folter, BLOCKHIN: wieder ex-Chef vor den Augen seines Nachfolgers.

Befehl 794 B: polnisches Offizierskorps liquidieren – Politbüro: einstimmig, Unterschriften, Freilassung simulieren, in versiegelten Waggons nach Kalinin, NKWD-Gefängnis – Tür mit Filz gepolstert und erschossen, Tür zum Hof, 3.000 in der 1. Nacht, jede Nacht … 6287 in Kalinin, 200/Nacht, 3869 in Charkow, 4404 in Smolensk, in den Wald von Katyn … 22.000 in 45 Tagen, 1 Monatsgehalt Belohnung für die Täter, alles Tschekisten, 45 Männer und 2 Frauen – alle Spuren verwischen, 2 Nächte: Verhaftung aller Angehörigen, 60.000, Deportation GULag – Briefe von 4 Kindern an ‚Väterchen STALIN‘, die Papas zurückgeben.

2 weitere Wellen: 1 Million nicht ‚sowjetisierbarer‘ Polen in den GULag
1941 Überfall – Debakel der Roten Armee, Churchill bietet Hilfe an – Vermittlung Botschafter IVAN MAISKI – polnische Deportierte verlassen den GULag, neue poln. Armee, Tausende Offiziere fehlen, ANDERS fordert seinen Stab, fordert Erklärung – MOLOTOW: alle wurden freigelassen!, KALININ: keine Ahnung, STALIN, gutgelaunt, Offiziere? Weiß nichts – die Polen direkt an die Front, ohne Ausbildung, ohne Waffen – 1942: Verlegung der polnischen Armee in den Iran, Briten.

Katyn unter Nazi-Kontrolle: Zeitpunkt festgestellt: 20.4.40 – Dokumente – Winterbekleidung? – Kaliber 7,65 – Gerichtsmediziner aus 10 kontrollierten Ländern, Befragungen, junge, umgepflanzte Kiefern, erfahrene Schützen – Bericht an CHURCHILL Angebot – GOEBBELS 13.4.43, Angebot Separatfrieden nach Katyn – Empörung der westlichen Stalinverehrer, ROOSEVELT.

Juli 43, Konf. von Teheran: Polen nach Westen rücken – STALIN: Nationalitäten sind nur eine Sache des Transports – neue Exhumierung, Zeugen widerrufen, neue Beweisstücke – 1941! Nazi!
1945: Westverschiebung, kleiner Stalin an die Macht
1946: Nürnberg: die Nazi-Version durchsetzen – keine Entschließung
1952: Mc Carthy – Befragung von <Szeski>, Rücksicht auf Stalin!
1953: Stalin tot, Berija bleibt – Dossiers über das ganze Politbüro – die anderen Schergen verbünden sich – Erschießung – 21.800 Karteikarten vernichten, schlägt B.-Nachfolger vor 1959
1964: Breschnew, jährliche Gedenkfeier für Katyn
1974: Denkmal in London, Einweihung 1976
1980: Gdansk – Jaruszelsky! wurde deportiert, Augen verbrannt, Brille
1981: Kriegsrecht
1985: Gorbatschow – Einsicht Katyn-Akten, Politbüro! – versiegeln – Geheimsache
1989: nichtkommunistischer Regierungschef – Forderung an Gorbatschow: Katyn oder kein Besuch – Artikel NKWD
1990, 13.4.: Regierung räumt ein, BERIJA war es!
1993: JELZIN veröffentlicht die Befehle – weitere Massengräber eröffnet, ,sie schossen nicht, sie arbeiteten'.

Jahrzehnte später erscheint ein Zeugnisband der MONIKA ZGUSTOVÁ aus der ,höllischen Schule des Überlebens' (KERSTIN HOLM 21.7.20) – Interviews mit Frauen, die den GULag lebend verließen,

‚die Tochter des 1939 erschossenen Schriftstellers ... 1949 von der Dissertationsfeier weg verhaftet', 21 Jahre alt ‚in Seidenbluse, Rock und Pumps geradewegs (in die) Lubjanka verfrachtet und Monate später in der gleichen – ihrer einzigen – Kleidung in ein sibirisches Dorf' (KH) ... ‚bei Eis und Schnee Erde umgraben' ... allein die sechzig Kilometer zur Bahnstation laufen' – die Historikerin SUSANNA PETSCHURO als siebzehnjähriges Mädchen ... im Lubjanka-Keller landete ... sechs Jahre Lager ... zusammen mit der Opernsängerin LINA PROKOFJEWA ... eine andere 1968 nach Protest gegen den Prag-Einmarsch in die Zwangspsychiatrie gesperrt ...

Zurück ins Alltägliche: sagst du ‚Kapitalismus', kriegst du Höchststrafe in der Ablehnung – CHRISTOPH SCHÄFER berichtet vom Volks-*Feeling*, herausgekitzelt, *sorry*, abgefragt vom ‚Edelman Trust Barometer', Yougov und anderen – dabei das in der Geschichte des gebeutelten Landes höchste Niveau an Löhnen, an Sozialstaatsquote, an Wirtschaftsleistung und weiß der Teufel noch was, auf dem ‚Sozialismus' als attraktiv, bessere Alternative angesehen wird – obs den Gutgehenden jemals besser geht, also etwa in fünf Jahren, glauben die ‚Unter jedem Dach ein Ach'-Spezialisten grade zu 23 % – ‚In 26 abgefragten Staaten liegt der Wert doppelt so hoch' – Therapie aussichtslos.

Die Sozialismusbegeisterei weiß nicht, will nichts wissen von 80 Jahren Terror & Elend mit wohl 200 Millionen Toten (guxdu zweimal ARTE oder Schwarzbuch des Kommunismus) oder von bald einer Milliarde aus extremster Armut Geholten in 10 Jahren – einer Koalition aus Papst, Teilen des Parteienspektrums, großen Teilen, dem öffentlich-rechtlichen Raum über ZDF und 3sat bis in die schier sklerotisch-netzwerkische Sozialindustrie ist es gelungen, ‚Kapitalismus als dreckig zu framen', so RAINER ZITELMANN – wenn's um Perspektive geht, wird das Land in larmoyanter Depression gehalten – dafür wiederum haben die Leute ein feines Gefühl.

Immerhin, noch gibt's Widerstand gegen den Marsch *ind'n Sozzjalismus:* heute der MLPD, wenn Sie erinnern – der Maximum-Lenimum-Partei Deutschlands, seit 28 Jahren

in Vorbereitung des revolutionären Umschlags in Gelsenkirchen-Horst (!, in echt), wurde jetzt die Aufstellung einer rübergeschleppten Lenin-Statue verweigert – der Grund: das ZK ist, sorry, sitzt bereits selbst in einem Denkmal, das würde dann von olle Lenin verdeckt – die Vorbereitungsarbeiten werden unvermindert fortgesetzt, so! Man arbeitet immerhin bereits auf eigenem Grund & Boden, so PATRICK BAHNERS.
PS.:
Das Verwaltungsgericht Gelsenkirchen hebt das Verbot auf, es sei offensichtlich rechtswidrig!
PS.:
Eine Beschwerde der Stadt dagegen weist das OVG ab: ‚die negative Bewertung der Person Lenins durch die Stadt stehe in keiner nachvollziehbaren Verbindung zur Aussage des Denkmals‘ (11.3.20 pba).

Kindesverbrechen: der West-Berliner Senat im Zentrum des KENTLER-Experiments seit Ende der 60er Jahre: der Zuführung von Kindern aus verwahrlosten Verhältnissen an Pädophile – die Opfer gehen den Rechtsweg gegen die Institution: wer waren die Leute!

Der Vorstand der SPD erstellt für die allfälligen Reden seiner Mandatsträger am Aschermittwoch die Musterrede – das sei nichts Neues aus der ‚Berliner Humorverwaltung‘, meint PETER CARSTENS, sondern langjähriger sozialistischer Gang, etwa als ‚Musteransprachen spontaner Begeisterung über das Erreichte‘ – Vertrauen ist eben weg, Kontrolle legt an die Leine.

Covid-19: weltweit bestätigt 80.200 Infektionen,
China: 78.000 Infiz., 2715 Tote – 52 in 24 Std. (Worldometer).

**26.2.** KATHERINE JOHNSON starb, 101 – mit ‚Zettel und Stift‘ berechnete die Afro-Amerikanerin den ersten amerikanischen Raumflug ALAN SHEPARDS 1961, berichtet SIBYLLE ANDERL.

Im Silicon Valley essen sie nichts, weil's produktiver macht – dabei kostet es nichts und die Mannschaften nehmen in sechs

Wochen 15 Kilo zu – JACK DORSEY hingegen meditiert, läuft, nimmt Eisbäder, geht vegan, Paleo-Diät, also Steinzeitfraß, und als Frühstück ein Liter Wasser – THOMAS THIEL will 120 werden, MARC ZUCKERBERG ebenfalls ständig auf Diät-Trips, so Roland Lindner.

Bei mir ist es umgekehrt, ich nehme ab, obwohl ich esse, esse, esse, muß den Arzt konsultieren.

27.2.   Selbst Tübingens OB BORIS PALMER wendet sich gegen die pauschale Inhaftnahme der AfD für den Hanauer Massenmörder, dieser Spezialität von Gedankenlosigkeit, besser Denkfaulheit in den Volksparteien. Die Leserbriefseite quillt über von solchen Zurückweisungen, exponiert BARBARA VAN HECKE.

28.2.   Heute putzt JJ CALE mit – Marion mittags an den Start zur Kohlfahrt.

29.2.   URSULA VON DER LEYEN lädt GRETA THUNBERG vor die Kommission, es geht wohl um sachverständigen Fortschritt in der leidigen Klimafrage – schließlich wartet man seit dem 1.1. auf den ‚Nationalen Energie- und Klimaplan‘ Deutschlands – SVENJA SCHULZE sucht noch das nationale Patchwork-Muster unter Tisch und Stuhl zusammen, Vertragsverletzungsverfahren steht schließlich an (niza 28.2.).

Derweil OLLI SCHOLZ mit herzhaftem Griff ins staatsrechtliche Gefüge von Bund-Land-Dorf – er möchte die Kommunen entschulden, vorrangig in NRW, mit Blick auf SPD-Chefe – das ist aber im Vorrang Ländersache, Meister! – Tut nichts, zweiter Tritt ins Verfassungsrecht: dafür will er die Schuldenbremse aufbohren, um die Zuständigkeit von Mainz, Saarbrücken und Düsseldorf zu ersetzen – obwohl ihm das Geld an allen Ecken und Enden fehlt.

Ach hätte er doch die Möglichkeiten eines norwegischen Finanzministers: der freut sich am Staatsfonds, dessen himmlische 1,2 Billionen Dollar galaktische 120 Milliarden Ergebnis generierten (28.2.20 Tops & Flops), 10 % Rendite? Undenkbar! – solche Fähigkeiten, aber auch solche Ruhe fehlt den Übergriffigen hierzulande.

Man kann auch einfach addieren, was das Land so braucht (29.2. Lounge) – das kriegst du auf keinen Bierdeckel, was gegen Ende der Regentschaft MERKEL im Argen, unbezahlbar oder hoffnungslos ist:

1. statt Mietendeckel Wohnungen zu bauen, was am Monster Bauordnung und 1.000 Kostentreibern, nicht zuletzt der Grunderwerbssteuer zerschellt,

2. das Medusa-Steuerregime in seinen Wucherungen KöSt, Soli und EinkSt mal anpacken, was WOLFGANG SCHÄUBLE und OLIVER SCHOLZ über mehr als zehn Jahre vermieden – so wächst der Bundeshaushalt schneller als die Wirtschaft und die Einkommen der Leute, die Steuern schneller als das BIP, kontinuierlicher Abbruch der Wettbewerbsfähigkeit,

3. das Pflege-Drama angehen, häuslich wie staatlich,

4. das Renten-System aus der Klientelpolitik in seine Prinzipien zurückholen, den Eintritt endlich an die Realitäten anpassen,

5. die sklerotische Bürokratie mit System entflechten, den Normenkontrollrat mit Ernsthaftigkeit versehen – die akuten Extreme auf dem Altar der Zukunft einäschern,

6. Frauen in der Arbeit, zu Hause wie im Betrieb, endlich substanziell statt balkonfreudig freier zu machen, Elterngeld umstellen, Ehegattensplitting zerlegen, ‚Teilzeitfalle‘ stillegen,

7. Strom, ja was? Einfach nur ‚verheerendes Bild‘, in 20 Jahren Verdopplung des Kaufpreises, einschließlich Netzentgelt mit 75 % Steuer- und Abgabenspielgeld ausgestattet, also die Resterampe einer orientierungslosen ‚Klimapolitik‘ – Was in Berlin seit dem TRITTIN-Start des EEG, niemanden, keine Sau, kein Schwein interessiert – Motto: Schotten hoch, läuft doch! Und SVENJA SCHULZE als aktuellste Klimakrise vom Apokalypso-Gesetzessolo nicht abhält,

8. und schließlich soll das Land ‚digital denken‘ – wie das, Freunde! Es geht doch analog schon in die Hose!

Von den weiteren Desastern wird hier abgesehen, sie prägen ja den Lauf des Schreibens.

**2.3.** RECIP reißt den Zaun hoch und erpreßt die hilflose EU mit Strömen flüchtender Syrer – ungeachtet des schlechten Abkommens hat er sein Dilemma im Fünfeck positioniert: PUTIN plus ASSAD, die islamischen Milizen, die Kurden und die NATO, dahinter die EU – Bulgarien und Griechenland ziehen den Nato-Stacheldraht hoch. – Zusammen mit PUTINO dirigiert er nicht nur das syrische Konzert der Hölle, sondern auch den ‚Dialog' mit der EU, FRANKENBERGER spricht von Auslieferung (FAZ Newsletter 6.3.).

Indien bleibt Nummer eins in Frauenvergewaltigung, 33 Tausend gemeldet plus die Finsternis, geschätzt ein Drittel aller Frauen unter häuslicher Gewalt, straflos, alles Tradition, verstehst du! – da die Frau auch für Vermögenstransfer genutzt wird, viele Morde wegen zu knapper Mitgift – die vertikale Achse der Gewalt steht im Land.

Acht Linksflügel-Linke stellen Strafanzeige gegen ANGELA MERKEL – wegen ‚Beihilfe durch Unterlassen zum Mord' an QUASSEM SOLEIMANI, HEIKE HÄNSEL aus dem Bundestag vorneweg, kommt gerade vom Solidaritätseinsatz für Venezuelas MADURO beim Versenken seines Landes (M. WEHNER 11.3.). – Von einem Aufschrei oder auch nur politischer Kenntnisnahme im Grün-Mitte-Orchester für Menschenrechte und so kein Wort zu hören, eher gefälliges Schweigen. – Wenn aber der AfD-Kandidat für das Präsidium des Thüringer Landtags mit BODO RAMELOWS Stimme zum Erfolg kommt, kennt das Tohuwabohu wiederum kein Halten.

JOACHIM STARBATTY antwortet auf PHILIP PLICKERTS ‚Brexit' – mit seinen Grundsätzen – mit ‚Marktwirtschaft und Freihandel' war Großbritannien lange Zeit Deutschlands Verbündeter – doch ‚damit macht man sich in Brüssel nicht beliebt'! – Vielen war GB lästig in Brüssels Palästen mit seinen Grundsätzen Bürokratie und Zentralisierung, da fielen DAVID CAMERONS Vorschläge durch den Rost – und:

> ‚Hätte Angela Merkel nur halb so viel Interesse für den Verbleib Großbritanniens in der EU gezeigt wie für den Griechenlands, so hätte es keinen Brexit gegeben.'

Und JCJ (*remember? Ei Schjang Clooooooohd!*) freut sich, den protektionismus- statt freihandelsaffinen MICHEL BARNIER zum Abwicklungsexperten für den Brexit gemacht zu haben – und AM? Ei, freut sich über Europa, wofür sie jedes Prinzip, jeden Vertrag zum Teufel schickt – und schicken wird. Und dafür wird bezahlt werden – und dafür gibt's ja den Steuerzahler – so einfach geht Europa.

Nach Monaten sukzessiver Gewichtsabnahme, trockenem Hals und wachsendem Durst guck ich beim Hausarzt vorbei – nach dem zweiten Satz ruft er die Assistenz, Stich ins Ohr und zack: Blutzucker bei so 500, fünffach über Schnitt – also ins Diabetes-Center – kurzer Check, Rezept – in die Apotheke für die Ausrüstung, so für 1.000 – abends innerlicher Kollaps, du bist ,Patient' – Die Nachbarin zum Anstoßen eingeladen – neuer Patientenstatus: stechen – messen – laden – spritzen – läuft!

3.3.   ,Wann bringen Sie mich zu Eisenhower', fragte HERMANN GÖRING in all seiner Gewichtigkeit, wie der HIMMLER einen Sonderfrieden anstrebend, oder ADOLF EICHMANN, der Kanzler ADENAUER sprechen wollte – sie bereuten nichts, wiesen Schuld von sich im stupenden Kampf um die Arterhaltung – beim Gang durchs Vernichtungslager, beim Zusehen eines Massenmordes an der Grube wird's eklig, HIMMLER wendet sich ab, unerträglich sei es – für die Schergen! Das Selbstmitleid der Täter kennt keine Grenze, wie EICHMANN.

Palasthotel Mondorf, später im zu 91 % zerstörten Nürnberg, Saal 600 des Justizpalastes – ,das ist doch unsportlich, Kinder umzubringen', bemerkt der ex-Reichsmarschall GÖRING – sie gaben sich unwissend und warben für die Rückkehr des Nazismus – ROBERT JACKSON, Ankläger in Nürnberg, ist völlig frustriert und beschließt einen Prozeß nach Dokumenten.

4.3.   Auf der Links-Strategie-Konferenz in Kassel , … auch wenn wir das eine Prozent der Reichen erschossen haben, ist es immer noch so …', folgt Rhabarber – aber der STALIN steckt ihnen in den

Knochen, färbt ihr Rot ein – BERND RIEXINGER flötet sogleich: aber nein, nicht erschießen, wir werden sie für nützliche Arbeit einsetzen, sowas wie Weißmeer-Kanal oder was – als wüßten sie irgendwas von der Nützlichkeit, jenseits planmäßiger Formatierung, Umschmiedung der Massen. – Nun, das Säubern der Gesellschaft, die nicht-letalen Formen von Plünderung und Enteignung heißen aktuell 53 % Steuern ab 70.000, 60 % ab 200.000, 75 % ab 1 Million Einkommen, die 690.000 mit 3,75 Mio plus Vermögen sind eh dran.

Die Ränder des politischen Spektrums bilden deutsche Abgründe ab: den Umvolk-HÖCKE beflügelt das Nazi-Art-Denken – linksaußen der Stalin-Terror im Stalag-Denken.

ANNALENA BAERBOCK stellt sich nach dem türkisch-griechischen Grenzdurchbruch ans Mikro und fordert die Kommunen auf zur Reaktivierung ihrer Notfall-Apparatur sowie zu Kontingent-Angebot – das deutsche Signal muß ja in die Welt, wenn schon die Kanzlerin schamhaft schweigt, Lehrmeisterin gesinnungs-ethischer Politik, die ‚in Notsituationen ein freundliches Gesicht' zu zeigen hat. – Schließlich rief de RECIP, die Tore nach Europa ständen offen. – Flüchtlinge in den großen Trecks nach Deutschland trugen ‚Fotos von Angela Merkel wie eine Monstranz vor sich' (BUBROWSKI u. a. 4.4.).

GEORGES-ARTHUR GOLDSCHMIDT (92) aus Reinbek im 3sat-Interview – mit zehn Jahren 1938 von den Eltern nach Italien geschickt, die er nie wiedersah – ‚Begeisterung durch Angst' war die Methode HITLER, in Italien wurde gelacht auf den Straßen – er kam nach Frankreich, das ihm das Leben rettete.

Pandemie kommt in Mode, die ‚Luftschadstoff-Pandemie' hat JOS LELIEVELD vom MPI Mainz hochgerechnet – der Berichterstatter ist begeistert, wie seit Jahren – das komplex addierte Mortalitätsmodell, weitestgehend aus Menschenhand, übertrifft die Malaria-Todesrate neunzehnfach, rechnen sie – Rückenwind fürs EU-Klimagesetz, der *lift* von -40 auf -55 %, aber zack-zack, steht an – wer dann noch widerspricht, verstößt gegen Gesetz!

– Das Straßburg-Parlementum läßt sich da nicht lumpen und setzt kurz drauf minus 60 Prozent an!

Wichtiger noch ist die Hintergrund-Agenda des Schwarzen Lochs, der in jedes Thema eingebundene Prozeß, Entscheidungs-kompetenzen zulasten der Nationalstaaten anzureichern, d. h. das vertragliche System der EU-Kompetenz aus Einzelermächti-gung zu beseitigen, wie neulich beim Steuer-Malefiz – den lästig Widerständigen die Sache aus der Hand zu nehmen, per ‚soge-nanntem delegierten Rechtsakt‘, an so einen 3-Buchstaben-Club, wovon Brüssel ja voll ist – es sind erfahrene Gaukler (4.3. hmk).

MAGNUS KLAUES ‚Bankrott der Solidarität‘, fein geführte Rezension zweier Sammelbände zum ‚Queerfeminismus‘ – der den Weg in die ‚Verewigung von Ungleichheit‘ nimmt und dafür ‚minoritäre Gruppenidentitäten‘ in stabilen gesell-schaftlichen Status überführt – fern jeder Perspektive, weil ‚praktisches Emanzipationshindernis‘ – mit prominenter Besetzung JUDITH BUTLER – Männerhass sichert die Ge-folgschaft im ‚identitären Gefühlskollektiv‘.

FREIMUT DUVE starb, 83, ein Persönlichkeitstypus, der in der SPD selten geworden ist (Lt.).

6.3.    Hauswisch wieder mit ‚Graceland‘ – ich genieße mein Befin-den, körperliches Erstarken, mental befeuert, wenn Sie ahnen … welch Glück, daß es entdeckt ist, Zuckerwerte halbiert, Gewicht anziehend.

Im Kommando Spezialkräfte in Calw nistet Rechtsradikalismus, in der ‚Gemeinschaft Deutscher Kommandosoldaten‘ auch, bei den Truppen wurden 773 ‚dauerhaft‘ zurückgestellt – berufs-spezifische Häufung liegt auf der Hand, in der Kita vermutlich weniger – der Umgang damit wie so oft nachlaufend, bis zum Mord. – WOLFGANG SCHÄUBLE hingegen mit guter Rede in der Parlamentsdebatte über die Mörder von rechts, weil er über hohepriesterliches Abgrenzen hinausgeht (MARKUS WEHNER).

KIM wünscht MOON alles Gute im Coronakampf, Schwesterchen YO-JONG *battled* gleichzeitig, was für'n Idiot MOON sei, durch sein ‚idiotisches (!) Denken' sei ‚die Verachtung für den Süden nur verstärkt' worden, MOON hatte auf die letzten Raketentests reagiert, fand die wohl bedenklich, *wiemersmachd, isses falsch!* Der Laden ist so abgeriegelt, daß selbst der Schmuggel stagniert.

ZHONG NANSHAN, Lungenarzt und Berater von XI, erklärt, das Virus sei ‚zuerst in China entdeckt worden, aber ist möglicherweise nicht in China entstanden'. – Diese Sicht setzt XIS Truppe bis Brüssel durch – da machen die 27 Gastbeitrag in ‚China Daily' und kriegen kleine Strichliste – de JOSEP BORRELL vom Auswärtigen Dienst erklärt, ging nicht anders (boe./T.G. 8.5.20). Na denn, schließlich hat er Hausrecht in seiner Zeitung, oder!

RUS: nach JURIJ DUDS HIV-Aufklärung, 37.000 Tote in 2018 aus mehr als einer Million Infizierte aus 146 Millionen, gibt FRIEDRICH SCHMIDT noch Unterhaltsames aus Moskaus *Korruptikowskaja* zum Besten – zur Ausstattung hoher Ämter wie Ministerpräsi' gehören gesalzene & gewaschene Immobilien-Handsalben: MICHAIL MISCHUSTIN also im berüchtigten Eiskockey-Verband mit ALEXANDER UDODOW, mit Schwesterchen MISCHUSTIN schon ewig verheiratet & ihr einen Packen Grundstücke schenkt – Udo ist ‚König der Mehrwertsteuererstattung', so um 230 Millionen $ in Form von 6 NY-Wohnungen, wenn Sie noch folgen wollen, es folgt ein Tipp der amerikanischen Justiz – was den SERGEJ MAGNITZKI 2008 in den Tod brachte (guxdu Bd. 7.1, 2012, S. 147). – Darauf werden die Konten beteiligter Familien der NAWALNYJ-Antikorruptions-Stiftung mit je einer Million belastet und so in die Sperrung gebracht – ob aus Rache für den aufgedeckten Immo-Reichtum des ex-Präsi MEDWEDJEW oder seines Nachfolgers, ist belanglos.

Damit das alles so bleibt, erklärt Chefe PUTIN sein Riesenland weiterhin zur ‚belagerten Festung' – auf dieser Behauptung fistelt die Duma an einer Ewigkeitsformel für nicht enden wollende Präsidentschaft – das sind Standardmechanismen der Diktatur:

der innere & äußere Feind gewährleistet allseitigen und jederzeitigen Zugriff und sichert das Regime von Bereicherung, wie Iran, wie Türkei, wie alles Ein-Mann-Zentrierte.

Zu den Instrumenten gehört ‚Geschichtspolitik‘, die LUKASZ ADAMSKI/Warschau (12.3.20) vorstellt, insbesondere für Rußlands Kampf nach innen und außen – da wird umgeschrieben, geleugnet und gelogen, was das Zeug hält – im Kern der ‚Kult der Siegreichen Roten Armee‘ und die Rettung des einst, 1945, errungenen Weltmachtstatus – daher putineske Verstetigung, sprich Dauerbesetzung durch den 64-Jährigen bis ins 84. – Als ‚Weg in eine neue Gerontokratie‘ stellt KERSTIN HOLM das Verfassungsgetöse der Duma vor, welche die Amtszeit des Meisters auf Null setzt. – Jedenfalls JURIJ DUD am Ende:

‚Wenn in Russland beim nächsten Mal einfache Passanten mit Schlagstöcken verdroschen werden, wenn der nächste Waggon Staatsgeld geklaut und der nächste Stapel Altpapier in eine Wahlurne gestopft wird, bitte ich euch sehr, darüber zu reden und nicht zu schweigen.‘

Abends Familientreff bei Anna, später langer Talk aus der Frühzeit, von Marions Ente zu 14 PS und Papas Renault 4 und warum die fuhren.

Ist der Antisemitismus christliches Original? Bereits die Römer setzten sich bekanntlich gegen das Volk der Juden ab – STEFANIE SCHÜLER-SPRINGORUM erläutert, warum das 2.000-jährige Thema im Querschnitt zu erfassen ist: das antisemitische Ressentiment war immer im Bunde mit Menschenjagd – in der Antike waren Juden und Christen die Verfolgten – im Spanien des Spätmittelalters Juden und Muslime bis ins 19. Jahrhundert, zeitgleich Juden und Frauen, wofür deutsche Lande prominent standen seit dem Hexenhammer des 14. Jahrhunderts – hier sollen zehnmal so viele – als Hexen entmenschte – Frauen verbrannt worden sein wie auf der restlichen Fläche des Planeten, ließ LISA ECKART neulich von der Bühne wissen (diese deutsche Gründlichkeit, und immer beim Saubermachen).

Doch weiter mit SSS, der Antisemitismus als ‚Ingredienz‘, seit dem 19. Jahrhundert als ‚kultureller Code‘ für den Klassen-, für den Rassenabstand, der damit konstituiert war – mit Optionen zu beliebiger Erweiterung, Juden – Frauen – ‚Homosexuelle oder Kolonisierte‘ – die Juden als das Original, wogegen ‚die beiden nachfolgenden monotheistischen Religionen‘ in die Abgrenzung, den Kampf gingen – so kam es über die ‚Gottesmörder‘, das ‚auserwählte Volk‘ zur ‚heimlichen Macht‘ im Bunde mit dem Bösen, zu den ‚Weisen von Zion‘ (1906), zum Amalgam im antisemitischen Rassismus.

Was die dritte monotheistische Religion betrifft, ihren terroristischen Auswuchs, bietet Boko Haram im Norden Nigerias mörderische Anschauung von Frauenverachtung – EDNA O'BRIENS ‚Mädchen‘ in der Besprechung von THOMAS THIEL (7.3.20). – JEFFREY HERF (University of Maryland, 26.3.20) stellt neben die christliche Wurzel des Antisemitismus weitere Quellen des 20. Jahrhunderts, so den Kommunismus seit 1917 und die radikale Linke, weiter die islamistische Ideologie, Zionismus als Rassismus sei Produkt der sowjetischen Politik seit 1949 gewesen, daher Anti-Zionismus Form von Anti-Rassismus geworden – der islamistische Judenhass seit den Zeiten des Nazi-Kollaborateurs HAJ AMIN EL HUSSEINI, jener des SAYYID QUTBS, führender Kopf der Muslim-Bruderschaft, speise sich in der Charta der Hamas tatsächlich aus den Protokollen der Weisen von Zion.

Dieses Machwerk, sei ausgegebenem Anlaß ergänzt, 1903 und 1905 aus russischem Antisemitismus geschöpft, in Deutschland 1920 vom ‚Verband gegen die Überhebung des Judentums‘ publiziert und bis 1933 in 33 Auflagen verbreitet, wurde früh gerichtlich als Fälschung identifiziert – Nazi-Sympathisant HENRY FORD druckte das Zeug in den USA nach – und seit 1945 erlebt das Pamphlet ‚mehr als 70 Neuauflagen‘, bei abnehmender wissenschaftlicher Auseinandersetzung damit, was soll es auch – neueren Datums die Besprechung dreier Arbeiten von MICHAEL BRENNER (17.2.99), welche die Mär der Weisen als dreiste Lügen offenbaren, es handle sich um ‚24 Verhandlungsberichte vom Ersten Zionistenkongreß 1897‘.

**9.3.**  6.30 hoch – 7 nach Visselhövede zum L.earn 1-Konzert mit Thorsten, sein erster Auftritt! – Läuft gegen starke B/F-Haltung, wenn Sie bitte folgen wollen! Hohe Aufmerksamkeit, wir verstehen uns und spielen gut – erstes Auswärts-Zucker-*handling* – Diabetes 1 sei's, erfahre ich, Hauptsache, der absteigende Ast bricht nicht – verschleppte Nachrichten wie ein Spätsommer, der das Grün mitnimmt, wenn der Ernst in die Gravur geht – sollten Sie kein Wort verstehen, liegen Sie richtig.

**10.3.**  Start mit e-maze, dann Optionen-Modell (müssen Sie unbedingt probefahren, jedenfalls alle zehn Jahre, blaues Wunder!) und PEP, hintendran ‚Eisberg-Insel‘ (will auch keiner wahr haben) und Fifty-fifty (völlige Überforderung, lassen Sie bloß die Finger von) – großer Abschluß – Marion kommt um halb elf vom Chor, ich soll in Quarantäne gehen, da ich Gefährdeter bin, schon wieder Gefährdung! – Ja, denn ich bring sie, meinst Du, wer muß dann ausziehen?

**11.3.**  MADONNA im Grand Rex in Paris als ‚Madame X‘, geht, tanzt, singt, eingefärbt vom Fado und seinen weltweiten Anwendungen – und dieses ‚Nichts ist gut‘ oder endlich geschafft, lest JAMES BALDWIN, auch um sie herum ist alles ‚klar und schön‘, das Arrangement, dieses Konzert muß von einem Gott sein, der New York gestreift hat bei der ungestümen Erschaffung der Erde, so WIEBKE HUSTER – schließlich ‚Frozen‘, inszeniert von DAMIEN JALET, vor ihrer Stimme der Tanz ihrer Tochter, die Übergabe juveniler Ewigkeit in einem ‚verschleppten Gesang‘, der ‚die hitzige, erotische Energie ihres Gesangspartners … umschmeichelt‘ – großer Abschied ist reine Beherrschung.

Corona: ZHAO LIJIANS Variante: das Ding bei den Weltmilitärspielen in Wuhan von amerikanischen Soldaten eingeschleppt.

BOBBY Mc FERRIN wird 70, WOLFGANG SENDNER schwärmt.

**12.3.** Bergamo: ‚beim Covid-19-Patienten im Alter zwischen 80 und 95 mit schwerem Lungenversagen ... würden höchstwahrscheinlich keine Rettungsmaßnahmen mehr ergriffen‘, sagt der Arzt aus dem völlig überlasteten Krankenhaus – die völlig nachvollziehbare Aussage notiere ich, kurz vor 75. das ist kein Jammern auf hohem Niveau, Herrschaften, schließlich hatte ich alles!

Der Streit um’s Urteil des BVerfG zum assistierten Suizid geht weiter,

> ‚wer ein Kalkül eröffnet, in dem das menschliche Leben seinen Sinn verteidigen muß, der hat ihm eine unerfüllbare Beweislast auferlegt‘,

opponiert FRANZISKUS VON HEEREMANN (HS Vallendar). Es liefe gegen die Verfassungsverbürgung unbedingter Menschenwürde, gegen den einen Sinn des Lebens, in Verantwortung, bis an das Ende – ‚die Autonomie frißt ihre Kinder‘, überschreibt er sein Votum.

Wie unangenehm, wenn eine Reporterin nach Roanoke/West Virginia reist, auf der Suche nach Trump-Gegnern und, enttäuscht, nur auf Anhänger trifft. – Wie erfrischend da der neueste Bericht des JACOB STROBEL Y SERRA, auch von einer Reise – an die Mosel in den hochherrschaftlichen Synkretismus im Dörfchen Lieser, wo nach Leerstand und Verfall das Schloß eines Industriellen zu neuer Blüte gebracht ist, bis auf die Küche – die ‚German Favorites‘

> ‚enthalten sich rustikal jeden Raffinements und treiben die Unkompliziertheit bis zur aromatischen Einfältigkeit auf die Spitze‘,

kurz, da ist noch Abschmecken angesagt.

Noch ein bißchen Klima-ORG, also Wahnwitz: in 2019, Q1-Q3, von 952 Mio Verbraucherkosten allein 542 an Entschädigungszahlungen für ‚Ausfallarbeit‘ – als hätte auch nur ein Eigentümer von Wind & Photo ‚gearbeitet‘, so nennen sie's physikalisch, deren Strom wurde abgeregelt, nicht eingespeist, damit's Netz nicht kollabiert, daher knapp zwei Drittel Profitausgleich (abzüglich Kosten, ok, ok) – unser deutsches Subventions-Skandalon, Sketch Up!

17.00 wieder ins Diabetes-Zentrum, alles nochmal erklärt, in der Apotheke die Tasche gefüllt und zurück durch Sturm & Wind.

**13.3.** Corona-Italien: 12.500 Infizierte, abends 18.000, 830 Tote, deren Durchschnittsalter 81 – der DAX von 13.200 auf 9200.

Wenns für Minister eng wird, wird Beweisträchtiges vernichtet, zuletzt im Einflußbereich der vorigen Verteidigungsministerin, jetzt beim Andy – die Handy-Daten des ANDREAS SCHEUER sind jedenfalls futsch, blöd für den Ausschuß, der wieder angeln muß (dpa). – In diesem Zusammenhang: die StA Detmold legt auf ungewöhnlichen fünf Seiten dar, warum im Mißbrauchsgebiet ‚Lügde‘ sämtliche Verfahren gegen sämtlich Beteiligte & Beschuldigte wegen offensichtlichem Mitarbeiter-, Behörden- und Staatsversagen eingestellt werden (REINER BURGER 12.3.20). – ‚Guten Abend liebe Zuseherinnen und Zuseher‘, 3sat-sprechert es – du läufst schreiend im Kreis!

BURKHARD HIRSCH starb, 89.
TOM HANKS (63) mit Regisseur BAZ LUHRMANN an einer Filmbiographie über ELVIS PRESLEY in Australien, wenn Sie das gefälligst notieren wollen. Dort hats ihn erwischt, Corona. – Kokainrückstände im Abwasser europäischer Städte in zehn Jahren verdoppelt, Amsterdam bei 1.000, wie immer.

Wir sind jetzt die gefährdeten Alten, früher waren wir die Jungen, sagt Marion zur Hundefrau – die italienische Regierung ruft auf, ein Musikinstrument zur Hand zu nehmen und ein Lied anzustimmen – das lassen die sich bekanntlich nicht zweimal sagen – die Folge, von jedem Balkon schmettert es – ach, gäbs doch solche Aufrufe hier, es wird auch ohne gehen!

**14.3.** Marion, kurz vor längerer Schulpause, möchte abarbeiten – die Messer sind stumpf und in Bremerhaven gibt's einen Schleifer, wir fahren hin – beim anschließenden Spaziergang die volle Konfrontation mit dem Windrad – dreht sich das Geflügel in sage 6 Sekunden um 360 Grad, so geht dreimal, das heißt, alle zwei Sekunden, der ‚Schlag'-Schatten über mich hinweg – sitze ich also vor *mei'm Gaddehäusche* beim Kaffee, zieht die Flügelpeitsche rhythmisch über meinen Kaffee, den Kuchen und den Besuch – je tiefer die Sonne steht, desto weiter reicht der schattige Flügelschlag, bei den neuen Monstern mit verkürztem Abstand zum *Gaddezaun* ein paar hundert Meter, geschätzt. Kein Wunder, daß die *Loid* sich freuen, wenns neblig ist.

An die Schattenattacke hatte ich mich gewöhnt, kam dem Vieh näher, von dem jetzt ein gleichbleibender Ton mittlerer Frequenz ausging, also nicht laut, aber stetig – schließlich in Abständen ein polteriges Geräusch, als räumte im Inneren der Betonsäule jemand auf – um Bremerhaven herum stehen die Felder voll, ohne *Gaddehäusche*, auch kein Wunder! – Derweil schoß Loki mehrfach durch die Wassergräben, weil zwei Enten im Liebesrausch durch die Brühe treidelten. Sah dann aus wie Sau. – Wir holen Fisch im Riesenimbis und kurven zurück.

Heute ist ALBERT EINSTEINS Geburtstag, das kann nicht gutgehen: fährst du im Zug mit Lichtgeschwindigkeit einen Tag lang, sind das für den am Bahnhof Wartenden 20 Jahre! Soviel konnte ich festhalten, ohne irgendwas zu verstehen, dabei erklärte mir der Herbert das schon zu Schulzeiten – wahrscheinlich war ich schon damals der am Bahnhof Wartende. Zeit ist jedenfalls relativ, so! Und die Materie beeinflußt die Krümmung der Raumzeit, falls Sie auch am Schalter warten – ach ja, *vice versa*, daher Gleichung!

Das sind Anwendungen des STEPHEN HAWKINGS seit den 60er Jahren, mit Urknall, Schwarzem Loch (seit 1916 definitiv) und der Ausdehnung des ganzen Ladens (seit 1929 gesichert)

– dann wieder Löcher in der Raumzeit, Rote Zora und Neutronenstern – du ziehst den letzten Joint aus dem Gefrierfach! Zu schweigen von Puls – Puls – Puls, Pulsaren, mit 700 Umdrehungen pro Sekunde, wirst komplett schwindelig – deren nächste Stufe Schwarze Löcher, kommst du ja *eh nich wech von*! Oder dieses $E = mc^2$, rechnest dich tot! – nach den Gravi'-Wellen die Hawking-Strahlen, das Schärfste: alle Schwarzen Löcher verdampfen mit der Zeit – meine Parallelschaltung signalisiert: die erste positive Nachricht aus Brüssel! Schließlich noch, ich liege längst mit nassem Lappen auf der Stirn, das Informations-Paradoxon (das hält mich am Leben, Leute!) und die Krise des Determinismus, die Info verschwindet im Schwarzen Loch! – HAWKING 2015: gespeichert in Supertranslationen des Ereignishorizonts, Sie können jetzt abschalten! Der Mann wurde damit nicht mehr fertig, seine Urne neben der von ISAAC NEWTON in Westminster Abbey, falls Sie da vorbeikommen.

Noch einer: (soviel lesen Sie nie wieder davon!) schwarze Löcher verlangsamen die Zeit, kommts vom Hanford Observatory – ein Signal sei seit einer Milliarde Jahre unterwegs, sein Inhalt: ,blubb', in echt jetzt! – Wenn zwei dieser Viecher kollidieren, lösen sie Gravitationswellen aus, die mit Licht durch den Raum schießen – gerade alles passiert, also in Echtzeit: im September 2015 erreicht so'ne Welle die Erde, als eben die Registratur-Technologie eingerichtet ist! Wenn das keine Abstimmung ist! Hier steht noch ,LiGO', keine Ahnung – jedenfalls beschreibt NEWTON die extremen Gravitationswirkungen, EINSTEIN ihre Eigenschaften (können Sie noch? Sie müssen!) ,im Fallen entlang der Erdkrümmung', der Apfel (Newton), heute die ISS.

KARL SCHWARZFELD, Potsdam, erhielt Einsteins Formel an der russischen Front und rechnete mit ihr drauf los! Wie Masse den Raum krümmt, bis zum Punkt ohne Wiederkehr, wo die Zeit steht – damit war Einstein nicht einverstanden – weiter: Sterne sind stabil durch die Kernfusion (hier wird nur darüber gemeckert!) bis zur Eisenfusion (Fe), dann siegt die Gravitation, bis zum unendlich kleinen Punkt, vulgo Kollaps. – Der Begriff ,Schwarzes Loch' stammt aus Indien, naja, wies dort auch zugeht! – Der Lauf von der Supernova über den Neutronenstern zum Schwarzen Loch, soweit so gut.

Jetzt die Härte (anschnallen zwecklos): Paralaxe – Doppler-Effekt – Gravitationslinseneffekt – es klingelt, das wars. Davon sprach Oppermann im Physikunterricht, das war mir wohl schon damals zuviel, 1960, ich bitt' Sie! – Und meine Akkretionsscheibe schneidet weiße Ränder in den blauen Dunst.

Hier wieder was, womit wir was anfangen können, gell! Wieder Nazi: Hitlers Entourage beschäftigte sich zwar mit Welteroberung, hatte jedoch nie ein Weltbewußtsein, daher agiert sie in ihrem ,5-vor-12'-Aktivismus, sprich im März des Untergangs 1945, wahnhaft: der SS-Standartenführer JOACHIM VON RIBBENTROP bietet den Westalliierten Deutschland an, als Gegengewicht zur sowjetischen Macht – und als Hilfe bei der Lösung der ,Welt-Judenfrage' – nach GÖRING, KEITEL, DÖNITZ & Consorten der 5. Beleg für die Fraglosigkeit, mit der die oberste Gefolgschaft in der ,Mein Kampf'-Einteilung stand: von Herrenmensch und dem Rest der Welt, situativ zur Vernichtung freigegeben.

Das war beim ersten Auftragnehmer ADOLF ,EICHMANN vor Jerusalem' und im Prozeß von Jerusalem nicht anders, wie BETTINA STANGNETH im Gang durch seine Argentinienzeit bis zur Entführung durch den Mossad 1960 zeigt. Umgeben von einem Pulk Sympathisanten wie HANS-ULRICH RUDEL, JOSEF SCHWAMMBERGER und JOSEF MENGELE hatte dieser wortgewandte Selbstherrliche nur mildes Lächeln übrig für seine Umgebung, die vor den allmählich bekannt werdenden Zahlen Ermordeter in Schrecken geriet. – Vom Weg des Abtauchens und Verschwindens aus Europa über die ,Rattenlinie' nach Argentinien ins Eldorado der Massenmörder erfahre ich erst im Herbst bei OLIVIER GUEZ.

Schauervoll zeigt sich dabei weniger das transatlantische Netz der Helfer und Unterstützer in allem als die Deckung und Verleugnung, mindestens organisierte Untätigkeit des politischen Apparates der Bundesrepublik Deutschland – angefangen von der örtlichen Botschaft, allseits geprägt von eher herzlichem Einvernehmen – gegen die Auslieferung des JOSEF SCHWAMMBERGER stemmte sich der Botschafter mit allen verfügbaren Mitteln – weiter über das Auswärtige Amt bis ins BfA, das Bundesamt für Verfassungsschutz (lachst dich tot) – und das bis in den Jerusalemer Prozeß, in dem die Bundesregierung ‚jede Rechtshilfe verweigerte‘ und der Kanzler bereits an Israel bewilligte Kredite vorsorglich ‚bis zur Beendigung des Eichmann-Prozesses‘ einfrieren ließ‘ (STANGNETH S. 455). So sollte gewährleistet sein, daß nicht zu viel Gefolgschaft in hoch besoldeten Ämtern offenbart wurde.

Eine Welle antisemitischer Übergriffe und Anschläge war gerade über das Land gegangen, woraufhin eiligst etwas mehr Aufklärung in die Schulbücher gepackt wurde – alles in allem viel braunes Gemisch, welches unter dem organisierten Frohsinn die Farben des Landes grundierte.

Aber dieser Dreiteiler ‚Unterleuten‘, eine Prachtvorstellung konziser Ego-Trips, deren Protagonisten unbändig ihrem Treiben folgen – wo sie einlenken, gibt es richtig auf die Fresse, wenn sie aufgeben, setzen sie das Messer an oder verlassen das Dorf angesichts gescheiterter Träume, die Frauen – und mit einem phänomenalen Cast wird das Dorfleben in konsequent reduzierten Dialogen durch die Folgen ‚getrieben‘ – wie heißt es? Hut ziehen vor der JULI ZEH mit ihrer Romanvorlage (2016), vor der gelungenen Drehbuch-‚Übersetzung‘, vor MATTI GESCHONNECK in der Regie und guter Schauspielerarbeit! – MAGNUS VATTRODT über sein Drehbuch: nach dem Eisberg-Prinzip – sichtbar ist nur ein kleiner Teil – spürbar der Rucksack, den jede Figur mit sich trägt, und nicht an jeder Ecke absetzt, um das Innenleben herumzuzeigen – kurz, ‚hammermäßig‘.

Noch kurze Info aus dem Puzzle der *economics*, heute dem schönen Maßstab Patentanträge (in 2019 zum Europäischen Patentamt): auf Huawei (1st) mit 3524, folgt Südkorea (Plätze 2 und 3,

2858 + 2817), USA (Plätze 4 und 6, 2813 + 1668), dabei immerhin zweimal Deutschland (Plätze 5 und 10, 2619 + 1498), jedoch unter Durchschnitt (R. KÖHN 13.3.). – China holt ein und überholt D., kurz hinter den USA, ‚chinesisch lernen‘, so G. GIERSBERG.

**16.3.** Italien: Corona-Bericht von der ‚disziplinierten Nation‘ (MATTHIAS RÜB) – mittags wird auf dem Balkon geklatscht, mit Kochgeschirr unterstützt – um 6 Uhr abends erneut, dann das ‚Lied der Italiener‘ gesungen – Botschaft an den Einsatz der Erschöpften, Mut an das Leben, KAREN KRÜGER berichtet, die Tricolore hängt vom Balkon, eine Frau hinterm mächtigen Schifferklavier, sodann ADRIANO CELENTANOS ‚Azuro‘, aber von zwanzig Balkonen, eskortiert von Geige, Klarinette, was der Haushalt hergibt – und das in beliebigem Aufzug – in Neapel, Rom, Mailand, Bologna, Florenz, ‚Bella Ciao‘, Rino Gaetanno, den Stadiontext, *Un giorno all improvviso* – bis in die Nacht, über die Kirchenglocken hinweg – jeden Abend erweitertes Programm – Start mittags mit dem Applaus für Ärzte, Krankenschwestern, Pfleger – *Andrà tutto bene*, die große Zuversicht.

HANS-WERNER SINN wird vermuten, die Ende Januar vom chinesischen Neujahrsfest in die lombardische Textilindustrie zurückkehrenden Arbeiter – ‚unter Sonderbedingungen zu sehr niedrigen Löhnen‘, so TILLMANN NEUSCHELER (3.8.20), haben das Virus aus Wuhan mitgebracht.

DIETMAR DATH nimmt ‚The Companions‘ von KATIE M. FLYNN, ein Seuchen-Quarantäne-Stück und kommt über die Vorräume bis auf MARY SHELLEYS ‚Frankenstein‘ – und endet in der Zukunft, der aktuellen – deren ‚Kurznachrichtengeschnatter‘ KARL KRAUS schon vor 90 Jahren sezierte – dieses Sätzebasteln wie am industriellen Fließband, ‚die als Ramsch und Schund des Wortes den Gedanken töten … konventionelle Förmchen auf die Dinge pressen, von denen sie handeln‘ (DD). – Im Modus *copy and paste* ‚wird die Wahrheit aus der Satzgestalt gespült‘ – das Publikum glaubt nicht mehr, was es liest – das ‚Kollektivhirn‘ fährt im Schleichfieber.

Hingegen ALEXANDER KLUGE, dem die Ausstellung im Württembergischen Kunstverein abgesagt, abgestellt wurde – als lebenslang Opernverfolgter – dabei liebt er den Umgang mit Perplexität: die Handelnden singen – oft versteht man nicht, was sie singen – viel unverständlicher ist, daß sie singen, so PATRICK BAHNERS – da jedoch das Unverständliche kultiviert wird, hat er, so lese ich, ‚gegenüber dem Kraftwerk der Gefühle einen Transformator der Gefühle in Gedanken installiert‘, der jetzt aber nicht darf! ‚Ich glaube nicht an die Macht des Schicksals‘, trotzt AK, ‚ich glaube an die Möglichkeit von Notausgängen‘.

Umdrehen: ‚das Leben ist, geistig wie körperlich, ein Aufenthalt im Unendlichen‘ – dieses Gefühl habe ich beim Schwarzen Loch, weil es ist – und zugleich bin ich, weiter komme ich nicht – es ist – aber kaum denkbar, ich schaffs nicht – dann jedoch sei man Philosoph, sagt THOMAS THIEL von DIETER HENRICHS Texten. – Nicht weit davon lebt KEIKO, Romanfigur der SAYAKA MURATA, als ‚Ladenhüterin‘ ihren Lebensentwurf, nein schlicht ihren Aufenthalt, du Möchtegernphilosoph! Als ‚Rädchen im Getriebe‘, das aber, kartografierend, Leute kopiert – und gerne durchgreift: als ein neuer Kollege anfängt, ein ‚Kleiderbügel aus Draht‘, stinkt erbärmlich und benimmt sich wie ein Stalker, bietet sie ihm einen Platz in ihrer Wohnung an, in der Badewanne, wo sie ihn versorgt wie ein Haustier – ‚es wird bald Zeit für sein Futter‘. Das ist überwältigend schön.

Der Aufstand der mißbrauchten VIRGINIE DESPENTES gegen den Trostpreis für das ‚Portrait einer jungen Frau in Flammen‘ geht über meine Kraft, notiert ist er, vom ‚Blut und Kot an ihren Schwänzen, mit denen sie vergewaltigen‘ – das macht es mit ihnen, aus ihnen, ihr ungezähmtes Pack!

Abschluß der Applikationen eines Tages: aus der Dankesrede des LÁZLÓ FÖLDÉNYI: ‚unser Wissen um Geburt und Tod (wird) zum Augenblick der Geburt der Melancholie‘.

**17.3.** PAUL INGENDAAY reiste nach Hannibal, Missouri, auf den Spuren von ‚Tom Sawyers Abenteuern‘ von 1876 und den Abenteuern des Huckleberry Finn – mit dem ‚Amalgam aus familiärer Herablassung und Ausbeutung (im) Zusammenleben von schwarzem Hauspersonal und weißer Herrenschicht‘ – und von dem ‚unfaßbar süßen Rootbeer‘, und dem älteren Herrn am Nachbartisch: ‚Mögen Sie unseren Präsidenten?‘ – Das wurde ich auch gefragt, 2018 auf unserer Tour, Mancher schämt sich wohl vor den Touristen.

Auf den Text hin von WOLFGANG SCHNEIDER (7.3.) kommt PRIMO LEVIS ‚Ist das ein Mensch’ ins Haus – ich fange an – und höre nach fünf Seiten auf – nach den fünf durchschlagendsten Sätzen zum Thema, das mich umtreibt – 1947 geschrieben, nach fünfzehn Monaten Auschwitz, wohin er 1943 zusammen mit wohl 650 Juden in einem ‚jener berüchtigten deutschen Transportzüge‘ aus Norditalien, Fossili bei Modena, in vierzehntägiger Tag- und Nachtfahrt verschleppt wurde. Nach dem Sturz Mussolinis hatte das zurückgedrängte Regime einen Reststaat errichtet – und als sie das kleine Lager voll hatten,

‚sorgten die Mütter die Nacht hindurch mit liebevoller Hingabe für die Reisezehrung, wuschen die Kinder und richteten das Gepäck, und in der Morgendämmerung hingen die Stacheldrähte voller Kinderwäsche‘. ‚Auf die Frage des Oberscharführers ‚Wieviel Stück?‘, kam die stramme Antwort des Rottenführers: ‚650 Stück‘ – am Bahnhof Carpi bekamen wir die ersten Schläge, das war so unsinnig, daß wir keinen Schmerz empfanden, nur tiefe Verwunderung: wie kann man einen Menschen schlagen, ohne zornig zu sein?‘

‚Nach vierzehn Tagen in Auschwitz hallte das Dunkel wieder von fremden Befehlen, jenem barbarischen Gebell kommandierender Deutscher, die sich eines jahrhundertealten Ingrimms zu entledigen scheinen‘ … nach rechts weg ‚starb Emilia, die drei Jahre alt war; denn die Deutschen hielten es für allfällige historische Notwendigkeit, die Judenkinder umzubringen … solcherart, in einem Augenblick, meuchlings, vergingen unsere Frauen,

Eltern, Kinder' …

So gehen die Worte dieses Überlebenden.

Vor 75 Jahren, um 21.30, fallen 1207 Tonnen Bomben dreierlei Typs auf Würzburg, 90 % der Stadt sind danach zerstört, wohl 4.000 Tote. Das nahm der Führer in Kauf. Wie alles. – Dabei sei die Stadt wirtschaftlich wie militärisch doch völlig unbedeutend gewesen, kommt es im Leserbrief. – Es war aber doch Führers Wille, daß bis zum letzten Mann gekämpft und gegebenenfalls untergegangen werde. Daher, wenn nicht abgebrochen, war all das in Kauf zu nehmen – es gilt, einen Gedanken zu Ende zu denken, statt ihn mit dem nächstbesten Einwand fallen zu lassen. Wir kommen immer wieder von unserer Spur ab, weiter: die Antwort des ausgesuchten Publikums auf die Frage des GOEBBELS, wollt ihr den totalen Krieg, war frenetisch einstimmig, erinnere ich mich an das Bild vom Sportpalast dazu.

**18.3.** Corona: D (Worldometer) – 12.327 Infizierte, 2960 Neuinfektionen in 24 Stunden, 2 Tote in 24 Std. – Bergamo 3760 Tote auf 120.000 Einwohner, 50 Tote täglich – Dow Jones von 29.474 auf 20.146 – DAX bei 8.531, Daimler 21,9, Commerz bei 3 – Jahresmengen Toilettenpapier werden aus den Regalen geholt.

DAVID SIMON verfilmt ‚The Plot Against America', mit NINA REHFELD im Interview – das Thema sei ein Artefakt gewesen, nun sei es von radikaler Aktualität. Stinksauer sei er.

**19.3.** Regelfolgsam, aber ohne Instinkt: bei Aldi gehen sie auf Abstand, nach Hause fahren sie in der überfüllten Straßenbahn, voll wie die *London-Tube*. Marion fragt die Nachbarin und nimmt den Einkaufszettel mit.

In Deutschland 28.000 Intensivbetten verfügbar – Iran: geschätzt 110.000 Tote. – 30 km Stau an der polnischen Grenze, 30 Stunden Wartezeit – Ölpreis 25 $.

Und DONALD TRUMP erinnert mich an den Taxifahrer in ‚Total Recall', hat er keinen, der das Schlimmste verhindert? – Zur gleichen Zeit: $R^2 D^2$, sorry, WD10551+4135! Donnert mit

*SS-Gruppenführer Carl Clauberg*

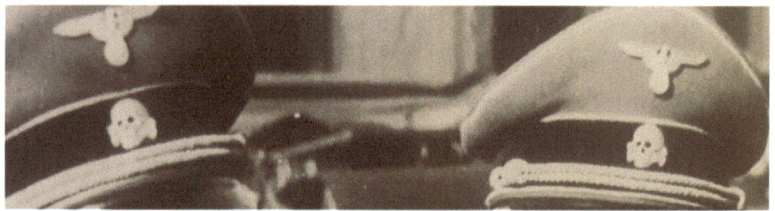

*SS-Lagerarzt Richard Baer, SS-Hauptsturmführer Josef Mengele und KZ-Kommandant Rudolf Höß*

*SS-Helferinnen, Quelle: Höcker-Album*

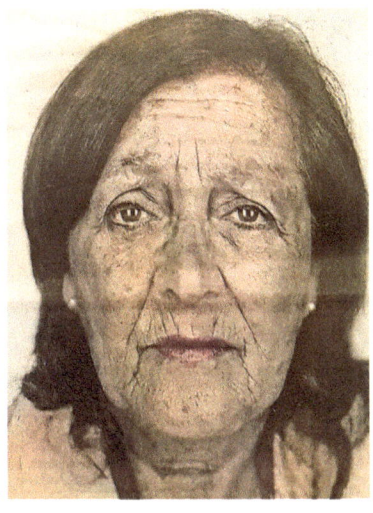

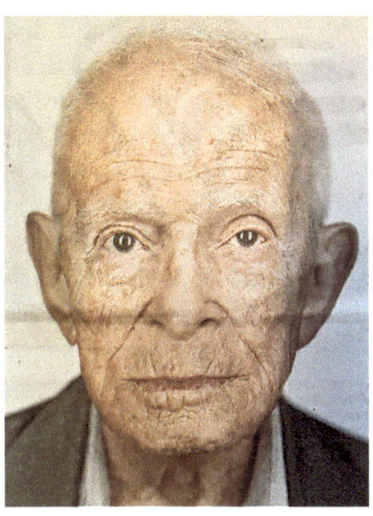

*Hannah Pick-Goslar,*
*geboren 1928 in Berlin*

*Naftali Fürst,*
*geboren 1932 in Bratislava*

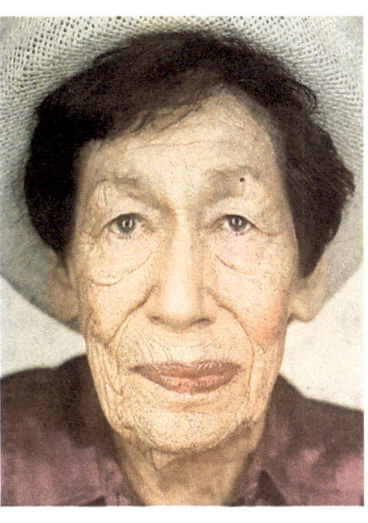

*Moshe Ha-Elion,*
*geboren 1925 in Thessaloniki*

*Marta Wise,*
*geboren 1932 in Bratislava*

*Fotos Martin Schoeller*

120 km/sec durch den Raum, um die Ecke, immerhin 150 Lichtjahre Abstand, Temperatur 13.000 Grad im Mittel, also Hände weg! War früher Roter Riese, jetzt Weißer Zwerg, die Nummer mit dem Schwarzen Loch soll er mal da draußen abziehen. Aber ich schweife ab (das muß zwischendurch).

Corona: Warburg-Analyst zieht die Desasterkette auf – gelingt St. Louis 1918 oder wird's Philadelphia 1918? Über die riesige Dunkelziffer, RKI: 10 Millionen in 100 Tagen, in die *economics*: vom Angebotsschock über den Nachfrageschock und den Abriß der Lieferketten – über die Sinnlosigkeit eines Konjunkturprogramms zu den Kreditausfällen und Bankenschieflagen – am Ende triffts nach den Millionen Klein-Selbständigen (1 bis 5) zuerst jene Zombie-Unternehmen, die sich ohne Substanzaufbau mit Nullzinskrediten von Jahr zu Jahr retten – der Euro-Rettungsmodus wird zum Krisenbeschleuniger – wogegen (erneut) Staatsgeld mobilisiert werden wird – was den Verschuldungsgrad erneut nach oben treibt, der hier noch günstig auf Maastricht-Niveau liegt, gegen 130 % Italien usw.

Das, so Warburg, wird das Brüssel-Ziel der Eurobonds und der Europahaftung befeuern – der aktuelle Verfall der Bundesanleihen preist diesen Weg massiven Ausbaus deutscher Haftung bereits ein, Italiens Anleihen bei 3 % (was ist dort eingepreist? der Kollaps?) – der EZB&Co-Kreativität sei noch lange keine Grenze gesetzt (sie reißt sie ein, ihr Projekt!), aktuell: PEPP, (kommt gleich nach PEP©!) *Pandemic Emergency Purchase Programme*, 750.000.000.000 bis Jahresende, für den Anleihen-Großeinkauf (wohinter, Bsp. Italien, zunehmend weniger Substanz, weniger Fähigeit zur Tilgung steckt – *the cast of the blast*).

*Apropos Cast*, CLINT EASTWOOD, Republikaner kurz vor 90, mit dem nächsten Streifen, ,Der Fall Richard Jewell', und der Wandschrift ,*The Government Scares Me More Than Terrorists*', sein 10. Film seit Gran Torino vor 12 Jahren, die schönste Hoffnung: das Warten auf ,Eastwoods Uralterswerk' (ANDREAS PLATTHAUS).

Corona-Schwerpunkte: Holländer Marihuana – Bulgaren Citrus – USA stilles Wasser – Skandinavien Paracetamol und Insulin – die Franzosen hamstern Rotwein und Kondome, wir Klopapier –

8. Klasse, 4. Stunde: Eigenschaften eines Volkes? Charakter eines Volkes? Fertigen Sie zu jedem genannten (bei Skandinavien: Ihrer Wahl) eine Skizze (Hypothese sowie begründende Annäherung).

14.00 Gassi, völlige Ruhe, Menschen sind nur auf dem Friedhof – *Is that a gun in your pocket or are you just glad to see me*', MAE WEST zu CARY GRANT 1933 (egla.) – Ich fange an, meine Bücherregale, genauer meine Bücherrücken zu fotografieren, so 20 Titel pro Schuß, damit es lesbar bleibt – und es versetzt mich bisweilen in helle Aufregung, was da so – wortlos – am Platz steht, verharrt, ausharrt, ohne Murren – wonach ich schon etliche Male suchte – überhaupt ist so eine Versammlung von Bücherrücken etwas Entzückendes, vielleicht ein eigenes Buch wert.

Loki knurrt vernehmlich, eine eventuell nur vermutete Katze auf Nachbars Grundstück – ihr Drama: bellt sie los, geht's an die Leine, unterläßt sie es mit Mühen, ist das auch kein gutes *feeling*.

FREDDY LANGERS Bericht über eine ,Reise in den eigenen vier Wänden' – ein offensichtlich uraltes Thema, mit der Chance auf große Entdeckungen, mindestens so groß wie der Inklusiv-Trip nach Mallorca – wenngleich, exklusiv, das Zelt im Wohnzimmer und der Propangaskocher auf dem Balkon neue Fragen aufwerfen (um die es aber gerade geht!) – immerhin wäre zur 18 Uhr-Session die Akustik schon mal vorhanden (Töpfe, Pfannen, Besteck) – das kommt gerade auch hier vereinzelt auf, natürlich in Köln mit seiner ganzjährigen Vorbereitung, kaum ist der Karneval vorbei.

EDWARD LIMONOW starb, 77 – sein ,Fuck off America' aus dem New York der siebziger Jahre las ich 2004 in Lacanau, diese ,grandiose Wutbeichte eines Möchtegern-Revolutionärs und tief verletzten Liebenden', so KERSTIN HOLM. Erinnere mich, daß ich das Buch in Verwirrung weglegte.

Angesichts unveränderten Raubbaus von Klopapier wird das Zeug jetzt von der Bahn transportiert, um Lieferfähigkeit zu gewährleisten.

**20.3.**  SPA: 101.926 Infiz – 10.851 in 24 Std. – 1093 Tote – 262 in 24 Std.

**21.3.**  Der Bundestag, entweder überfordert oder nicht interessiert: mit 35 Anwesenden ,verabschiedete' (sic!) das Parlament ein Zustimmungsgesetz zum EU-Patentgericht und EU-Einheitspatent – das war 2013, die Zeit des großen Aufräumens in Richtung Brüssel – jetzt erklärte das deutsche Verfassungsgericht – ,wenn ich das Wort Karlsruhe noch einmal höre, verlasse ich den Raum', wird CHRISTINE LAGARDE aus jener Zeit zitiert – dieses Gericht also erklärt jenes Zustimmungsgesetz für verfassungswidrig – ,abermals ein Fingerzeig, … der Bundestag möge doch seine verfassungsmäßigen Rechte wahrnehmen', so MARLENE GRUNERT und REINHARD MÜLLER – darum genau geht es doch in dem großen Europa-Stück: ,Deutschland schafft sich ab'.

> Jetzt aber in die Putzorgie, dazu wie immer Graceland, Sting, ,Beat Apartheid' – haben wir ja lange nicht gehört – das haben wir doch immer aufgelegt nach großen Einladungen, wenn wir besoffen waren, erläuterst du – richtig, wir sind ja nüchtern! – mittags Platte Flammkuchen, Schläfchen und auf die Räder, aber analog, also nix Elektro, Loki am Laufsystem – wie geschnitten Brot – dann jedoch geht's rund, Schwärme von Mäusen im An- und Abflug – der Hund im Dreisprung in den Graben und die Viecher auf Schnellwalzer gebracht (wenn Sie ahnen, was da vor sich ging), zurück durchs leere Dorf.

**22.3.**  SONNTAG
Der Tag ein riesiger stiller Raum – kalt, glasklar, kontaktlos, erster Tee auf dem Rost – die Kanzlerin in Quarantäne – der Kandidat FRIEDRICH MERZ auch, LASCHET und SÖDER in ihrem Modus.

**23.3.** Wieder ein geräuschfreier Tag, – 2 Grad – die Länder-Chefs sagen, max. 2 zusammen, dicht unter der allgemeinen Ausgangssperre – die Zeitung wird dünner, meint Marion – dabei geht alles weiter – oder wird schlimmer, wie die Verschuldensprojektionen andeuten: ‚Athens Angst vor neuen Schulden' thematisiert MICHAEL CARSTENS, nach zehnjähriger Rezension droht Rückschlag auf Anfang – klingt wie Italien.

Die Schließung der Schule hält Millionen Kinder zu Hause, in Zwei-, Drei- und Vier-Zimmer-Wohnungen – jeglicher Ersatzunterricht hängt unvermittelt an der elektronischen Anbindung – bei digitaler Infrastruktur ‚in den Kinderschuhen', so HEIKE SCHMOLL auf Seite 1 (guxdu zuletzt Bd. 13, Seite 169). – Wo sie besteht, fehlt es an Rückkopplung und Überprüfung des häuslichen Lernens. In den Brennpunkt-Kiezen Berlin und woanders mit ‚sieben Kindern und mehreren Erwachsenen in Dreizimmerwohnungen ist lernen nicht denkbar', ‚Lagerkoller und langfristige Lerndefizite unausweichlich', Prägungen des Elternhauses wirken hier und im weiteren deutschen Umfeld ungebrochen.

Nachmittags die kleine Tour ums Feld, Loki am Laufband, leider sitzt das Entenpaar links im Graben, rums rüber, als noch der Reiher majestätisch abhebt, gibt's kein Halten, der Hund steht auf 45 Grad, Wetter grandios.

| Corona 23.3.20 | Infizierte | in 24 Std. | Aktive | Tote | in 24 Std. |
|---|---|---|---|---|---|
| Deutschland | 29.056 | 4.183 | 28.480 | 123 | 29 |
| **13.10.20** | 335.679 | 4.585 | 46.839 | 9.740 | 19 |
| USA | 46.413 | 10.848 | 45.419 | 693 | 181 |
| **13.10.20** | 8.090.253 | 51.543 | 2.642.953 | 220.873 | 843 |
| Spanien | 124.880 | 8.469 | - | 2.311 | 539 |
| **13.10.20** | 925.341 | 7.118 | - | 33.204 | 80 |
| Großbritannien | 6.030 | 877 | - | 331 | 67 |
| **13.10.20** | 634.920 | 17.234 | - | 43.018 | 143 |
| Frankreich | 19.856 | 3.838 | 16.796 | 860 | 186 |
| **13.10.20** | 756.453 | 12.993 | 620.850 | 32.942 | 117 |

Q.: WORLDOMETER

Der amerikanische Präsident ordnet die Umstellung auf Kriegsrecht an.

Abends: ‚Aus dem Nichts‘, Regie FATIH AKIN. – Sie legte sich einen männlichen Namen zu, um in eine Galerie zu kommen, Corinne Michel als Michael West, Ohio.

**24.3.** Man höre so gar nichts von den Parlamenten in Bund und Ländern – in diesen Zeiten der Exekutive. Dabei wäre es ihnen unbenommen, so REINHARD MÜLLER, ihre eigentliche Rolle wahrzunehmen, legislativ eben und zu kontrollieren – doch ‚Meister seien sie in der Selbstverzwergung‘.

**25.3.** ITA-Mailand: 30.000 Infizierte, 3.000 Tote.

Die Stimmung in der Wirtschaft am Boden, IfO-Index bei 74, der tiefste Punkt, der je gemessen wurde (CREUTZBERG 25.4.) – nie erlebte die Hoffnung einen größeren Absturz – RENATE KÖCHER aus Allensbach erhebt über die Verfassung der Deutschen, 24 % aktuell noch voller Hoffnung fürs laufende Jahr – staatliche Vorgaben werden eher übererfüllt – starke Folgsamkeit schon immer deutsche Disziplin, braucht aber Ausweg: den biete (schon immer) der Andere, der nicht folgt, wovon UTE FREVERT reichlich berichtet: schimpfen und keifen, das Messband für Abstand ziehen – Eltern zusammenscheißen, die das Kind nicht angeleint führen, von älteren Hundeführern – Jogger, die geradeaus laufen – großer Austausch im Netz, bisweilen mit Namensnennung – Info ins Fenster – Meldung von 2.-Wohnsitznutzern an die Polizei, die sie dann Richtung Erstwohnsitz jagt (Ostseeküste) – diese Sicht teilt das Volk in Jäger und Verdächtige – das Symptom Volxgemeinschaft strahlt aus, ein bißchen Blockwartsmentalität – im Klimawahn findet sich bisweilen der gleiche Geist, von Flugscham – Plastikscham – Fleischscham – Autoscham – ja Kinderscham – neuestens Fahrstuhlscham.

Solch Klima nutzt die Exekutive, ohnehin in der Vorhand, um für abweichendes Verhalten im Straßenverkehr die Preise anzuziehen:

- auf dem Fahrradweg parken von 25 auf 55 hoch, bis 100, wer ein Auto hat, Dreckschleuder, kann auch zahlen,
- ‚Mißbrauch' der Rettungsgasse 200 aufwärts, Fahrverbot, Punkte satt,
- 10 km zuviel = 30, 15 = 50, 20 = 70, 21 überhöht im Ort 80, Fahrverbot, Punkt – filigranes Meisterwerk von deutschem Schreibtisch – bei Krampf im Fuß Höchstsatz!
- außerhalb 26 zuviel, Geld und Führerschein weg,
- Falschparken von 20 auf 75, behindernd/gefährdend gleich 100, Punkt,
- eng/unübersichtlich geparkt: 15 auf 35 – wachsames Auge ist da geboten, gute Kenntnis des Umfelds hilft, fast wie auf Guerillastreife, bei Behinderung ist auch 55 möglich – fertig? Ab ins Detail:
- Parkuhr alle: jetzt 20,
- abbiegen: 2 x Verdopplung, generell von 20 auf 40, gefährdend: von 70 auf 140, Fahrverbot, Punkt,
- jetzt erst: falsch aussteigen aus deinem Dreckskübel: 40 statt 20,
- irgendwie sonst vorschriftswidriges Autogebahren: von 10 auf 55, bei extrem gleich 100 – echter Auffangtatbestand mit Kelle, Sack (für die Scheine!) und Rute,
- SUV-Posing, also betont Auto fahren, kriegst Du's vierfach: von 25 auf 100.

das ist die gleiche Energie, welche die Folgsamkeitswächter beseelt, wir kommen aus unserer Haut nicht raus. Auch wenn der Abstand zur Volksgemeinschaft bleibt – im Hintergrund die ‚Schand- und Ehrenstrafen' also das späte Mittelalter – Unterwerfung und Schadenfreude – in der politischen Depression lautete die Formel der Denunziation 1845: ‚Sieh einmal, hier steht er, pfui, der Struwwelpeter', so HEINRICH HOFFMANN.

PUFF PAFF auf 3sat mit ‚Noch nicht Schicht' – aber Obacht: unser schlafendes Schwarzes Loch, Gitta die Erste, regt sich, so JAN HATTENBACH, wo? Ei im Sternbild Schütze, dritte rechts – 26.000 Lichtjahre sind ja keine Entfernung, rein galaktisch – also das Viech hat jahrelang einmal am Tag geblitzt,

93

*Spaghettisierung eines Sterns nahe einem Schwarzen Loch* Foto Eso/M. Kornmesser

ab 2014 dann dreimal täglich – Zunahme der Akkretion wird vermutet, halten Sie also Abstand – mit weiterem Ereignis ist zu rechnen. – PS.: denn wenn's mal soweit ist, droht ,Spaghettisierung', Leute! Der halbe Laden nicht verschluckt, sondern als langgestreckter Materiefaden durch den Raum treidelnd (sian 14.10.20), dann lieber richtigen Abschluß, was meinen Sie?

MANU DI BANGO starb, 86, am Virus. – Soldaten entdecken in Altersheimen Tote in ihren Betten, Madrid 272 in 24 Stunden – Bestatter weigern sich, sie infizieren sich, wie bereits 5.400 Ärzte und Pflegepersonal – der chinesische Botschafter in Washington distanziert sich von der wochenlang verbreiteten These, US-Militärlabors seien der Ausgangspunkt für die Pandemie, die chinesische Regierung langsam auch – IfO: jeder Monat *shut down* führt zum Rückgang des BIP von 5 % – DAX bei 6.800 – Kindesverbrechen: Anstieg in 2019 um 65 Prozent.

Mittags auf die Naturräder vor den Ort ins gepflegte Caré – Loki läft am Grabenrand mit auf 45 Grad Neigung – abends Film ,Greenbook', 2018.

Zu den laufenden Aufkäufen wirft die EZB weitere 750.000. 000.000 hoch – die Frage der Staatsfinanzierung stellt sich schon lange nicht mehr, nur welchen Weg sie nimmt – zentral für die Strategie ist: vorbei an den Parlamenten, wogegen im Land beständige Klage von PETER GAUWEILER & Consorten läuft – am 5.Mai ist wieder Gerichtstag – aus Harvard kommt Stütze für PEPP, die Pandemie-Ausschüttung, unter dem Hilfe-Schirm wird die monetäre Zentralisierung und Unabhängigkeit des Brüssel-Regimes befeuert – SEBASTIAN GRUND sieht einen ,beispiellosen Schritt … monetärer Integration' (sibi.) und spricht

MARIO DRAGHIS Worte nach: es liege schließlich eine ‚Störung der Transmission' der Geldpolitik vor, aha! – OTTMAR ISSING wendet sich gegen diesen Rechtsbruch, mit dem der Zinsanstieg hochverschuldeten Ländern ‚erspart' bleiben soll, die sonst ‚vor dem Kollaps öffentlicher Finanzen' ständen und, mehr noch, mit leeren Händen vor ihren Wählern und also vor dem Offenbarungseid, dem parlamentarischen, also an dem Ort, wo die Sache zu verhandeln, zu klären sei.

HUBI HEILS fröhliche Rentenankündigung, 3,4 % West und 4 % Ost steht grotesk vor dem drohenden Anstieg des RV-Satzes auf 20 % (dc.) – sie steht noch grotesker vor dem absehbaren massiven Einkommenseinbruch und -wegfall – der Rentenanstieg folgt den Einkommen, so die Regel – warum wird die Erhöhung nicht ausgesetzt! Billigste Klientelpolitik, Rentner und öffentlicher Dienst als Corona-Gewinner?

26.3.  Die Zeitung im Warnmodus: beim fixen Ausbau des Exekutivregimes droht Selbstermächtigung des Regelwerks – das Parlament sei ‚aufgewacht', notiert REINHARD MÜLLER – und hat schon mal geklatscht, die Respektsbezeugungen im Land nachahmend – es sollte nicht wieder wie in der Flüchtlingskrise kommen, als vom Bundestag kaum etwas zu hören war und die Kanzlerin ‚die Grundsätze ihrer Einladungspolitik auf Talkshowsesseln' verkündete (MÜLLER).

Der Bundestag ändert das InfektionsschutzG und räumt dem Gesundheitsminister ‚beispiellose, bisher ungekannte Vollmachten ein', so KLAUS GÄRDITZ, FLORIAN MEINEL – Konkretisierungsgebot des Artikel 80 fordert: wie lange, wie weit, Zweck und Ausmaß der Verwaltungsermächtigung bleiben ‚opak', Regeln nicht abzusehen – die *parlamentarische* Exekutive sei gefragt.

Die Oberhand der Virologen provoziert die Warnungen der Ökonomen vor irreparablem Abbau und den sozialen Folgen massiven Einbruchs – JULIA LÖHR zitiert von TRUMP über THOMAS STRAUBHAAR bis BORIS JOHNSON, ‚es gibt keine

Abwägung mehr … unter dem Primat der Mediziner', so CHRIS-
TOPH LÜTGE – bei mehr als 6,5 % Einbruch gäbe es in England
mehr Tote durch die Rezession JOHANNES PENNEKAMP erläutert das Szenario Kollaps in einer Grafik (RICHARD BALD-
WIN/ BROCKER).

Ob noch irgendjemand das ‚Heiße-Kartoffel-Projekt' Wahlrechtsreform aufruft, steht in den Sternen – bleibt es liegen, würde im nächsten Jahr das Wahlergebnis einen Hohlen Riesen ge-
bären, dessen Wirksamkeit im Prozeß der Verzwergung weiter
verschwände.

> Zwei! In Worten: 2 Hörnchen – und wo? Auf dem Hochsitz,
> turnen im Caré – Loki rastet – sodann: keine Chance auf
> Schreibtisch – Marion fährt den Kärcher an, ich also an den
> Akkordrechen und durch den Rasen.

Auch in der Bildungsrepublik ist es bekanntlich 5 vor 12: in
letzter Minute, so HEIKE SCHMOLL, sei das Blanko-Abitur aus
Schleswig-Holstein in Form des Notenschnitts der zurücklie-
genden Jahre abgewendet worden – solche Sonderangebote an
Leistungsvermeidung seien für den Norden typisch, ‚denn dort
korrigieren die schriftlichen Prüfungen die Vorergebnisse meist
nach unten', weiß sie zu bemerken – im Süden nutzten die Abi-
turienten die Gelegenheit eher zur Leistungsverbesserung – und:
warum diese KMK immer erst kurz vor dem Abgrund, kurz vor
dem ‚sich selbst zerlegen', kurz vor dem ‚allergrößten nur denk-
baren Schaden' zur Einsicht komme, bleibe ihr Geheimnis – ich
sage seit Jahren: hochsprengen, wenigstens versiegeln!

Neun EU-Staaten fordern ‚Corona-Bonds' – die Strategien sind
unverändert, die Pandemie ein geeigneter Hebel – die Kommission synchronisiert tausend Maß- und Ausnahmen zur massiven Zentralisierung von Entscheidungs- und Umsetzungskom-
petenz in Finanz, was die Pandemie überdauern wird – die sechs
Dutzend *tripartite abbreviations* kannst du auf den Kompost
packen (war eh nur in deutsch erhältlich) – Ratschefe CHARLES
MICHEL will dauerhaftes ‚Europäisches Krisenmanagement',

endlich ein Name mit Zukunft, EKZ – USCHI vd LEYEN geißelt nationale Alleingänge – es ist das gleiche Kreisquadrat wie beim Föderalismus, wartest du, bis alle 16 bzw. 27 sich einig sind, ist das Virus bei jedem Bürgermeister am Tisch!, also *sozzjalisd'scher* Zentralismus, *G'nossn un' druff*!

KARSTEN SCHULLER liefert Projektionen für die USA, ausgehend vom pandemischen Epizentrum NY, der steilen Anstiegskurve und dem zu langsamen Weg von Maßnahmen und Einsicht, da etwa das Zuschweißen der Türen in Wohntürmen wie in China nicht in Frage kommt – die Projektionen kommen auf 700.000 Tote in 200 Tagen, bei weiterem Zögern auf 1 Million, so der Simulator GABRIEL GOH – das Dreieck für exponentiellen Anstieg besteht aus
• zögerlichem Handeln der Exekutive,
• Überforderung des Gesundheitssystems,
• Unterausstattung des Sozialsystems.

‚Es wäre eine Ironie der Geschichte, wenn ein chinesisches Virus das Ende der wirtschaftlichen und gesellschaftlichen Dominanz der USA beschleunigt …‘ (Carmen Korn, Zeitenwende).

Abends: ‚No Country for Old Men‘ – ‚Vom Reinsten muß der Stoff sein, bezahlt wird mit Blut‘, URSULA SCHEER über ZeroZeroZero.

**27.3.** Der zweite Test der Kanzlerin auch negativ – BORIS JOHNSON (56) infiziert – Frontmann TILL LINDEMANN (57), Rammstein, liegt intensiv – jeder Fall voll Trauer.
Der Ein-Ton-Vogel beherrscht den Garten, typisch! Er nervt. In Dänemark steht ein Wohnwagen, von Ingeborg (falls Sie auch buchen wollen) – den hat Marion gebucht, 2 Wochen im August, wenn sie uns reinlassen – einstweilen wird gekärchert, daß es eine Art hat, ich fege nach, Platte für Platte, Blutzucker bei 61, Herrschaften! Von wegen, spielt das Lied vom Tod, Bauchspeichel läuft wieder, so! – Abends ‚Der Medicus‘ (Stölzl 2013).

**28.3.** Corona: im Seniorenheim Wolfenbüttel 72 Infizierte, das sind 50% – 12 Tote.

Auch hieran komme ich nicht vorbei: wir gehen an drei Meter Kataloge ran – über Stunden – tags drauf an drei Meter CDs, ich finde eine geschenkte zum 50., das provoziert – alles raus, saubermachen, sortieren – ich käme nicht drauf! – Aber eine hohe intrinsische Motivation spiegelt sich in stupendem Gleichmaß, es einfach zu tun – leere Supermärkte, Gelegenheit, mal gründlich durchzuwischen, heißt es, auch in den Ecken! So. – es schneit, nach sieben Tagen klaren Himmels, 2 Grad wie jeden Morgen – also ans Feuilleton, wo VERENA LUEKEN die Biographie des WOODY ALLEN (84) vorstellt, mit allen, die er kannte, gar nicht melancholisch, und den Rechtfertigungen, mein Gott, es ist passiert – und vieles ist nicht passiert, was dazu noch hätte passieren können (wenn Sie ahnen …) – Dann RICHARD FORD in Maine vor dem Atlantik? Besser, der ist mein Fall, 74, ohne bemerkenswerte Vorerkrankung, mit seiner Frau in der natürlichen Einsamkeit – und fängt an, womit!, mit der amerikanischen Melancholie – die Amerikaner mußt du nicht trennen, sie sind getrennt, Quarantäne ist für sie nichts Neues, sie haben ‚Separation drauf‘, lieben das Geld und vermasseln mehr, als die Regierung reparieren kann – ist ja heute fast umgekehrt.

Gestern war die Einfahrt dran, was putzen wir heute, Schatz? – Hinter den Boxen, mir schwinden die Sinne, welcher *sound* paßt dazu! Aber du gehst ans Klavier, so ist noch etwas Luft

*Personal Screenshot!*

– der Werbeblock der Zeitung verzeichnet eine ganze Seite mit Trüffeln, das kann nicht gutgehen. – es schneit in dicken Flocken. – Abends: ‚Der Schacht‘ – um 22 Uhr: *Havanna Moon, hardly to believe*, Leute, KEITH läßt keinen Ton aus!

Corona, eine Demonstration? Eine Erkrankung erfaßt die Welt und zeigt, wie unterschiedlich gestorben wird – so wie unterschiedlich gelebt wird – man könnte mehr für den Anderen tun, damit die Chancen etwas gleicher verteilt wären, was einer im Leben erwarten kann – die Aussichten bleiben spärlich, andere Motive greifen Raum.

NIKLAS MAAKS ‚Stadt des Ausnahmezustands‘, die er vor den Pandemien des letzten Jahrhunderts mit Kontur füllt – bei der Hamburg-Cholera 1892 schwiegen die Behörden, verheimlichten die ersten Toten ‚aus Angst vor wirtschaftlichen Einbußen‘ – nach 455 Toten binnen einer Woche brach das Schweigen, schließlich 8.600 in Hamburg – moderne Architektur atme den ‚Geist der Seuchenbekämpfung‘, zitiert er weiter BEATRIZ CO-LOMINA, dann ROBERT MUSIL ‚der moderne Mensch wird in einer Klinik geboren und stirbt in der Klinik, also soll er auch wie in einer Klinik wohnen‘.

Medizinische Sorge und Vorsorge von ‚politischen Reinheits- und Kontrollphantasien‘ kaum mehr zu trennen – Armenviertel als bakterielle und politische Infektionsherde – der architektonischen Aufklärung der Stadt folgen, verschärft seit dem 11. September, Überwachungsarchitekturen, die in Googles ‚Smart City‘-Konzept projiziert und in der chinesischen Stadt bereits vollendet sind – das korreliert mit jener exekutiven Dominanz, die das Informationsmonopol einschließt: die Entscheidung über das, was passiert oder vertuscht wird – so wurde das effektive Frühwarnsystem dort stillgelegt, die Informierten ins Verschweigen gepreßt (guxdu Bd. 13, Seite 202). – Am Pariser Boulevard HAUSSMANN, nach der Niederwerfung der Pariser Kommune durch die Stadt getrieben, kann solches Denken seit 140 Jahren besichtigt werden.

| Corona 30.3.20 | Infizierte | in 24 Std. | Aktive | Tote | in 24 Std. |
|---|---|---|---|---|---|
| Deutschland | 66.885 | 4.450 | 52.740 | 645 | 104 |
| Italien | 101.723 | 4.047 | 75.444 | 11.626 | 815 |
| USA | 171.561 | 23.714 | 161.908 | 4.105 | 822 |
| New York | 68.123 | 6.785 | 61.674 | 2.140 | 418 |
| Spanien | 167.060 | 5.352 | - | 7.716 | 913 |
| Frankreich | 44.550 | 4.376 | 33.599 | 3.024 | 418 |
| Großbritannien | 20.066 | 2.373 | - | 2.943 | 374 |
| Brasilien | 4.630 | 374 | 4.347 | 163 | 27 |
| Indien | 1.251 | - | 1.117 | 32 | - |
| Iran | 41.495 | 3.186 | 24.827 | 2.757 | 117 |

*Aufbahrung vor dem Brooklyn Hospital Center, NY*

| Corona 30.5.20 | Infizierte | in 24 Std. | Aktive | Tote | in 24 Std. |
|---|---|---|---|---|---|
| Deutschland | 167.007 | 855 | 24.914 | 6.993 | 6 |
| Italien | 213.001 | 1.075 | 98.176 | 29.389 | 237 |
| USA | 1.246.583 | 25.451 | 953.277 | 73.733 | 2.406 |
| New York | 330.139 | 2.765 | 251.204 | 25.204 | 260 |
| Spanien | 254.323 | 536 | - | 25.613 | 185 |
| Frankreich | 132.967 | 1.104 | 54.724 | 25.507 | 330 |
| Großbritannien | 247.171 | 1.453 | - | 37.362 | 149 |
| Brasilien | 498.440 | 30.102 | 264.235 | 28.834 | 890 |
| Indien | 181.827 | 8.336 | 89.706 | 5.185 | 205 |
| Iran | 148.950 | 2.282 | 24.389 | 7.734 | 57 |

| Corona 30.9.20 | Infizierte | in 24 Std. | Aktive | Tote | in 24 Std. |
|---|---|---|---|---|---|
| Deutschland | 292.911 | 2.445 | 27.340 | 9.571 | 15 |
| Italien | 314.861 | 1.851 | 51.263 | 35.894 | 19 |
| USA | 7.467.756 | 41.070 | 2.556.253 | 195.392 | 956 |
| New York | 493.155 | 1.098 | 54.979 | 33.246 | 13 |
| Spanien | 836.289 | 9.915 | - | 31.791 | 177 |
| Frankreich | 563.535 | 12.845 | 434.782 | 31.956 | 63 |
| Großbritannien | 465.125 | 10.157 | - | 42.143 | 71 |
| Brasilien | 4.813.586 | 33.269 | 489.248 | 143.962 | 952 |
| Indien | 6.310.267 | 86.748 | 941.552 | 98.708 | 1.179 |
| Iran | 457.219 | 3.582 | 50.094 | 24.301 | 183 |

**30.3.** Immer noch Schneeflocken, den ganzen Winter gabs keine, jetzt 1.000! – Durchräumen, die 3. – ein Meter Schallplatten, ein Meter Kunstvolles aus 20 Jahren – 30 Minuten mit Jonas, Leon hat einen Vertrag unterschrieben! – So siehts wieder aus, wenn mal Besuch kommt, meint Marion, der sieht sofort, wieviele Tiere bei uns wohnen – ich liebe dich. – Abends: ‚Hell or Highwater‘, 5 von 10 möglichen Punkten.

**31.3.** Ganzseitige Anzeige italienischer Bürgermeister und Abgeordneter für Eurobonds im Spagat von Corona und Erinnerung an die Hilfen bei den deutschen Nachkriegsschulden – und schweren Vorwürfen an die Niederlande, die den Widerstand anführen. – Gegen die Verriegelung der Bewegungsfreiheit und der Wirtschaft stellen KAI KONRAD und MARCEL THUM die Gefährdung, ‚die Lebenschancen und fernere Lebenserwartung der jungen Generation‘, ‚die Kosten (solcher) politischer Maßnahmen‘, ‚die ziemlich sicheren Schäden, auch an Leib und Leben, für die gesamte Gesellschaft‘ (31.3.20). – Nudeln – Hefe – Toilettenpapier *out of stocks*, alles beim Hamster.

LUCIAN FREUD im *Museum of Fine Arts*, Boston, der wie sein Großvater ‚stets darauf bestand zu sehen, was ist, und nicht, was sein sollte‘. Das, so SUSANNE KLINGENSTEIN, ist der Selfie-Eiferer, der poliert erscheinen möchte – ‚*that's where the trouble starts*‘, er verharrt, bis er erkennt.

Die rechte Einfahrt vom Moose befreit – die Dachrinne ent-
müllt – die kurze Radtour, übers Feld, da stehen zwei große
Tiere, Loki orgelt los, fünf Minuten durchs Feld gepflügt, wieder ans Laufband, zum Hamme-Deich bei starker Ebbe an
die lange Leine – am Ende ein umschlungenes Paar – großes
Glück oder Unglück? – sie trennen sich und gehen zu ihren
Autos, die müssen jetzt zurück zu ihren Familien, kommts
von Marion – zurück ins Dorf und bergan. – Abends ,Peer
im Glück', 9 Pkte, zur letzten Flasche ,Nadir', Rosé aus Quei-
ruga/Galizien (guxdu zu den Auswirkungen Band 7.2, 2013,
Seite 124 ff.).

1.4.  Über die Nato-Koordination wird Corona-Ausrüstung an Italien
und Spanien geliefert, über die EU klappt's nicht (T.G.). – Wenn
es stimmt, daß Alte die Höchstgefährdeten sind, bleibt zu erklären, warum Altenheime und -pflege neben Krankenhäusern und
verbundenen Diensten nicht erstrangig ausgestattet wurden –
zentral koordiniert – der Pandemie-Plan 2005 sah Bevorratung
mit Schutzausrüstung vor, es blieb bei der Vorsehung.

BETTINA SCHÖNE-SEIFERT lotet das Drama ,triagischer Entscheidungen' aus (31.3.), über Leben oder Sterben angesichts
knapper Ressourcen – sie unterscheidet fünf Optionen:

1. den Ärzten die ,triagische Bettenzuteilung' überlassen,
2. auf pure Chancengleichheit setzen, also *first-come first served*,
3. nach bewerteter Erfolgsaussicht, also Rettungseffizienz aus-
   wählen,
4. … unter Einbeziehung der erwartbaren Lebenszeit,
5. … sowie der ,erwartbaren (subjektiven) Lebensqualität'.

Effizienz und Nutzen des triagischen Rettungseinsatzes seien
sehr wohl auch ethisch begründbare Parameter – das haben die
,Richtlinien der Schweizer Ärzteschaft' vom 24.3.2020 deutlicher
formuliert als die deutschen Kollegen, zumal ergänzt um eine
,Verlaufstriage' im 48-Stunden-Takt: also ein Beatmungsgerät bei
ersichtlicher Erfolglosigkeit (Kriterienliste) abzustellen.

Was räumen wir heute auf – Widerstand ist sinnlos – du darfst aussuchen, kommt das Angebot – ab in den Keller, ein Regal! Faszinierende Fundstücke – nach 60 Minuten Abbruch wegen Unterkühlung, Unterzuckerung und mehr.

Das NRW-Epidemiegesetz via Sprungprozession, also alle Lesungen an einem Tag, in den Landtag gekippt (REINER BURGER), ausgestattet mit umfassender Vollmacht quer durch alle Ressorts – so forsch war nicht einmal Haushaltsspezi HANNELORE KRAFT. Ist das ein Coup des Kanzlerkandidaten?

Allenthalben wird ‚Die Pest‘ des ALBERT CAMUS empfohlen, sie sei nicht zuletzt ihrer Nachlese wegen von hoher Aktualität. – Sie war es offensichtlich seit Drucklegung 1950! Bereits 16 Jahre alt, als ich sie erwarb.

rororo TASCHENBUCH AUSGABE

| | |
|---|---|
| 1.– 50. Tausend | November 1950 |
| 51.– 75. Tausend | September 1951 |
| 76.–100. Tausend | August 1952 |
| 101.–125. Tausend | Dezember 1953 |
| 126.–150. Tausend | Juni 1955 |
| 151.–164. Tausend | November 1956 |
| 165.–175. Tausend | Dezember 1957 |
| 176.–200. Tausend | Januar 1959 |
| 201.–213. Tausend | Oktober 1959 |
| 214.–238. Tausend | März 1960 |
| 239.–263. Tausend | September 1960 |
| 264.–278. Tausend | Mai 1961 |
| 279.–298. Tausend | November 1961 |
| 299.–318. Tausend | April 1962 |
| 319.–338. Tausend | Dezember 1962 |
| 339.–358. Tausend | August 1963 |
| 359.–378. Tausend | April 1964 |
| 379.–393. Tausend | Januar 1965 |
| 394.–408. Tausend | Oktober 1965 |
| 409.–423. Tausend | März 1966 |
| 424.–433. Tausend | Oktober 1966 |
| 434.–448. Tausend | März 1967 |
| 449.–468. Tausend | September 1967 |

Das organisierte Verbrechen verfolgt jeden Schritt in Museen mit nachgefragter Hängung – und schlägt bei Nachlässigkeit zu – so ist der ‚Frühlingsgarten‘ des VINCENT VAN GOGH futsch, ‚ausgeliehen‘ nachts um 3, rausgeholt aus dem Singer-Museum Laren.

ALAIN FIENKIELKRAUT geht gegen PETER SLOTERDIJK vor und gegen GIORGIO AGAMBEN, die den Totalitarismus *en marche* sehen – es gebe eine ‚Dummheit der Intelligenz und die Dummheit der Intellektuellen, die in Systemen denken‘, so JÜRG ALTWEGG – aus solchem Denken, in der Tat, wächst die Radikalisierung jedes Ereignisses ins Systemische – es ist wie mit jeder Interpretation: das situativ Angemessene, was im Standpunkt- und identitären Denken verschwindet.

Abends: ‚Unorthodox' – nach einer zionistischen Hochzeit flieht die Frau von NY nach Berlin, der Ehemann hinterher – unfaßbar das rituelle Gefüge, die Männer studieren die Tora, die Frauen ‚reine Babymaschinen' – neulich gabs eine Heirat unter Sinti und Roma, nach endlosen Ritual- und Männergesängen wird der Braut das Haupthaar rasiert – so unpassend es klingt, eine der ersten Maßnahmen nach der Ankunft im KZ. – Die Unterwerfung der Frau gehört zu diesen kulturellen Codes, mit den größten Demütigungen. Aber um Applaus wird gebeten.

**2.4.** Vor 75 Jahren: BALDUR von SCHIERACH, Jugendführer im Reich und Statthalter in Wien, erklärt die Stadt zur Festung –
> ‚ein Hundsfott, wer seinen vom Feind angegriffenen Gau ohne ausdrücklichen Befehl des Führers verläßt, wer nicht bis zum letzten Atemzug kämpft',

so der Leiter der Parteikanzlei, MARTIN BORMANN, auf dem Weg zur Giftpille.

*Vorbild Kriegsstadt*

Ich bin noch am Sortieren; da kommt der Einschlag: Wulf ruft an\*

> \* Freund und Kollege aus Hochschultagen, der sein Äußerstes tat, mich im Hause zu halten (guxdu Band 1 – 1985–89, zahllose Kontakte, ebenso Band 2 – 1990–1994)

hat ‚2017' also mindestens aufgeschlagen, ich hatte die größten Bedenken (kenne seine konzise Schreibe), als ich meinem Impuls folgte und das Bändchen nach Reinbek sandte – und nun dies!

Da wird telegrammatisch der Lauf der Dinge, Quatsch des Planeten verhandelt, das Weitere grade noch außen vor,

Kreti & Pleti in kontinuierlichem Auftritt, so geht das los, wie Druckwelle nach der Explosion, Wulf an einem halben Dutzend von Projekten, Projektionen, Doktoranden in England und näherem Umfeld, dazu in der Hinterlassenschaft von Werner unterwegs, welche sich prozessierend in bibliothekarem Ausmaß offenbart, zwischen feinster Druckreife und steinbrüchiger Materialflut – von Plänen schwärmend, in aller Ruhe, dabei selbst nicht frei von den Blessuren des Alters, sorry, des Alterns – doch frisch ans Werk hier reparierend, dort technische Unterstützung in Anspruch nehmend, Motto: dem Ingeniöööör …! (kennt ja kein Schwein mehr).

Ich wechsle das Fenster, links stehen die Nationalfarben querab zwei Gärten weiter im Westwind, geradezu füllt das Dohlenensemble Nachbars Garten, Aufstand in der Futterstation, was tun! – Ei das Corona-Tagebuch sei fällig unter Einbezug der internationalen Wahn- und Katastrophenberichte – vorzüglich der NY Times, des Guardian und umgebendes Angebot nutzend, ausweidend, du Kümmerling! – Wieviel Zeit denn noch ist? Kein Thema, du schreibst! Wie doch Kant sagte, erinnert er, ist es nicht traurig, daß wir grade dann sterben müssen, wenn wir's begriffen haben, wie gutes Leben geht – also ich setze noch auf ein paar Jahre, da ich's grade begriffen habe – so überholen wir uns wechselseitig, Unsinn, ich weiche schrittweise (sieht er ja nicht) zurück – in meine assoziativen Weichbilder, worin sich die Welt nicht etwa spiegelt, das wäre billig, sie tummelt sich in Flechtwerke, wogegen die Berliner Ministergärten das Format von Gartenhäuschen haben – kurz sie spielt ihr elektronisches Klavier weiter – und dieser Melodie (welche Anmaßung!) folgt mein Spitz, notiert, auf der Freibahn des Wahns konstruiert sich der Schrecken tonlos.

Welch ein Gespräch, drei solcher Art und ich wäre dahin! Nur dieser Ärger übers Salatessen, die Käse-Rotwein-Limitierungen und den leidigen Spaziergang, diese Übel nimmt er in Kauf – da hilft der Hund, Loki zum Beispiel – der mahnt stumpf die Routinen an, vor denen du schnell kapitulierst, den Gassigang, das 10-Uhr-Teilchen und solche Finessen, das unterbricht jedes Sinnieren, jede Kreuzworzräzel-Traverse.

Wir sind nicht am Ende, Herrschaften – denn wer, bitteschön und beim Teutates, kennt noch jene Amalie F.! Welche, die heimische Tierwelt sortierend und klassifizierend, vom, nun ja, Wissenschaftsfreund nach Australien geschickt, was sag ich, entsandt, dort ihrer Neigung forciert nachging und regelmäßige Retouren aufgab – bis es an die Gebeine Einheimischer kam! Das Interesse wuchs auch hier schnell über ewig Abgelegtes hinaus an frisch Überlebtes!

Das wiederum zog den weiteren Impuls nach sich, doch jenen Streitigkeiten zu folgen, die nun mal das Zusammenleben ausartend beflügeln – also folgte sie dem heroischen Kampf der Siedler mit dem indigenen Widerstand und machte sich über Hingestreckte her, bis hin … und hier kommts zu Unschärfen in Wahrnehmung und Überlieferung, also bis hin zur aktiven Handanlegung, woraus ihr fürderhin der Zusatz des ‚Master of Death‘ anhing (hieße bei uns längst ‚Mastress of Death‘, doch wie klingt das!) – was da genau passierte, übergeht Wulf, der Frau in ihrer zupackenden Art sei auf jeden Fall auch ein Denkmal zu setzen.

Binnen fünfzig Minuten habe ich einen Blick über das Themenuniversum des fernen Freundes (wer ist näher!) und Begleiters meiner Hochzeiten, jenseits der siebzig.

Wie wird man zu einem Corona-Toten, fragt WOLFGANG MEYERHÖFER – ziemlich leichtfertig, folgt man seinen Fragen an den ‚Schwindel der Statistik‘ – die Frage- und Fehlerquoten teilt er ein in Mathematik erster, zweiter und dritter Ordnung – entscheidend sei die Rate der Infizierten, die ‚ernsthaft ärztliche Hilfe brauchen‘, weiterhin die Rate der durch/infolge Corona Gestorbenen – aktuell seien 88 % der ‚mit Corona Gestorbenen‘ jenseits der 70, sie also wegzusperren? – Die Kosten-Nutzen-Rechnung schließlich werde vom Drama fehlender Kapazitäten, personell wie materiell und infrastrukturell auf den Tisch kommen, aber gerne gemieden … und warum der Minister sich für diese statt für jene Hochrechnung, Maßnahme usw. entscheide … so geht das über fünf Spalten, mein Handrechner perforiert … das Leben geht weiter, auch im Hospiz, wird KARIN TRUSCHEIT erklären.

,Das ist echt! Das ist echt!', stammelt ein Mann gegenüber dem Brooklyn Hospital: ein Gabelstapler kommt aus dem Tor und fährt auf einen Sattelschlepper zu, ,nur weißes Tuch verhüllt, was er transportiert' – sie bringen Leichname – ,Herr, erbarme dich' – 98 Tote in sieben Stunden (ROLAND LINDNER).

Abends ,Unorthodox', die 3., das Stück hält in Atem – wir müssen die Juden ersetzen, die sechs Millionen getöteten – Esty läuft durch Berlin, während ihr Mann Unterricht nimmt – die Beraterin mißt ihren Angstlevel, dazu ein Dilator-Set – deine ganze Familie liegt mit uns im Bett – grandioser Abspann, der Zusammenhänge bestrahlt., gibt 10.

3.4.    Vor 75 Jahren: Himmlers Flaggenbefehl ordnet die Erschießung aller Männer in Häusern mit weißen Fahnen an. – Das ist der Zeitraum zwischen ,Grüner Hauptkampflinie' und ,Hauptkampflinie S-Bahnring' in Berlin.

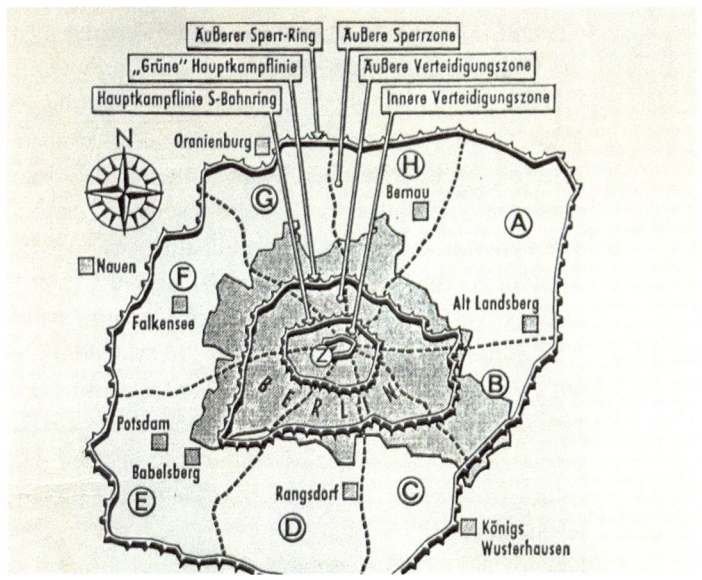

Corona USA: Abrüstung und Aufrüstung – *jobs in culture and economy* werden mit Wochenfrist aufgelöst – Andrang vor den Waffenarsenalen zwecks Munitionierung – in manchen Städten, auch Europas, kommen die Tiere (zurück), da die Menschen wegbleiben, Wölfe, Schafe, Ziegen, je nach Gebrauch.

Wuhan kehrt zurück in die Einschließung und Absperrung der 11 Millionen Einwohner, die Stadt leer – das Virus kommt, wenn es kommt, aus dem Ausland – wird festgestellt.

Die Brücke übers Mittelmeer ist abgebrochen, von Marokko und Libyen nach Italien – da kamen die Flüchtlinge aus den Lagern, Männer zur Tomatenernte, Sklavenarbeit, Frauen zur Verfügung in die Bordelle – und von Italien nach Marokko kamen sie auch, die 15.000 Frauen zum Ernten der Him-, Blau- und Erdbeeren – die Spargelarbeiter sind alle in Polen.

| Corona 3.4.20 | Infizierte | in 24 Std. | Tote | in 24 Std. |
|---|---|---|---|---|
| Deutschland | 91.159 | 6.365 | 1.275 | 168 |
| Italien | 119.813 | 4.585 | 14.726 | 769 |
| USA | 288.396 | 33.030 | 8.962 | 1.286 |
| New York | 105.031 | 10.628 | 4.490 | 602 |

Q.: WORLDOMETER, ‚alle 2,5 Minuten stirbt ein Mensch‘

STROBEL Y SERRA, dieser JACOB, der Verführer, ist wieder im Weingut gestrandet, Rödelsee, wo er schwärmt, an der Quelle: ‚herbe Saftigkeit, mineralischer Biss und ein fester Kern, Spannung, Straffheit und Phenolik‘ – können Sie folgen?, das ist Exerzierplatz, beim Jahrgang 2017 jenes Silvaners, den er sich durchs Glas spült, solls um ein buddhistisches Kloster gegangen sein – und natürlich endet die Chose, wenn der Gast das Gut verlassen hat, als faustischer Grübler, der das Wesen des Herrn Doktor weniger ahnt als erleidet.

Ich wechsel’ eine Spalte weiter, wo THOMAS HÜRLIMANN auf zwei Stelzen im See haust, im weit ausladenden Schweigen über dem Wasser, umgeben von Horizont, der Rögi, den ‚lichternden Nachtzügen‘ darunter und Sternen darüber. – Schön ist das für den Moment, aber ganz anders, dort zu leben, zu existieren, sagt er.

Abends ‚Frank‘, fällt durch, 3 Punkte.

Viele Männer in Bild und Ton, mit den gespannten Jacketts – fünfzehn Millionen $ für Jeden, der NICOLÁS MADURO ergreift und in Washington einliefert.

**4.4.** Null Grad, forciertes Putzen ist anwärmend, mit einer LP geschafft – nachmittags mittlere Radtour, Loki am Band – erstes Abendbrot am Westhang – kaum sitzen wir, geht es im Weißdorn los im Duo-Ton, wie heißt das Vieh, Zilp-Zalp, behauptet Marion, schwarzer Streifen unter der Brust, Seiten gelb, wenn Sie das überprüfen wollen, der Laubensänger! Ich finde, die Hölle – ich sag's, wies is, der Kleinste im Gebiet – aber das ist wohl ein biologisches Muß, der Sportlehrer in Groß-Gerau war auch der Kleinste, sein Appellplatz-Ton brachte die Geräte ins Rutschen. – Um 19.00 setzt Bläserchor unten auf der Straße ein – Applaus – dazu deutsches Liedgut, Marion kennt kein Halten – lauter! – Später ‚Adams Äpfel‘, 6 Punkte.

Russia Today und seine Satelliten verbreiten Corona-Phantasien (T.G. Brüssel).

**5.4.** SONNTAG
Beim Kaffee geht's um die Aussicht – wir alle suchen, wie es weitergeht – dafür gibt es Zauberwörter, das aktuelle heißt Herdenimmunität, aus der Prärie herkommend – doch vor der Immunität, diesem befreienden Horizont, steht die Infektion – und schon stehen wir auf den zwei Seiten solchen Ereignissees, was die Aussicht betrifft, Immunität oder Abgang.

Abends wieder das kleine Blechkonzert in Hörweite, wir machen uns auf, finden aber nichts – vom Unterstand am Westhang sehen wir sie dann, Applaus – beim Abendbrot wieder verschärfter Vogelsang, lächerlich, Vogelkreisch, was Zaunkönig und Blaumeise neben uns im Baum abliefern, dazu der Ein-Ton-Vogel, spottet jeglicher Anmut – als sei's in der Natur je darum gegangen, auch so ein Kulturprodukt!

Eben noch gesund, naja, Zucker im Griff, jetzt Teil der Hochrisikogruppe, mein Ruf als normaler Mensch ist dahin, eins von beiden ist ein Irrtum, glaube ich – Millionen sitzen auf 60–80 Quadrat fest, zu viert bis acht, die kommen zu solchen Überlegungen gar nicht! – Die Kinder aus den Brennpunktschulen sitzen jetzt in ihren Brennpunktfamilien, sie kommen da nicht raus, wie auch – alles, was ist, wird jetzt verschärft – andere Kinder kommen aus ‚privilegierten Verhältnissen‘, wie es die Sozialpädagogin aus dem ‚multiprofessionellen Team an einer Brennpunkt-Gesamtschule in Berlin-Wedding‘ formuliert, etwas vorwurfsvoll (BÄCKER/ SCHÄFER 4.4.20). Denn sie haben das Gefühl, diese Kinder kommen schlauer in die Schule zurück – als sei das schlimm, ein Verstoß, ungerecht – sie sind in prekären Verhältnissen völlig unterfordert, ihre Zeit in der Schule, ihre Schüler-Lebenszeit verläuft schlecht genutzt.

700 % mehr Klopapier verkauft! – JUTTA DITFURTH auf Twitter, wir sind im Krieg! – Wir sind in der Natur! – Quarantäne ist keine Kriegsgefangenschaft! – LISA BECKER dagegen, wir sind im totalen Frieden!

BILL WITHERS starb, 81 – ewiges Andenken auf einer Musik-Kassette von 1986.

6.4.    Es ist wie Sommer, nur stiller – wir sind wieder im Keller! Faszinierend, was da alles liegt – Jonas in heller Aufregung, was sich ereignet, sich äußert auf dem Planeten – wieder vorzügliches Essen, auf der Ost-Terrasse, reiner Genuß, so gesund, mit Aussicht.

Schon der Name hatte Irritierendes – ich ging ihm nach, den Landesmedien-Anstalten – Anlaß war so ein träges Einfahren in einen jener fürstlich dotierten Jobs – ich besorgte mir eine Broschüre über diese 14-armige Organisation – und was kam raus? PEP©! – Klang alles ziemlich artifiziell, vulgo: Geschwafel, was den Auftrag und die ganz unterschiedlichen Betätigungen je Bundesland betraf (guxdu schon Bd. 9, 2017, Seiten 227–230, Bd. 10, 2018.1, Seiten 72, 113 f., Bd. 11, 2018.2, S. 69).

Ins Rollen kommt die Sache über das GEZ-System, welches ja beständig an der Beitragserhöhung knabbert – und was passiert dann? Wegen kraftschlüssiger Anbindung, sprich ‚automatisch und proportional‘, wächst das Einkommen der 14 Anstalten mit. Schon vor Jahren attestierten sämtliche Rechnungshöfe der Republik ‚erhebliche strukturelle Überfinanzierung‘, zitiert HELMUT HARTUNG die gepflegte Wortwahl (4.4.20). – Wie es so ist bei 14, Konsens ist anstehend – ausstehend bleibt hingegen die Kontrolle des Finanzbedarfs wie insbesondere der Mittelverwendung.

Dazu ist die Kernaufgabe dieser obskuren Gebilde ‚Aufsicht über den Privatrundfunk‘ eher im Schwinden – wäre sie noch erkennbar, wüßte ich gerne, was die 530 so republikweit zusammenklöppeln, tut aber nichts, da sie ja im Verschwinden ist! – Folge? *Ei die Loid denke sich was Neues aus, nutztjanix!* Und was geht da so? Filmförderung, Bildungsstätten angucken, Preisverleihungen im römischen Rundtheater (aber ohne Tiere!), so Medienforschung (wenn Sie ahnen …), in Summe eine ‚kaum noch zu durchschauende Leistungsvielfalt‘, faßt HH das staatsnahe Treiben zusammen – Ich sage: lebt sich's in Saus & Braus so unbeschwert, ist das schon einen Asbach Uralt wert, haben die früher im Fernsehen gesagt!

18.20 Abendbrot Westhang, dann runter in den Bunkenburgsweg – vor Nr. 16 tritt ein altes, na gut, älteres Paar vor die Tür, hinter die Notenständer, je ein Blasinstrument, ist es ein Euphonium, ein Miraphone, ein Tenorhorn? Folgen fünf Melodien, die 12 oder 15 gegenüber an der Grundstücksmauer nach jedem Stück im Beifall, sehr anrührend. Nach fünfzehn Minuten zurück den Berg hoch, vorbei an wohl sechs Häusern in Renovierung, die Gärten frei gemacht und Schaukeln reingehängt – plötzlich fällt es auf, wie eine Generation verschwindet und die nächste in die Straße einzieht. – Später ‚Birdman‘.

Ansonsten fährt jede Fraktion ihre Agenda – Berlins ANDREAS GEISEL unterstellt im Trump-Battle, die USA hätten im Wildwest-Modus für Berlin bestellte Schutzmasken aus China abgefangen, Chefchen MICHAEL MÜLLER setzt ein ‚menschenverachtend' drauf – MARKUS SÖDER gefällt das – SASKIA ESKEN nutzt die Umstände zur Annoncierung ihrer Reichensteuer, dieses Mal als ‚einmalige Vermögensabgabe für wohlhabende Bürger' (HEIKE GÖBEL 2.4.).

In Spanien kursieren Bilder von ANGELA MERKEL, auf einem Geldsack sitzend, in Italien wird Deutschland an den Marshallplan erinnert und die Frage an die Wand gestellt, wer wohl Italien mit dem Euro in die Grütze geritten hat, vulgo, her mit den Eurobonds (tp. 30.3.20), na gut, aber Corona-Bonds! (wmv 31.3.20).

BORIS JOHNSON (55) auf der Intensivstation, wieviele hat NY heute!

**7.4.** Im Großraum New Orleans trifft eine ‚überproportional arme Bevölkerung mit einem hohen Anteil typischer Vorerkrankungen (Diabetes, Fettleibigkeit) auf ein veraltetes Gesundheitssystem' (MAJID SATTAR) – in Brasilien ist es schlimmer, wo 40 % der Werktätigen informell arbeiten, das Absinken in die Armut kann 35 % der Bevölkerung Südamerikas erreichen, 220 Millionen, davon 90 Millionen in ‚absoluter Armut' – Nadj hustete trocken, der Test erwies die Coronaerkrankung des Tigers im NY-Bronx Zoo, angesteckt von einem Pfleger – in der Orthodoxen Kirche wird die Kommunion mit einem Löffel ausgegeben, das soll so bleiben – ‚*I'm covered in Jesus blood*', kommt die Antwort in einer Kirchengemeinde auf die Frage nach der Gefährdung.

Das medizinische Frühwarnsystem sei letzten November abgestellt worden in den USA, dabei hatte eine Pandemie-Simulation an der Johns Hopkins Universität im November gerade in einem Spitzenwert von 65 Millionen Toten geendet (W. v. PETERSDORFF 3.4.20) – BILL GATES Warnung nach der Ebola-Epidemie lag vier Jahre zurück – NASSIM TALEBS Warnung hingegen soll DONALD TRUMP erreicht haben, in der globalen Vernetzung sei China führend – und Chefarzt THOMAS VOSHAAR verstand JENS SPAHN nicht, als der im Januar erklärte, man sei

Nr. 42         Sandro Botticelli         2001

*‚Sandro Botticelli' – Wachskreide, Collage – 42×57 cm, 2001*

gut vorbereitet, denn es wurde nichts zügig vorbereitet, eingela-
gert – und daß es beim rheinischen Karneval ,virologisch knal-
len würde', wußte man auch (Interview RÜDIGER SOLDT 7.4.)
– Und die Welt bewundert dieses Land, wieder einmal.

> Angebot des Tages: ,Gunfighter', ,Texas Terror', ,Paradise
> Ranch', ,Showdown am Adlerpass' und ,Highnoon in Hell-
> town' für 2,99 (falls Sie interessiert sind), und jedes Mal mit
> JOHN WAYNE, das schaffe ich nicht.

*Naomi Rea, April 6 on Artnet: Almost 98 Percent of ,Eastern Me-
diterranean' Antiquities Sold in Germany Are of Questionable
Origin, a New Report Has Found. – Germany is an international
hotspot for trafficking illegal antiquities from places like Syria and
Iraq, according to a damning new report.*

*After China Eased Social-Distancing Rules, 20.000 Visitors Floo-
ded This UNESCO World Heritage Site – Forcing It to Shut Down
Again. … Will People still be afraid of large crowds after social
distancing measures have been lifted? Perhaps not … The total ca-
ses reported for China stand at 81,708 with 3,331 deaths People
are packed at Huangshan (Yellow Mountain), Caroline Goldstein,
April 6, 2020.*

*Courtesy of Wikipedia Commons*

CHRISTIAN MC BRIDE faßt den Aufstand der Schwarzen in den USA in eine Abfolge von Text und Jazz – beginnend mit CASSIUS CLAY, der nach dem Sieg über SONNY LISTON 1964 seinen ‚Sklavennamen' ablegte – DUKE ELLINGTON meinte, als er einen dissonanten Akkord vernahm:

> ‚So klingt Negro-Leben! Dissonanz bestimmt unseren Lebensstil in Amerika – wir sind abgesondert dort und zugleich integraler Bestandteil der Gesellschaft' (PETER KEMPER 30.3.20., vgl. Band 12, 2019, S. 104).

‚Die Gesellschaft wird nicht lange stillhalten' – und es wird nicht weitergehen wie zuvor, nachdem die Bedeutung von allem heruntergefahren wurde, bis auf alles, was aus der Not hilft. Vorsicht ist geboten, RUDOLF STICHWEH. – Einer verläßt die Zivilisation, einer bleibt, ein Leben lang und leidet an ihren Erfahrungen, die ihre Gewohnheiten wachhalten: die Obsession der Gewalt gegen Frauen und die ständige Konfrontation damit in den Medien ‚habe in uns ein ‚Mordgemüt' erzeugt', JAN WIELE über ‚Die roten Stellen' der MAGGIE NELSON.

Angenehme Temperatur unter dem Sonnenschirm auf der Terrasse mit Ausblick in den zur Spitze auslaufenden Garten – dann der rote Fleck, kreisrund, auf dem rechten Handrücken, so 7 mm durchmessend – ich bin kein Zeichendeuter, die Flecken wechseln – sich daraufhin erneut den Priorisierungsentscheidungen, also Punkt 3.2. der DIVI zuzuwenden – das ist die Deutsche Interdisziplinäre Vereinigung für Intensiv- und Notfallmedizin, könnte abgeschmackt wirken – *fatum non calculat*, Herrschaften! Zur Sache, die *Clinical Frailty Scale* bietet neun Stadien an, von ‚sehr fit' bis ‚sterbend', irgendwo dazwischen werden auch Sie sich aufhalten, sagen wir, *vulnerable,* das wäre ‚noch selbständig', aber verlangsamt, müde während des Tages – Tabellen haben den Vorteil, daß sie zeigen: es kommt noch schlimmer, hier fünf Stufen, bevor's an die Entscheidung geht, intensivmedizinisch zu beginnen – beenden – gleich lassen, eingeschlossen mehrfacher Belegungswechsel des Intensivbetts – der Gleich-

heitssatz verbietet derben Ratschlag, betont HANS-JÜRGEN PAPIER, bietet daher keinen Ausweg – ich sage, bleiben Sie zu Hause! (OLIVER TOLMEIN). –
Pünktliches Essen und runter vor die Nr. 16 zum Konzert der Euphonii vor wachsender Zahl von Anliegern.

In Spaniens Pressekonferenz wählen die Regierungsvertreter die Fragen aus, die gestellt werden, ein Brauch in vielen Risikozonen. Aufruhr führte jetzt zum Losentscheid, für Überraschung ist also gesorgt, auf beiden Seiten (RÖSSLER).

**8.4.**    Corona: keine Antikörper landauf, landab, weil die Bevölkerung nicht hinreichend ‚durchseucht‘, so der Virologe DROSTEN – die *tracking app* ist in Vorbereitung – GERHARD SCHRÖDER: Europa sei eine Schicksalsgemeinschaft, klingt nach hinnehmen, er meint wohl ‚in die Hand nehmen‘ – der Italien-Holland *battle* führt zum Sitzungsabbruch, alle unter die Dusche.

| Corona 8.4.20 | Infizierte | in 24 Std. | Aktive | Tote | in 24 Std. |
|---|---|---|---|---|---|
| Deutschland | 113.300 | 5.633 | 64.647 | 2.349 | 333 |
| Italien | 139.400 | 3.834 | 95.133 | 17.722 | 543 |
| USA | 443.744 | 32.523 | 401.448 | 17.970 | 2.212 |
| Spanien | 205.200 | 3.876 | - | 14.792 | 747 |

Im Keller findet sich alles, der feine Dunhill Tabak von 1970, als ich mit Konrad um die Wette rauchen wollte, er an der gebogenen Meerschaum-Pfeife – waren das Gerüche! Die Bowl-Kugeln aus Marseille 1971, die Abstimmung im Hamburger Fachausschuß mit 8 zu 7 zu meinen Gunsten im November 1973 – später ein Dutzend Unternehmen, wohin ich auftrat, noch später das Rassismus-Projekt mit Wulf und das Material zur Wiedereröffnung des OLG Hamburg 1946 – dazu Ordner aus der finsteren Zeit, falsch, es war ja die gleiche, nur die finstere Seite, nochmal ein Gang durch die Auszüge, die Bache Halsey Stuart wöchentlich zusandte, häufig verbunden mit dem Anruf des Brokers wegen eines *margin calls*, wenn Sie bitte ahnen bzw. Näheres dem Band 1 entnehmen wollen.

Mittags Terrasse Ost, durchs Wohnzimmer sind Stangen gelegt, so in 30 cm Höhe – Loki soll hüpfen, ich wohl auch – sie verweigert. Zum Essen der 2-Ton-Vogel, immerhin, die Kohlmeise, wird ermittelt – in Permanenz die zwei Hähne am anderen Dorfende – Loki am Knochen vom Schlachter hinter der Steinfigur im Garten.

Und nie mehr vergessen: nach der Seuche ist vor der Seuche (neulich noch die Schweine- (2009), Hongkong- (1968), Asiatische Grippe (1957, mit so einer Million Abgelebten, davor die Spanische (1918) mit bis zu 100 Millionen, rechnet LAURA SPINNEY hoch, Unterlagen rund um den Planeten auswertend! – Zentraler Umschlagplatz ist jetzt Ming La, das Las Vegas von Burma, wo's blüht und gedeiht – Kasinos, Prostitution und Exotisches, also die Zibetkatze und die Grüntaube, Schuppentiere, Tigerhaut und Elefantenzähne, bestimmt ist für Sie was dabei, gestatten Sie die Geschmacklosigkeit, denn Sie können sich im Zweifel nicht entziehen.

Abends Westseite, um 19 vor Nr. 16 zum Hornkonzert, es sind ein Tenor- und ein Baßhorn, kein Euphonium! Zu Hause erklärt Marion, warum ich immer über zwei Stöcke steigen muß, es dient der *agility* des Hundes, kollateral trifft's Vaddi (dass der das noch erleben durfte). – Abends: ‚Der Überläufer‘, nach SIEGFRIED LENZ, der reichte das Manuskript 1951 seinem Verleger ein, der SS-Mann war und daher ablehnte. – 8 Punkte!

9.4. Agenda marschiert, Coronabonds kurz vor dem Durchbruch, allein Holland insistiert noch – ACHIM TRUGER, grün und SVR-Mitglied, schob bereits ‚grüne C-Bonds‘ nach, um das Monsterpaket ökologisch zu veredeln (läuft besser durch) – nachhaltiger Umbau in Sicht, die Entmächtigung des Parlaments.

Der Hund springt über die Stangen, siehst du Seegi, – jetzt müssen wir nur noch ein paar Bretter dahinstellen … falls Sie Fragen haben, wir sprechen über das Wohnzimmer – gerade einen Kellerraum entkernt, welchen nehmen wir jetzt?

– Wie heißt der Glücksdrachen? – Der Tag, nein, jeder Tag ist stärker durchgetaktet – nach dem Frühstück kaum Zeit bis zum 10-Uhr-break – dann Keller, die 5., keine Chance – schon ist *middach*, sie: Essen machen – essen (Beide) – aufräumen (Vaddi), Schläfchen, Gassi, Tee – wieder was, Garten, Schuppen – komplett ausgeräumt! Sortieren – behalten – weg – einräumen (*kommsdunich* nach) – Abendbrot 18.00: sitz! – 18.30 abräumen – 18.48: mit Loki zu Nr. 16 – Hörner-Konzert – näxdes Mal mit Eierlikör! – 19.50 zurück – Gin Tonic und *take off*, isso! – Hoffentlich dauerts bis zur nächsten Seuche.

Die das Mittelalter ja auch kulturell überwölbende Kirche transportierte den profunden Antisemitismus über 1500 Jahre – der prägte auch dessen künstlerischen Ausdruck – vom antisemitischen Stereotyp frei blieb allein, so STEFAN TRINKS in großer Ausführlichkeit, ,der Altar des Meisters von Mondsee‘, einer österreichischen, seinerzeit noch bayrischen Klosterstätte – Nur in Spaniens Toleranzzeit, der ,Convivienca‘ der drei monotheistischen Religionen, gab es noch Vergleichbares.

GERHARD STADELMAIER zum 70., schwärmt SIMON STRAUSS – dem ,Geist-Reich-Beschwörer, Traumweltriesen, Endzeitfackelträger‘ – der ,im Blatt vor ihm vollendet, was der Schauspieler auf der Bühne versucht zu sein‘, klassischer Feuilletonist, heilloser Unterhaltungskünstler, eben darüber ,erster Theaterkritiker des Landes‘.
Stellen wir uns in den Rückenwind DIETRICH BONHOEFERS, sagt die Pastorin.

11.4.   Es darf geputzt werden, zu Barclay James Harvest (1978), Gerry Rafferty und David Bowie (1983), bißchen nervig, der junge Mann – die Hähne aus Süd-West im Kreisch. Abends wird’s derb, die Jungs kommen reingeflogen, nach vorzüglichem Grillen nach Westen hin geht’s zur Sache, ,Ich und mein Holz‘ und so.

12.4.   Beim Abräumen des Frühstückstischs im Wintergarten steht dieser unvermittelt in Flammen – die Zeitung geriet, unbeobachtet, in die brennende Kerze, leichter Wind trieb die sanft brennenden Seiten in die Kissen und auf den Boden, die Margarine schmolz und machte das Feuer mit – ich schlage beherzt zu und wir wandern zum Posaunen-Abschlußkonzert – später biegen wir auf den Ruf der Pastorin zum Friedhof ab, 4 x 4 Lieder und zurück zur Brandschadenbeseitigung, Tagesprogramm.

‚Die Frau in Gold‘ – mir scheint, ich sehe jeden Abend das Gleiche, jedenfalls dieses spiralförmige Treppenhaus, ob voller Hoffnung nach oben gegangen oder in Furcht nach unten geflohen wird. Das Treppenhaus hat eben hohes Potenzial.

HERBIE HANCOCK 80.

**13.4.**  Die Mentalität markiert den Prozeß und heißt ‚Dicke Berta‘, kommt von Krupp und LUDENDORFF & HINDENBURG, wurde von DRAGHI usurpiert und steuert die Träume des Großeuropäers ALTMAIER, hier beim Bau ‚europäischer Champions‘ wie Batterie-Allianz und so (HEIKE GÖBEL 9.4.), dort mit der Staatsbank KfW und Container-Milliarden für TUI oder auch direktem Staatseintritt bei der gerade neulich bedienten Lufthansa (Eurowings!) – TIM KANNINGS (9.4.) macht Gewinnwarnung unter Verweis auf den seinerzeitigen Staatseintritt Commerzbank – auf dem 15 %-Anteil sitzt der Wirtschaftsminister bis zur Stunde, der Kaufpreis sank auf etwa den gleichen Wert. Die Spritze nutzte das Institut seinerzeit zur Kunden-Schnäppchen-Jagd – das sind die wettbewerbswidrigen Folgen solcher Staats-Wirtschaft – die gleich zum nächsten Schlag ausholt, der Novelle des Außenwirtschaftsgesetzes! Das sei doch ‚sehr liberal‘ und müsse ‚geschärft‘ werden, meint der PETER, daher ‚voraussichtliche Beeinträchtigung von Ordnung und Sicherheit‘ soll genügen für check & stop, soll ‚Ausverkauf‘ verhindern – was immer daran richtig ist, dieses Denken hat die Qualität der Kiloware beim Briefmarkenhändler.

Und es trifft sich als ‚deutsch-französische Freundschaft‘ in der EU, wo der deutsche Part an der langen Leine hinter den Schulden-Künstlern hergezogen wird, aktuell von den Kommissaren THIERRY BRETON und PAOLO GENTILONI, die dem Schuldentempel eine ‚vierte Säule‘ einziehen wollen (hmk/tp/wmv, WERNER MUSSLER 6.4.). –

Im Säulenbau macht dem Römer, nach dem Griechen selbstverständlich, eh niemand was vor, er kennt sich aus in der Brüsseler Finanzarchitektur und weiß, wo's klemmt oder sich noch ein Säulchen umstandslos einfügt – so wird die Melange von Corona- zu Eurobonds in den Säulengängen zwischen *EFSM into ESM* auf hinreißend temperiertem Klavier gespielt, worüber der Chefin VON DER LEYEN ungestraft ‚auf der Nase herumgetanzt‘ wird, sie jedenfalls den Eindruck hinterläßt, ‚nicht mehr Herrin des Verfahrens zu sein‘ (MUSSLER).

Das sieht auch bei MARTIN NETTESHEIM (9.4.) so aus, der eingangs die EU als ‚nicht klar definierten Verband‘ beschreibt, die Verträge häufig ‚ohne klare Antworten‘ sieht … also eher ‚Schwebelage‘ ausmacht, in der sich ‚beide Seiten auf die Verträge berufen können‘ … Anfang & Ende der fünf Spalten markieren Menschen, ‚die sich als solidarisch verbunden begreifen‘ … nach viel ‚integrationspolitischer Tugendsolidarität‘ scheint mir das *slippery slope* am zugkräftigsten – du findest für alles eine Begründung in dem schlüpfrigen EU-Textbau.

Und die *slippery* EU geht auch sogleich ans Werk: akzeptiert wird jetzt auch monetärer Ramsch als Sicherheit, sprich, die griechische Staatsanleihe wird wieder angenommen – die *Bank of America* winkt ab, die nationalen Notenbanken nutzen den *waver*, um Corona-Krisenkredite rauszugeben, mit hohem Ausfallpotenzial, das Wort ‚Kredit‘ also fehl am Platz (sibi 9.4.) – das ist die 5. Vergemeinschaftungsvariante, wo die Schulden im gemeinsamen Rührtopf ankommen, voll *slippery slope*, Leute! – Weiter: Banker dürfen ‚eigene Systeme zur Kreditbewertung einsetzen‘ … ‚Berichtspflichten lockern‘ – naja und den Müll zügig abschreiben, zahlen alles die ‚solidarisch verbundenen Menschen‘, wo ist mein *booster*! Dann noch: die ‚*haircuts* für nichtmarktfähige Papiere‘ um 20 % herabgesetzt, also den Schrott handelsfähig simuliert, die ‚Komitees des Euro-Systems (sollen überall)

Möglichkeiten zur Milderung der negativen Effekte finden' – was ist die ‚ehrenwerte Gesellschaft' gegen das, was hier salonfähig gemacht wird.

Ergebnisprämie pro Porsche-Mitarbeiter 9700+700.

Dicke Berta wird auch der Bundesregierung vorgehalten in Sachen Corona, wie ein ‚Thesenpapier' verschiedenster Fakultäten kritisiert (ANDREAS MIHM 9.4.):

- aus fehlerhafter Datenmessung sei die Ausbreitung der Pandemie, das Muster, nicht herzuleiten,
- die Kette Testmenge – Infektionszahl – Verdopplungszeit sei nicht valide.
- die Corona-Sterblichkeit nicht spezifiziert,
- drei Ausbreitungsherde seien zentral: Kranke, Pflegebedürftige, Betreuungseinrichtungen,
- *social distancing* als Gesamtprävention schlecht begründet. nur beschränkt wirksam und ‚paradox', weil eine 2. Welle provozierend,
- im Kern sei zielgruppenspezifisch: Alter – Multimorbidität – institutionelle Kontakte, lokale Cluster seien zu betrachten,
- je umfassender der *shut down*, desto provozierender für soziale Ungleichheit u. a. Konflikte,
- insgesamt: Befeuerung der Legitimationskrise des demokratischen Systems durch abermalige ‚Alternativlosigkeit' und ausufernden Vorrang der Exekutive
- ‚verpflichtende Handy-Ortung' sei Anleihe aus totalitären Systemen
- kein *trade off* von demokratischer Verfaßtheit und Seuchenbekämpfung.

KAREN KRÜGER aus Mailand (9.4.) – zum Sterben sind sie bereit in Bergamo, Brescia und Piacenza, im Alter von 80+, weil der Atem nicht geht und kein Gerät hilft – aber ohne die Angehörigen, wie eine zweite Auslöschung des Lebens – die Zeitungen, im Januar noch einseitig, heute über Seiten sind ‚das Totenbuch einer Generation', die geht – ohne die Piazza, ohne Kirche, ohne die Enkel, in Tücher gewickelt im Sarg – ‚Covid-19 hat das Ritual gesprengt, das den Übergang vom Leben in den Tod markiert, Abschied zu nehmen und das Leben jener zu weihen, die alleine zurückbleiben'.

Vor 75 Jahren – ordnet NSDAP-Kreisleiter und SS-Obersturm-bannführer GERHARD THIELE die Liquidation von 1.016 KZ-Häftlingen an – unter SS-Hauptscharführer ERHARD BRAUNY werden sie von Wachmannschaften, Soldaten der Luftwaffe und der örtlichen Kavallerieschule, Reichsarbeitsdienst, Technischem Notdienst, Feuerwehr und Volkssturm in eine Feldscheune des Gutes Isenschnibbe bei Gardelegen getrieben, das Stroh in Brand gesetzt, die Scheunentore verriegelt – mit Maschinengewehren, Handgranaten, Panzerfäusten, Signalmunition und Phosphorgranaten auf die Eingeschlossenen geschossen sowie weiteres Benzin zum Ausbrennen der Scheune beschafft – das Verscharren der Leichen wird abgebrochen – am nächsten Tag besetzen amerikanische Truppen die Stadt – GERHARD THIELE taucht unter und stirbt 1994. Hat wohl keiner nach ihm gesucht, oder gefragt.

MATTHIAS BORMUTH ,Die Verunglückten' – meint, die im Unglück Verhafteten sind geprägt vom Leiden an einer ungerechten
Welt – ,vor dem Hintergrund des Zivilisationsbruchs, der in den
Gaskammern und Krematorien der KL kumulierte' (HUBERT
SPIEGEL 9.4.): INGEBORG BACHMANN, UWE JOHNSON, UL-
RIKE MEINHOF und JEAN AMÉRY seien, so der Autor, Intellek-
tuelle in einem ,geistesgeschichtlich deutschen Sinn', in einer ,in-
neren Nötigung stehend, die Welt als einen sinnvollen Kosmos
(ansehend) und zu ihr Stellung nehmen zu können' – der Autor
verhandle ,Varianten künstlicher Selbstviktimisierung'. – Daß
solches auf deutschem Boden gehäuft auftritt, erscheint nachvollziehbar, ja zwingend – daß der Genozid eine Vollendung auf
deutschem Boden wurde, eröffnet das vom Schaftstiefel mehrfach zertretene Feld des Vergangenen – und SPIEGEL zitiert
IMRE KERTÉSZ: als hätte die Befreiung der Lager das Urteil nur
aufgeschoben, ,das die zum Tode Bestimmten schließlich selbst
vollstreckten'. – Den Weg gingen zahlreiche der Freigekom-
menen, die sich schuldig fühlten, weil sie noch lebten. – Dieses
Welt-Systemische, welches Anfang und Bestimmung setzt, bis
der Wille zum Untergang die Spezies Mensch über den Rand
bringt, was diese an sich ausführten.

| Corona 30.5.20 | Infizierte | in 24 Std. | Aktive | Tote | in 24 Std. |
|---|---|---|---|---|---|
| Deutschland | 132.210 | 2.138 | 60.575 | 3.495 | 301 |
| Italien | 162.429 | 2.973 | 104.130 | 21.131 | 604 |
| USA | 718.344 | 27.446 | 555.323 | 30.601 | 2.630 |
| New York | 206.901 | 7.614 | 175.200 | 14.612 | 924 |
| Spanien | 223.605 | 2.767 | - | 18.255 | 499 |
| Frankreich | 105.573 | 5.497 | 59.053 | 15.715 | 761 |
| Großbritannien | 85.047 | 4.758 | - | 14.063 | 1.041 |
| Brasilien | 25.262 | 1.832 | 9.704 | 1.532 | 204 |

**14.4.** Jonas ruft an, im TRUMP-battle – wie kann das sein – stell dir vor, die Aliens landen und treffen auf Trump als Sprecher der Menschheit! Die liquidieren den sofort und anschließend den Planeten – sowas kann nicht Zivilisation sein – aufgelegt, ruft Leon an, das Gleiche, aber mit dem Amt für Arbeit, Bremen – die Krönung bundesweiter Organisation – kann ihm nicht helfen – vor sechs Wochen eingereicht, bis heute keine Reaktion, rufe ich an, hör ich, wir brauchen noch dies oder das – Grundgereiztheit, umschreibt er seinen Zustand – Krise ist große Lernkurve, flötet Vaddi – sind die Jungs voll drin!

Den Tatsachen näher als alle Prognose und Datensammlung scheint der ‚Economic Surprise Index‘ zu sein, den KARSTEN SCHULLER von Warburg anführt, mit Blick auf etliche jüngere Fehlprognosen – die negativen Revisionen haben danach noch einen weiten Weg vor sich.

Den illegalen Handel mit Tieren wollte die chinesische Regierung verbieten, die ‚traditionelle chinesische Medizin‘ wurde aber ausgenommen, wird KARL AMMANN zitiert (THILO THIELKE). – Auf den Marktplätzen von Benin decken sich die Voodoo-Priester mit der ‚Staffage für ihren Zauber‘ ein – im laotisch-chinesischen Grenzgebiet wird ‚Tigerwein‘ kredenzt, ‚ein Sud aus allen möglichen Körperflüssigkeiten der Raubkatzen,

Löwenknochen und Panguinpulver – ein Sekret aus den Gallenblasen von Bären' soll Krebs heilen. So treiben Not und Aberglaube den afrikanisch-asiatischen Kadaverhandel an.

Präsidialsystem ist gut für Chefe, wenns läuft, blöd, wenns hapert – RECIP ERDOĞAN treidelt.

Auf NY folgt Chicago, LORI LIGHTFOOT mobilisiert, was nicht auf die Bäume kommt – ein Drittel der Stadt sind Schwarze, 70 % der Toten auch. – Die Roma trifft es wie die Armenviertel, in der Slowakei 400.000 aus 5 Millionen, ohne Wasser, ohne Strom, ohne Geld, ohne Grundversorgung. – Denkmal-Arbeiter desinfizieren die Pyramide von Gizeh, andere den Platz vor dem Mailänder Dom, rund um den Turm von Pisa und das Museum der Hagia Sophia, Mekka geschlossen.

15.4.  Corona hin oder her, KIM JONG-un feuert unverwandt aus allen Rohren, einen Satz Marschflugkörper läßt er steigen, dazu ein Paket Luft-Boden-Raketen – beachten sie die Flugrichtung (AFP). – Immerhin, W.W.PUTIN bleibt am Schreibtisch – ‚im heldenhaften Alarmmodus'.

20 Jahre nach dem Umzug ins Berliner Regierungsviertel haben sechs Ministerien ihren Dienstsitz weiterhin in Bonn – wenn das nicht beispielgebende Renitenz ist! Das zog in 2019 an die 20.000 Dienstreisen nach sich (Lt.), mal 20 wären's 400.000, mein Rechner strauchelt. Fällt wohl niemandem auf, zahlt ja die Kasse.

Wuhan hat seit 1956 ein Institut für Virologie, möglicherweise erfahren in biologischem Waffenarsenal, doch stimme die Mutation im Corona-Virus vollständig mit der natürlichen Evolution überein, so JOHN FW MORGAN im Leserbrief – tja, eins schließt Anderes wohl nicht aus, ahnt auch KD FRANKENBERGER (17.4.).

Töricht sei der Präsident in seinem absolutistischen Gehabe – das Wörterbuch erklärt da einiges – Amerika habe eine Verfassung und keinen König, kommt es von Gouverneur MARIO CUOMO (FRANKENBERGER).

Während Europa Elend und Gefährdung der Armen Afrikas bedauert, wissen die Ansager dort ganz anderen Umgang, genauer Nutzen aus dem Corona-Alarm zu ziehen, zeigt THILO THIELKES Überblick: der Club alter Autokraten demonstriert sein armiertes Potenzial, schließlich neigt diese Spezies zur Stratifizierung und Perpetuierung ihres Zustands – zwecks störungsfreier Aquisition nationalen Reichtums, Versorgung des ja ausufernden Familienverbandes, Bestechung positionssichernden Personals sowie für den entfernteren Aufwand.

So werden in Uganda ‚mit schockierender Erbarmungslosigkeit‘ unter dem homophoben YOWERI MUSEVENI Schwule und Lesben eingekerkert, müssen Frauen ihren Körper ‚mit Matsch beschmieren‘ und nach schwerster Prügelei sich filmen lassen von einer grölenden Soldateska, Leute der Gesundheitsbehörden werden gejagt – in Ruanda läßt der Vorsitzende des Gewaltregimes PAUL KAGAME seine Untergebenen im Fußballstadion zusammenpferchen, Hilfssendungen fangen die uniformierten Schergen ab – in Südafrika muß einer ‚wie ein Hund über den Asphalt kriechen‘, während die Uniformierten mit Gummigeschossen auf Obdachlose zielen, in Namibia, in Kenia … Bewaffnete verbinden die Zerstörung eines Armenviertels mit Vergewaltigung der Frauen … Algerien entläßt Kleinkriminelle, hält die Opposition aber weiterhin in Haft, verurteilt wegen ‚Anstiftung zu einer unbewaffneten Versammlung‘, wegen ‚Angriffs auf die nationale Einheit‘ und so (RÖSSLER 20.4.).

Auch in Nahost kommt das Schlimmste noch (CHRISTOPH EHRHARDT) – die Meilensteine des Elends ähneln denen Afrikas – eine riesige Armutsquote jetzt ohne die Tagelöhnerei, ohne Nahrung, im Libanon werden Apotheken geplündert – der Innenminister empfiehlt Sicherheitsglas – dazu die kriegsverwüsteten Syrien-Libyen-Jemen in einer verheerenden Kombination: dysfunktionale und ausgeplünderte Staaten ohne System für Gesundheit, Heerscharen von Arbeitslosen unter korrupten und im Nepotismus organisierten Führungen, die sich auf ausgebaute Repressionsapparate stützen – der wie die ägyptische Armee ‚weite Teile der Wirtschaft kontrolliert‘ – die Blaupause paßt an tausend Stellen des Planeten, in Sonderheit von Putinowitsch über den Iran bis Recip.

Das alles hat mit dem Virus nichts zu tun, es begünstigt nur seinen Flug und bietet Gelegenheit – und macht Hilfe so ziemlich aussichtslos – ist wie nahezu alle Entwicklungshilfe eher fürs Gewissen, gegebenenfalls Einflußnahme – alles auf dem Boden des ‚Bertelsmann-Transformation-Index‘ von 2018, bei ROLF LANG-HAMMERS ‚Reformplan‘ zitiert (30.4.20):

- hochdefizitäres Regierungshandeln
- ausufernde Korruption
- Machtsicherung durch ethnische Ungleichbehandlung
- keine Chance auf länderübergreifende Projekte für die Entwicklung in Landwirtschaft, Gesundheit, Bildung,
- … zu schweigen von der gesellschaftlichen Stellung der Frau.

Das etwas flott formulierte Epidemiegesetz hier gerät in Auseinandersetzung und wird modifiziert – CHRISTIAN GEYER und PATRICK BAHNERS (14.4.) spielen die Gesundheitsdiktatur der JULI ZEH an (‚Corpus delicti‘) und spannen das Parallelogramm von Diskurs und Korrektur auf, welches das ‚übergriffige Potenzial einer in staatliche Regie genommenen Präventionsidee‘ in seinem Rahmen hält.

Abends ‚Die Getriebenen‘, ANGELA MERKEL in den Flüchtlingsströmen von 2015 – knallhart inszeniert, das ganze politische Interieur, von ORBÁN bis JUNCKER – und zwingt in großen Respekt vor der Frau, ungeachtet ihres verheerenden Startsignals.

Das Problem der Triage stellt sich in New York radikal, denn der Mangel an Beatmungsgeräten treibt den Arzt in die Entscheidung, ‚wer überlebt und wer stirbt‘, so SIRI HUSTVEDT aus Brooklyn – dann schüttelt sie sich ‚das Gepolter und Wunschdenken‘ des DONALD TRUMP vom Leib: ‚verschwinden‘, ‚wie ein Wunder‘, ‚den Garaus gemacht‘, ‚Falschmeldungen‘ – ‚Das virale Virus, das den reinen Staat befällt, ist ein alter Topos‘, bemerkt sie mit Bezug auf eines der Sportpalast-Monster 1943 über das ‚Judentum (als) infektiöse Erscheinung‘.

Vor 75 Jahren: Befreiung des KL Bergen Belsen, Lüneburger Heide – angesichts dessen, was bis dahin geschah, gewinnt die Formulierung Lächerliches – nichts war, wurde befreit, sie, die Restlichen, starben weiter, vom sadistischen SS-Pack an den Rand des Lebens geprügelt, in 24-Stunden-Stehkommandos und öffentlichen Auspeitschungen zu Wracks verkümmert.

**16.4.** Der Meister Amerikas setzt die Mütze des Roten Kreuzes auf und empfiehlt ‚Chloroquine Sulphate‘ gegen China, sorry, gegen dessen Virus – das nimmt mancher *follower* direkt, fegt in die Apotheke und schluckt – die Sache endet letal, die Frau kann das Zeug noch auskotzen – so geht's auch in Brasilien, wo es 2 x 600 Milligramm/Tag gab, war zuviel des Malariamittels für die älteren Patienten, deren elf ans Ende gerieten – JAIR BOLSONARO weist die Armee (!) an, das Zeug in Massen zu produzieren, seine Lobpreisungen im Netz werden bei Facebook und Twitter gelöscht – er würde nicht zögern, den Stoff seiner Mutter zu verabreichen, setzt Chefe nach. – Dann zieht MR. TRUMP Schecks: ‚bin hochzufrieden, die Leute freuen sich bestimmt über einen fetten Scheck mit meinem Namen drauf‘, flötet er am Sprechpult.

Jonas kommt, hat Poesie-Therapie gemacht – ‚ich habe eines gemerkt: daß ich vollkommen außer mir bin, nur bei Trump, nur in Corona‘ – nachmittags klären wir das gewünschte Coaching bei Prolupin, der Kandidat wünscht Jonas.

**trump³** [trʌmp] *v/t.* ~ **up** *contp.* erdich-
ten, erfinden, sich aus den Fingern sau-
gen; **trumped-'up** [,trʌmpt-] *adj.* er-
funden, erlogen, falsch: ~ *charges*.
**trump·er·y** ['trʌmpərɪ] **I** *s.* **1.** Plunder *m*,
Schund *m*; **2.** *fig.* Gewäsch *n*, Quatsch
*m*; **II** *adj.* **3.** Schund..., Kitsch...

128

MEW, wenn Sie eine Ahnung haben, was das bedeutet, es sind die Marx-Engels-Werke, in den 60er Jahren studiert, dann fünfzig Jahre transportiert – davon will ich mich freimachen – es ist eine Lust, darin zu lesen, nur jedes Mal in den Keller laufen? – Und die Zeit wird ja knapp, allein der Blick in den Tag verschlägt dir die Sprache, das in Form zu bringen, mit waschen-schneiden-legen ist es schon lange nicht mehr getan. Daran ändert auch die frohe Botschaft des Diabetes-Dienstes nichts, ich sei ja wohl voll in der Remission.

**17.4.**  6.30 hoch, Marion zur Schule, da sitzt ein Schüler.

Du kannst es nur wiederholen: alles, was bisher an die Wand fuhr, blockiert jetzt: so der Datenschutz – er schützt nicht, er gefährdet, so JASPER V. ALTENBOCKUM, aktuell die Entwicklung einer *tracking app*, das schöne Deutsch kommt nicht hinterher, oder wie würden Sie das formulieren?

Mit Blick auf die Wiedereröffnung der Schulen macht sich Ratlosigkeit breit: Abstandshalter für Erstklässler? – 5 Waschbecken pro Klasse? – Umgang mit den Inklusis? Die drehen am Rad, ihr Gemeinschaftsfröhlis! – Schulhof-Org? – welche Lehrer dürfen, wer steckt im Risiko? Bin ichs, o Herr? Klar bist Du's, alter Sack, und pfeifen tust du auch! (Schon krieg ich Kratzen im Hals) – dann: Digitales Semester? – Kinderbetreuung ab August?! Es gärt – Alle Belastungen ausführlich beschreiben – heikle Wege ins Tun sind geboten – die Gesundheitsämter am Ende der politischen Nahrungskette in der gleichen Überforderung wie 2015 die Kommunalen vor den Flüchtlingswellen – Infektionsketten verfolgen, bei asymtomatischer Übertragung, während die Kontaktschranken hochgezogen werden, ohne App.

Einem 72-jährigen Allgemeinmediziner fliegt die ‚Anordnung der Heranziehung zu Dienstleistungen' ins Haus (TIMO FRASCH) – zugeteilt, verpflichtet, sicherzustellen, tägliche Visite zu machen, telefonisch erreichbar zu sein, so von 8 bis 22, am Wochenende 9 bis 20! – Keine Ansprache, keine Absprache, kein Umgang, keine Zeit für sowas! Das ist epigenetisch, meine Herren. – Der Wissenschaftliche Dienst des Bundestages bezweifelt, daß der Beschlagnahme- und Verpflichtungsrahmen des Bayrischen Infektionsschutzgesetzes vor der Verfassung Bestand hat – der LASCHET-SÖDER-battle, verständlich, aber mit Geschmäckle, gell! – Hingegen nur ‚Gebete und Salbei‘ in den Indianerreservaten Nord- und Südamerikas (CHRISTIANE HEIL).

RONALDINHO trainiert in einem 15 x 30-Meter-Ballsaal – bei der Einreise nach Paraguay mit gefälschtem Paß erwischt, sitzt er in luxuriösem Hausarrest, er wird einem 16-Mann-Clan von Korruption zugeordnet.
Kein Geld für die Kunst, große wie kleine, für Ein-Mann-Kunst, für die einer Frau – ein Hamburger Pathologe: alle mit Corona Gestorbenen, die er obduziert habe, wären aufgrund bestehender Vorerkrankungen kurzfristig gestorben, also ohne Infektion.

Das Geschäft des JEFF BEZOS im Lauf, Folge der Quarantäne, Marktwert des Konzerns bei 1,1, Vermögen von Chefe so 135 Millionen, BILL GATES momentan bei nur 105. – ‚Der Jet in 3C279 schießt mit mehr als 99,5 % Lichtgeschwindigkeit auf uns zu‘, erklärt AVERY BRODERICK vom Perimeter-Institut, Kanada – Entfernung 5 Milliarden Lichtjahre, also noch Zeit – wenn er mal da ist, bügelt er unsere Kugel weg wie du ein Staubkorn vom Jackett.

Sie kündigen ‚Die Enden der Parabel‘ als Hörspiel an, das reißt mich hoch, alles von THOMAS PYNCHON steht in den Regalen, vor 33 Jahren gelesen (guxdu Band 1, pp., dort steht, warum ich ihn nicht verstehen konnte), keine Ahnung, kommt wieder neben das Bett, ich geh' auf Suche.

18.4.    Jonas kommt und das Kundusnetz wird über den Wintergarten operiert, fixiert gegen Sturm und Wind – nachmittags große Elektroausfahrt nach Vegesack – ist das schön, sag ich euch, was da alles wurzelt und fleucht, in seiner Hütte sitzt, die Gegend voller Leute am Deich, am Teich, auf dem Rad – gegen den Nord-Ost zurück.

NIKOLAUS WACHSMANN ‚erzählt‘ die Geschichte der Konzentrationslager, der deutschen – von den 1.000 habe ich grade 320, er erzählt es wirklich, von Lager zu Lager, ausgehend von Dachau, der Perle des HEINRICH HIMMLER (141 Nachweise), wo der 1933 alles installierte, was ein aus den äußersten Gewalt- und Sadismusphantasien genährter Mob an den ersten 10.000 Gefangenen auslassen durfte – und mit THEODOR EICKE einen würdigen Mord- und Massenmord-Experten einsetzte – der den männerbündischen Gewalt-Mord- & Sadismus-Komplex in allen weiteren Lagern durchsetzte – bis es zur hellen Freude der Lager-SS und Wachmannschaften wurde, die kaum Angekommenen nach der Selektion zu massakrieren, totzuprügeln, mittels der Genickschußlatte zu erschießen und in Kellern zu vergasen, so die ersten 100.000 Sowjetsoldaten, welche das OKW an das Lagersystem überstellte, ‚zur weiteren Behandlung‘. Im Kameradschaftsabend wurde sich darüber hervorgetan und gesoffen – über 9 Jahre wurde die Volksgemeinschaft gesäubert von sich ständig erweiterndem ‚Abschaum‘, an dem sich die Entmenschten ausließen.

**KONZENTRATIONSLAGER IM DEUTSCHEN REICH**

■ Stammlager ◇ Vernichtungslager • sonstige Lager (Auswahl)    Stand 1944

Die 12 Jahre waren permanente Lüge, Schreien, Ausbau rechtsfreier Räume für das System von Sadismus und unbeschränkter Gewalt, befeuert von der Achse HIMMLER – HITLER – EICKE, in die später HEYDRICH – HÖSS – EICHMANN eintraten, und alle vom gleichen Schlage – Verbrechen – Verbrechen – Verbrechen.

Was bringt mich zu dem Ausbruch – die Vertonung der ‚Enden der Parabel‘ des THOMAS PYNCHON in einem vierzehnstündigen Totenstimmentanz‘ (OLIVER JUNGEN 17.4.) – was bringt ein Volk in diesen Rausch von Apokalypse, dessen Spitzen und Apparate Pläne machen, bis ins Detail, die ganze Welt unter diesen Totentanz zu zwingen (vgl. RALPH GIORDANO, Wenn Hitler den Krieg gewonnen hätte) – bis Indien und Nordamerika, bis Südafrika reichten die Verwaltungsanordnungen, an denen Tausende werkelten. THOMAS PYNCHON läßt die Motive tanzen, personifiziert, es gibt keinen *scientific*, der näher am Leben der Deutschen spielt.

Der Gesundheitsminister Indonesiens weist das Corona-Virus zurück, die Bevölkerung bete fleißig, da passiere also nix – was soll er auch tun mit den 270 Millionen, überwiegend *day to day worker*. – Dieser Meinung ist auch ALEKSANDR LUKASCHENKA: die Auferstehung Jesu Christi sei ein Beweis für den Sieg des Guten über das Böse (fia. 20.4.).

MARTIN HEIDEGGER hielt die Balance, zwischen ‚harter NS-Propaganda im Wissenschaftslager‘ 1933 und seiner späteren ‚Selbstfindungsgeschichte‘ und erwartete 1967 PAUL CELAN zum Gespräch – der hatte seine Eltern im KZ verloren – und unterlag diesem Hünen, der seine ‚Vergangenheit stur verdaute‘, so DIETER THOMA. Der zweite Versuch trug den Dichter aus dem Leben.

**19.4.** Chinas Corona-Tote in Wuhan wurden jetzt auf 3.869 hochgesetzt, das sind 50 % Zuwachs, Infizierte mit 50.333 angegeben – drastischer Absturz der hiesigen Wirtschaft im Übergang von der Prognose zur Realität, kurz unter 7 % – Indiens Prognosen unkalkulierbar vor dem Hintergrund, daß 90 % im informellen

Sektor arbeiten, ohne Verträge, ohne Versicherung, ebenso 87 % aller Firmen, außerhalb des Steuer- und Sozialsystems (CHRISTOPH HEIN 15.4.).

WOLFGANG SCHÖN plädiert für ein ‚Steuerrecht in Katastrophen' (17.4.): der positiven müsse eine negative Einkommenssteuer zugestellt werden, worüber bilanzierte Verluste zu Erstattungen führten – das wäre marktwirtschaftlich systemkonform und ohne neue Bürokratie von der Finanzverwaltung zu administrieren … schon der Gedanke muß in Berlin körperliche Reaktion, also Pickel oder rote Flecken auslösen!

In einigen Hilfspaketen von dort sieht der Autor auch eher ‚Oberaufsicht über das Wirtschaftsleben', ‚keine Krise der Marktwirtschaft' sei das Virus – doch komme zum Motiv der Oberaufsicht das der Präsenz der Akteure vor dem leidenden Publikum, was dem Finanzminister manche Milliarde wert ist, zahlen mögen jene, ‚die ein paar hunderttausend Euro verdienen' (mas. 17.4.). Die Vermögensabgabe von DIETMAR BARTSCH und SASKIA ESKEN gerät schließlich gerade in ein schiefes Licht vor der Verfassung – der Grund könne ‚nicht ausreichend sein für den Zugriff auf das Vermögen der Bürger', kommts vom Wissenschaftlichen Dienst des Bundestages.

Wochen nach den Schulschließungen liegen noch keine Pläne für die Wiedereröffnung vor, das kann LUDGER WÖSSMANN vom IfO-Institut nicht fassen vor dem Hintergrund der Folgen für Kinder und Jugendliche – verständliche Ungeduld, es fehlt einstweilen an anderen Sicherheiten.
Minister MÜLLER fragt China, ob das Virus aus dem Labor stamme, andere fragen das auch.

20.4.   Die WHO unter Beschuß wegen ihrer chinasympathischen Corona-Kommunikation – der Ignoranz jener Taiwan-Meldung vom Jahresende 2019 über Infektionswege in Wuhan – auf Taiwan aktuell 400 Infizierte – ein WHO-Kollege hatte aufgelegt, als er im Interview nach Taiwan gefragt wurde – China forciert die Verfolgung von ‚Vaterlandsverrätern' in Hongkong, das Virus nutzend.

Das Hörnchen auf dem Hochsitz – Loki schneisenschlagend hinterher, das Hörnchen rechts ab, Loki äugt links.

Haiti steckt seit dem Erdbeben im Verfall, hohe HIV- und TBC-Quote, Unterernährung, zwei Drittel ohne Arbeit, Bandenkriminalität, Korruption, kaum Gesundheitssystem – ein Bürgerkrieg voraus (T. BRÜHWILLER).

Viessmann fertigt Beatmungsgeräte – die Kanzlerin verurteilt ‚Öffnungsdiskussionsorgien‘ – Anrufe wegen häuslicher Gewalt ansteigend – in Kanada fährt ein wohlhabender Zahntechniker Amok, der Massenmörder schafft 19 Tote, in 12 Stunden quer durchs Land.

EU: ‚Letzter Aufruf‘ setze ich vor den Text des PETER GRAF v. KIELMANSEGG: ‚Europa. Neudenken‘, wobei der Punkt entscheidend ist – denn seine Bilanz über eine ganze Seite all dessen, was in dreißig Jahren an EU in den Sand gesetzt wurde, läßt nur diesen Rat für eine ungewisse Zukunft: ‚projektgebundenes föderatives Handeln (in einem) befristeten Aktionsverbund‘. – Doch ist keine Kraft in Sicht, die das gegen die europaflüchtigen Horden auch nur ins Gespräch bringen könnte – denn nicht nur das Land ist vom ‚mehr Europa‘-Dogma durchseucht, dagegen ist Corona ein Witz – in den Zentren der Macht, im Schwarzen Loch, sitzen Divisionen von Profiteuren dieses aussichtslosen Experiments, sei es in eigener Sache oder auftrags ihres Landes.

Hier noch seine Wegmarken des Prozesses in's Scheitern einer grandiosen Integrationsillusion:
- der Ausbau von 6 auf 28, jetzt 27 Mitglieder, worin sich heute eine dramatisch divergierende Vielfalt von Interessenlagen, Mentalitäten und Vorstellungen von Gemeinsamkeit findet,
- das Einstimmigkeitsprinzip, Schutz vor Übergehung Einzelner, wird zur Blockade, zur Verhinderung oder Verwässerung von Entscheidungen und wirksamem Auftritt,
- die Grundregeln wie das Verbot des *bail out* erodierten, bis sie bewußt umgangen wurden, von den Ereignissen getrieben,
- die Gemeinschaftswährung und die Übertragung der Grenz-

hoheit auf die Union im Schengenraum wurden zu ‚Katalysa-
toren der Krise' dieses Projektes, das im permanenten Stress-
test Re-Nationalisierungen in verschiedenster Ausprägung
nach sich zieht,

• übrig bleibt eine EZB als Notstandsregime einer ‚politisch ge-
steuerten, sich unbeschränkt mit billigem Geld versorgenden
Haftungsgemeinschaft'.

Geboten wäre die Suche nach ‚kleinsten gemeinsamen Nennern',
welche ‚Aussicht auf Einigung' eröffnen, ist jedoch nirgends in
Sicht – die Alternative prozessierenden Kollabierens unter hef-
tigstem R&S-Einsatz, also pompösem Rechtfertigen und Schuld-
zuweisen, liegt dramatisch näher – sobald das Überspielen mit
der Druckerpresse ausgereizt ist, also am Zahltag. – Seht euch die
Absurditäten an, die bereits vor sieben Jahren gegen die Gründung der AfD vorgebracht wurden (guxdu Band 7.2, 2013, Seiten
58, 80 f., 83, 148 f., 154). – Seit der Krieg-Frieden-Metapher wird
das Thema (wie alle großen Themen hierzulande) moralisch auf-
geladen, was ausschließenden Geltungsanspruch zur Folge hat.

**21.4.** Ölpreis bei 11 $/Barrel, WTI <West Texas Intermediate> bei 1,4 $!

Der über Jahre perhorreszierte Datenschutz mutiert zum Dä-
mon, dem nun die Infektionsmeldung über das Mobiltelefon
zum Opfer fällt – daß es bereits ein System von Kontrolle und
Korrektur von Mißbrauch gibt, paßt nicht auf den Schirm der
120 %-Fanatiker, rechts wie linksaußen (MORTEN FREIDEL) –

| Corona 21.4.20 | Infizierte | in 24 Std. | Aktive | Tote | in 24 Std. |
|---|---|---|---|---|---|
| Deutschland | 148.453 | 1.870 | 42.439 | 5.760 | 185 |
| Italien | 192.979 | 2.727 | 107.509 | 24.700 | 421 |
| USA | 828.226 | 26.243 | 693.591 | 46.395 | 2.749 |
| New York | 256.555 | 4.461 | 207.269 | 19.693 | 764 |
| Spanien | 238.049 | 1.899 | - | 21.282 | 430 |
| Frankreich | 105.573 | 5.497 | 59.053 | 15.715 | 761 |
| Großbritannien | 116.911 | 3.896 | - | 20.190 | 1.166 |
| Brasilien | 25.262 | 1.832 | 9.704 | 1.532 | 204 |

daß es den Identitären in seiner Isolierkanne, sorry, -kammer abtörnt, ist ja verständlich, den zieht die Zwangsjacke ja stündlich enger – im Berliner Brandfackelmodus werden sogleich Netzkabel verschmort, mehr das extrovertierte Modell – ‚so etwas ist nur in Deutschland möglich', schließt der Autor.

Obacht! Flughafenstart BER jetzt auf 31.10.2020 gesetzt. – Das Spiel gegen Atlético Madrid am 11. März brachte dem FC Liverpool neben der Niederlage auch noch den Corona-Import durch 3.000 Fans ins Haus, aktuell 250 Tote – BOLSONARO do Brasil läßt der Agitation für den ‚5. Institutionellen Akt', dem Weg zur erneuten Militärdiktatur, freien Lauf – die Corona-Isolation sei Teil einer Verschwörung zur Einführung des Kommunismus, schwören seine Fans (TJERK BRÜHWILLER).

FREDDY LANGER annonciert den Tod des PETER BEARD.

Und schon hats KIM (36) erwischt, seit einer Woche außer Sicht, der Clan macht sich Sorgen – soll in Wonsan sein, auf dem ‚Anwesen am Strand', neben dem ‚familieneigenen Bahnhof' – die familieneigene Klinik in Pjöngjang wurde grade abgerissen und größer aufgebaut – was noch lebt von der Familie, läuft sich warm – er is aber auch ‚breit wie hoch', also satt im Fleisch – aus China kommen 50 Ärzte, angeführt von KP-Chefe-International (boe 28.4.). – Kurz drauf geht's wieder: KIM in einer Düngemittelfabrik, wo alles klatscht – normal.

*KIM bei seinen Flugzeugen*

Auch die Berliner Clan-Gesellschaft meldet sich: von ISSA R. (wenn Sie bitte ahnen wollen!) kommt die Info, die Mutter wurde eingeliefert und verstarb, darauf gibt's Auflauf, naturgemäß ohne Abstand – wegen zu hoher Geschwindigkeit in einer

30-km/h-Zone muß die Verfolgung eines Porsche abgebrochen werden – darauf ein VW, ‚strammvoll‘, donnert durch die gleiche Kontrolle, Polizist springt zur Seite, den kriegen sie – zur Beerdigung wird ein Hubschrauber über dem Grab stehen, der Polizei, am Boden 360 dazu, während die Tote unter NN geht.

‚illuman‘ auf Arte (Regie TONJE HESSEN SCHEI) erinnert an die Entwicklung einer GAI, künstlicher Intelligenz in voller Autonomie, mit MAX TEGMARK wie MICHAEL KOTINSKI, der Cambridge Analytica zuarbeitete, sowie Paypal-Gründer PETER THIEL, der am Tod werkelt. – Larmoyante Besprechung.

> Seit 5 Wochen und mehr null Wolke, konstant Nordost, häufig 0 Grad morgens, trocken – das Telefon klingelt auf allen Kanälen – Marion macht Schule im *Home Office*, gerne bis 21 Uhr, ich sag's, wie's is!

Den Jessiden gegenüber war der IS vom gleichen Vernichtungswillen getrieben wie die Nazi-RSHA-Banden den Juden gegenüber – Massentötungen, Vergewaltigungen der separierten Frauen, Folter und Sklaverei, 3.000 Vermißte bis heute, TAHA al-J kettete ein 5-jähriges Mädchen an ein Fenster und es verdurstete vor den Augen der Mutter – DÜZEN TEKKAL und ALEXANDER SCHWARZ fordern Strafprozesse.

> Und PETER SCHNEIDER wird 80 – ANDREAS PLATTHAUS stellt den breiten literarischen Auftritt des jugendlichen K-Mannes vor, über ‚Rebellion und Wahn‘ lernte ich ihn kennen, dabei ist er viel mehr, denn er gelangte über Flugblatt-Texte in Romane des Lebens (Sowas bin ich ja auch, krieg's aber nicht gebacken!).

22.4.    Abends ‚LENIN, die Deutschen und der Zarenmord‘, JÖRG FRIEDRICH / JÖRG BABEROWSKI – nach dem Coup vom 25. Oktober 1917 begann das Sterben erst, als die Revolutionäre die riesigen Weinkeller entdeckten – nach tagelangem Besäufnis begann die Jagd auf Popen, Kulaken, Weißgardisten und allen Zwielichtigen, die in sofort errichtete Konzentrationslager verbracht wurden – im Weiteren der Adel, der Klerus und allem, die Schichten ohne Lebensrecht angehörten – eben Klassenvernichtung wie Rassenvernichtung.

**23.3.** Missouri/USA verklagt China auf Entschädigung der Coronafolgen vor einem Bundesgericht.

Vor 75 Jahren: HERMANN GÖRING bietet dem ADOLF HITLER von Berchtesgaden aus die Übernahme der Regierungsgeschäfte an, da jener ja inzwischen etwas eingeschränkt sei für derlei – doch der hat grade die Verteidigung der Hauptstadt übernommen, schäumt kurz auf und ordnet die Verhaftung des HG an. Dieser rettet sich bis zum Nürnberger Prozeß, wo er Gift nimmt.

Kolik, Marion packt, Klinik OHZ – nach zwei Stunden, holst du mich ab – keine Ärzte, Op. am Dienstag. – ,Living in a Ghost Town', Akut-Single der Stones.

Alle EuRO-Debatte dreht sich um Italien, wo die mit Wucht in den Norden eingeschlagene Epidemie zugleich die wirtschaftliche und soziale Spaltung Nord-Süd offenbart, es wird dramatisch, sagt CHIARA SARACENO (23.4.). – Das gilt auch für den Verbleib im Währungsverbund bei 130 % Staatsverschuldung – GERALD BRAUNBERGER weiß nur stärkeres Wirtschaftswachstum als Weg – was seit 12 Jahren beschworen wird – und Zeiten der Geduld einschließt, die illusorisch sind – die Ausweglosigkeit basiert auf der Aporie, den Euro beizubehalten. Denn eine 20 %ige Anleihe zur Tilgung der Staatsschuld, auf die Bevölkerung verteilt, wird es nicht geben – zumal beim Schuldenstand von Unternehmen und Privaten von 166 % (was im internationalen Vergleich wiederum niedrig ist, D: 154 %!) – daher ist weiterer Schuldenaufbau im Plan bis 155 % (tp. 25. und 29.4.) – die Rating-Agentur Fitch setzt das Land auf ,BBB' (tp. 30.4.), Info für den Kapitalmarkt: eine Stufe vor Ramsch.
Dabei hatte TOBIAS PILLER (21.4.) bereits Überblick zum ,verheerenden' wirtschaftlichen Zustand gegeben – die Neigung zur Staatswirtschaft hat langen Vorlauf und den Zustand des Landes nachhaltig unterfüttert – neue Staatsholding solls geben, ,stille

Regie des Staates, der den Markt begleitet', flötet 5-Sterne-General STEFANO PATUANELLI, Vorbild ist Monster IRI aus den 20er Jahren – die Sklerose entwickelte sich seit den 50er Jahren zum Staat im Staate: 3 Kreditinstitute, die Autobahnen, Baukonzerne, Telekom, Alitalia plus Flughäfen, Rüstungs- und Flugkonzern FINMECCANICA, Stahl, Schiff, Misch, ach so, die Autobahn-Raststätten natürlich mit, also alles – nach IRI mit einer halben Million Teilnehmern, wenn Sie ahnen, folgte Staatspost, Staatsbahn, Strommonopol ENEL, Staatsbank, ENI mit Öl und Gas, dem gleich noch Turbinen- und Textilmaschinenbauer einverleibt wurden – und die Krönung von Staats-Desaster-Organisation war de EFIN, die Aluminium, Bahnwaggons, Kanonen und Glas bis zum Zusammenbruch 1992 ruinierte – die Reprivatisierungen organisierte als Schatzmeister, das sei gesagt, MARIO DRAGHI.

Warum solch Staatszirkus? – Ei PEP©! Wie oft *mußichsnoch* herbeten. – Folge 1: großer Niedergang wirtschaftlicher Produktivität, eher Abschaffung – zusammen mit gleichlaufendem Anstieg der Verantwortungslosigkeit (kleine Geschmacklosigkeit: unter Stalin wurden die Chefs wenigstens füsiliert) – zusammen mit gleichzeitiger Einführung des klangvollen ‚Bürgergeldes' – Abbau, ja Verschwinden von Initiative, Anstrengung, Ergebnisorientierung auf ganzer Linie, kurz: am Arsch die Räuber! – Und warum? Ei wegen

Folge 2: die war der Kern: Posten-Einkommen-Pensionen, ihr Resthirne – ein sprungfixer Auf- und Ausbau von Apparaten, Controllettis und Berichtswüterei, die zur gärenden Brutstätte von Klientelwirtschaft und Korruption wurde – zig Tausende dieser *9 to 5-guys (jaa, and dolls!)* dämmerten durch den Tag, der Pension zuschnüffelnd, der einzige Riecher, auf den Verlaß war – wie Loki, rufst du ‚Kong, such!', hast du max. 10 Sekunden, einschließlich 1. Stock und das Teil wird leergekugelt.
Und dieses Wohlsein-System will die Stars & Black Hole-Truppe wieder anfüttern, kein Mensch von Verstand faßt es! – CDP heißt das Vieh jetzt, CASSA DEPOSITI e PRESTITI – Duzfreund ist schon installiert, Chefe! – schon lange ‚Vehikel der Regierungs-

politik' – und schon bis unters Dach voller Beteiligungen (der Traum des PETER ALTMAIER, wetten?) – von de ENI, über die TERNA (Strom), SNAM (Gas) und die gute Post, dazu die Resterampe von de olle IRI – brauchts nur noch diese Eurobonds, um das Regime vor dem zügigen Festfahren zu bewahren, geht's noch! Klar doch, gell Frau VON DER LEYEN!

Das Zentralbankenformat nähert sich solcher Alle-Welt-Finanzierung ja ebenfalls zügig – FED bei 6,6 Billionen momentan, vieles weist in Richtung dauerhafter Staatsfonds (BRAUNBERGER 2.5.), also auf ‚dauerhaften Regimewechsel' hin – die Spreizung von sinkender Wirtschaftskraft und wachsender Schuldenlast wächst sich zur großen Ahnung aus – noch jenseits des Horizonts – doch dreht der sich über Nacht!

24.4.  Die Kanzlerin wettert, keine Aufhebung der Sozialsperren! ANGELA MERKEL in einer Vorsichtshaltung, ‚die man sich in der Flüchtlingsfrage von ihr gewünscht hätte', so BERTHOLD KOHLER – der Koalitionspartner dennoch mit endlosem Freilauf, die Koalition reicht bis linksaußen, die übrigen Oppositionsparteien ohne Chance auf Gehör – stärkstes Gehör findet grade MARKUS SÖDER gegen ARMIN LASCHET, den Merkelianer, ‚fast ein Grüner unter den Schwarzen' (v. ALTENBOCKUM), gegen MERKELS ‚naturwissenschaftliches Politikverständnis'.

Es wird nämlich immer bezahlt, je härter der *lockdown*, desto mehr soziale und wirtschaftliche Zerstörung – bis ins Zitat aus den Zeiten von Pest&Cholera: wer die Freiheit aufgibt, um Sicherheit zu gewinnen, wird am Ende alles verlieren – Angst vor der zweiten Welle nährt Staatsgläubigkeit, der ist die ‚Diskussionsorgie' suspekt – doch ist der nächste Schritt unweigerlich, auch das Handelsblatt spricht von ‚Staatswirtschaft', die von den Billionenspielen befördert wird.

Gierig mein Blick auf die Menschen am Frankfurter Mainufer – die Vereinzelung fordert ganz neuen Umgang mit mir, meinem Bedarf an Abwechslung, Begrenzung der Innenschau, die Dämonen sind ja sistiert, Gesundheit im Blick

– das Leben nährt sich vom Außen, von der Welt, die ist mehr als Zeitung, Meister!

Das Bevölkerungsinstitut hingegen: die Corona-Krise als Chance der Begegnung mit dem Tod, also, ihm Aufmerksamkeit zu schenken, also über den Tag hinaus – geht grade noch, wie *findenSiedn* denn das? Auf eine Geburt werden vier Sterbefälle kommen – in den abgelegenen, sich leerenden Gebieten, vorzugsweise im Osten des Landes mehr Leichenschmaus als Einschulung (is nicht von mir!), die Görlitz-Prognose bei 23 auf 1.000.

Das ‚Extrablatt‘ aus Berlin zeigt einen Rausch von Details und Figuren am Stadtschloß, führende Beteiligung des Personals aus dem VEB ‚Stuck und Naturstein‘, der Berliner Bildhauerschule. An der ‚Laterne‘ auf der Kuppel wird noch gefeilt.

Jürgen Klimes, der Vater der Berliner Bildhauerschule in der DDR     Andreas Hoferick

*Q.: Berliner Schloß – Extrablatt Nr. 93, S. 39*

NOBBI BLÜM starb, 84.

Corona-Call mit Uwe, um 8.20 ging der Flieger nach Las Vegas, echt verpaßt! – Wir planen neu, Berlin, dann gleich nach Memphis und LV …

Die Pfade der Agenda: Kurzarbeitergeld wird aufgestockt, bevorzugt Facharbeiter mit Kind, für die HoGa-Branche und ihre Millionen keine Hilfe – die Altersbezüge im Höhenflug.

**25.4.** Auch Frau Corona muß durch deutsches Datenschutzrecht, soviel Zeit muß sein! Daher hält jeder Schritt die Republik nicht nur in Atem, hier steht sie, während Einschlägige das Pro und Con prüfen – der gMv ohne Chance angesichts des Sachverstandes, der auf China und dergleichen verweist. – ‚Die größte Peinlichkeit‘, so v. ALTENBOCKUM. – Den Schulstart für die Viertklässler hat der Hess. VGH wegen Verstoßes gegen den Gleichheitssatz untersagt – gab es keine Begründung für das Schrittweise? – Es fehlt jetzt nur noch ein Votum gegen alles wegen Verbraucherschutz, dann sind die Akutprägungen des Deutschen beisammen – ok, plus irgendeine Zusatzrente, ohne Sozialpolitik geht die Sonne gar nicht erst auf.

D1: JOACHIM WEIMANN vergleicht deutsche Energiewende mit Emissionshandel: ‚desasträs‘, 1 zu 17 beim Preis von gerade 7 Euro pro Tonne – es müsse effektiver werden, sicher! Doch wen interessiert das von den Wende-Enthusiasten – die doch schon lange ‚den Schuß nicht gehört haben‘.

In Singapore gehen die Infektionen rasant auf den 20-fachen Wert, von 500 auf 10.000 bei 100.000 Infizierten (29.4.) – das Virus erreichte die 300.000 kasernierten Leih-, Wander- und sonstigen Arbeiter, abseits des gepflegten Zentrums – bis eben wurde dem Stadtstaat der ‚Goldstandard‘ attestiert in der Bekämpfung des Virus. (EHRHARDT/FÄHNDERS). – In den Emiraten Arabiens bildet diese Subsistenz-Klasse die große Mehrheit – so wird das Virus zum Freund der Armen – es rafft sie dahin und zeigt der Welt eine Ursache seines erfolgreichen Raubzuges.

| Singapur | Infizierte | in 24 Std. | Aktive | Tote | in 24 Std. |
|----------|-----------|-----------|--------|------|-----------|
| 10.04.20 | 2.108 | 198 | 1.609 | 7 | 0 |
| 20.04.20 | 8.014 | 1.426 | 7.202 | 11 | 0 |
| 10.08.20 | 55.292 | 188 | 5.656 | 27 | 0 |
| 30.10.20 | 58.003 | 9 | 66 | linear 28 | - |

Er solle nicht weinen, weil das Virus über die Augen eindringen könne, wenn er sich die Tränen abwische, so der Arzt am

Leichenwagen in Wuhan – die Wartesäle sind voller Menschen jenseits der 60 – die Leute fragen sich, ob so viele Alte sterben müssen, weil Jüngere bevorzugt behandelt werden (BÖGE 25.4.).

AL PACINO wurde 80 – dieser ‚wahrhaft große Schauspieler‘, so VERENA LUEKEN, ahnte vielleicht selbst nicht, dass er weder das Drama noch das Böse, die der Corleone-Rolle innewohnten, je loswerden würde.

**26.4.** Mit dem Nudelhamstern ist es ebenso – was zeigt der Sturm auf die Nudel? Daß die Leute nicht mehr kochen können, erläutert CHRISTOPH MINHOFF von der Nudelindustrie – Pandemiekost ist Nudeln mit Tomatensoße, so!

Mit den Kartoffeln ist es ähnlich, bemerkt Marion aus der Schulklasse – ob denn durch Erhöhung der Energiezufuhr die Dinger schneller gar werden? – Nein, denn mehr als kochen, als 100 Grad, geht nicht, die Kochzeit also fix – aber dann: wie prüf ich, ob sie gar sind? – darauf: was ist denn gar? – und wie prüf ich, kann kein Kind – und erst: wie läßt sich die Garzeit doch verkürzen? – im Drucktopf! – und wieso? – *ei weschern Druck* – und was macht der? – *ei was weiß denn isch!* – das ist großes Klima, Leute, von wegen auf dem Kilimandscharo Eier kochen, da verhungerst du! Und warum? Nu *ismagut* – du bist eine gute Lehrerin! – das weißt du gar nicht – doch! – Und die schönsten Masken machst du auch, so! – Zum Abendgetöse vor die Hausnummer 16.

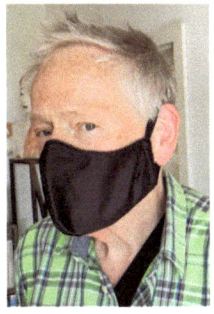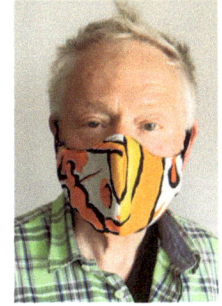

*… in der Ankleide …*

143

WOLFANG SCHÄUBLE tritt auf gegen ANGELA MERKEL: die Virologen könnten nicht das letzte Wort haben, wenn es um Maßnahmen geht – und: die Grundrechte stehen nicht unter Demoskopievorbehalt (OLIVER LEPSIUS) – ‚Systemrelevanz‘ sei ein verfassungswidriges Kriterium für die Entscheidung über Betriebsschließungen, denn Hierarchisierung der Freiheitsbereiche sei den Grundrechten nicht zu entnehmen – extremer Ausdruck: das bayrische Parkbank-Sitzverbot – Verordnungen haben das Gesetz zu vollziehen, statt es zu ersetzen – Vollzugsbehörden mit Ermessensausfall – 50 Euro gegen ein wanderndes Paar, weil 50 km von zu Hause entfernt – ‚Ausreiseverfügung gegen MONIKA MACRON (und weitere) aus ihrem Landhaus in Mecklenburg, in dem sie schreibt, weil 2.-Wohnsitz – massenhafte unverhältnismäßige Grundrechtseingriffe sind nicht mit Disziplin und Solidarität zu rechtfertigen, exekutive Selbstermächtigungen – die ‚Deutschstunde‘ des SIEGFRIED LENZ.

‚Ein nicht gezeichneter Aktenvermerk der Bundestagsverwaltung‘ enthält den Vorschlag einer Grundgesetz-Änderung zur Schaffung eines Notparlaments – nach einigen bereits getroffenen Beschlüssen in Richtung des ‚Regierungsbunkers unter dem Ahrtal‘ stellen sich CHRISTOPH und SOPHIE SCHÖNBERGER gegen diese Vollverzwergung des Parlaments angesichts ohnehin drohender ‚Verselbständigung der bürokratischen Apparate‘.

27.4.  Zimbabwe im Malaria-Fiber, 15 Millionen Einwohner, Durchschnittsalter 18,7 Jahre, zwei Drittel der Toten sind Kinder unter

| Corona 28.4.20 | Infizierte | in 24 Std. | Aktive | Tote | in 24 Std. |
|---|---|---|---|---|---|
| Deutschland | 150.912 | 1.164 | 36.198 | 6.314 | 188 |
| Italien | 201.491 | 2.092 | 104.257 | 24.428 | 383 |
| Spanien | 247.434 | 1.422 | - | 23.822 | 301 |
| USA | 1.040.712 | 25.576 | 825.804 | 60.405 | 2.534 |
| New York | 301.450 | 3.446 | 231.343 | 23.144 | 521 |
| Großbritannien | 145.933 | 3.620 | - | 25.190 | 902 |
| Frankreich | 129.859 | 1.520 | 59.336 | 23.637 | 307 |
| Brasilien | 72.899 | 6.338 | 35.292 | 5.063 | 520 |

5 Jahren, kaum Corona-Fälle – die WHO-Schätzung für 2020: 769.000 Tote in Subsahara-Afrika.

Die Wahlrechtsreform weiterhin als Hütchenspiel, alle Einwände gegen Vorschläge sind PEP-Sicherungsgurte, *they call it parliament*.

**28.4.**

> Jonas kommt, möchte eine der schönen Corona-Masken, erzählt von der zweiten Welle, Re-Infektion, wogegen die Risikoträger, also alt und fett, kaum Chance haben, Schlaganfall ohne Vorwarnung und so.

Wie das mit der zweiten Welle ist, oder wird, erläutert SIBYLLE ANDERL (29.4.) anhand der Vorläufer des letzten Jahrhunderts – ohne 60%-Durchseuchung bleibts virulent – selbst das bietet keine Gewähr gegen erneuten Befall – wellenförmige Fallzahlen korrespondieren mit *lock downs* – frühe Maßnahmen reduzieren die Übersterblichkeit, ohne die zweite Welle zu verhindern, befördern eher ihre Stärke – entscheidend bleibt effektive Impfung, wie vor 100 Jahren in Amerika.

Vor 75 Jahren: HEINRICH HIMMLER macht, nach 12 Jahren x 365 Tagen organisierten Massenmordens und Menschenschinderei, ein Kapitulationsangebot – der GröWaZ im Bunker hört und sieht nichts mehr, er hat ein anderes Problem, rückblickend noch 48 Stunden.

Nach Quarantäneverweigerung stieß man beim Durchkämmen einer Wohnungsanlage in Grevenbroich wohl auf eine Leiche.

SVENJA SCHULZE setzt auf den Post-Corona-Klima-Hype, im Schatten der wohlwollenden Kanzlerin – der KlimaPlus-Aufruf von 70 Unternehmen könnte, so meine Nase, auf Gesprächen über Staatsstütze-Klimastütze beruhen – so sieht auch OTTMAR EDENHOFERS Investitionsfonds aus Potsdam aus, der soll die weiteren Milliarden allerdings staatsferner platzieren. Ach ja, ihr größter Erfolg als NRW-Wissenschaftsministerin sei die Abschaffung der Studiengebühren gewesen, meint JULIA LÖHR. Paßt ja, Wissenschaft als Sozialpolitik.
HUBI HEIL nutzt auch die Gunst, die günstige: Unternehmensstütze nur mit ordentlicher Mitbestimmung, also gleich ordnungspolitisch durchräumen – dazu schwärmt er plötzlich von Heimarbeit, das ist ganz neue Klientel!

HOLGER STAHLKNECHT (CDU Sa-Anhalt) verpflichtet die Gesundheitsämter zum Datentransfer an die Polizei (bis 9.4.20), was dann geschieht, wird nicht mitgeteilt – Grün ist mit der Gebots- und Verbotsagenda grade vorsichtig, greift daher auf deren Kern, das EEG zu und bietet Senkung der Umlage um 5 Cent an, das sind 75 %! Also zurück auf Anfang (loe. 27.4.) – da darf die Frage erlaubt sein, wie die Tausende Betreiber an ihre garantierten Profite kommen, ein neues Subventionsprogramm gehört zu solcher frommen Verbraucherfreundlichkeit also dazu, ihr Leuchtegrünen! – Das alles ist nur dem Zauber der Stunde geschuldet, sie fassen schnell Tritt, machen Parteitag und ein Konditionenprogramm nach dem Neustart, eine ‚planerische Großambition' (HEIKE GÖBEL 4.5.), also Wirtschafts- und Klimakrise gleich zusammen lösen, staatlichen Einfluß anständig ausbauen, Modell Lufthansa.

28.4.  China: obs das Labor in Wuhan war, ist einstweilen offen – wie es zum Labor kam, hingegen ein Klassiker von nationaler Eitelkeit und politischer Blindheit (MICHAELA WIEGEL) – denn den hoch kontaminösen Schuppen der Bio-Höchstsicherheitsstufe 4, wie er seit 1999 in Lyon steht, plante und blaupauste vor gerade drei Jahren BERNARD CAZENEUVE, Premier France – nach

146

der strikten Ablehnung der USA, so etwas zu unterstützen, ging JIANG ZEMIN auf JACQUES CHIRAC zu, hilfesuchend bereits während der Sars-Krise – dessen Schloß durfte er ja auch schon kennen lernen, kein deutscher Kanzler je, Leute! Und es lief, Jacques schlug alle Bedenken in den Wind, Warnungen des eigenen Verteidigungsministeriums, des Auslandsgeheimdienstes, der USA sowieso – die wiesen darauf hin, daß das P 3-Labor unter direkter Führung der Armee stehen werde, auch was die Sicherheitsregeln angehe – die Zertifizierung wurde schließlich abgelehnt – die Akkreditierung durch die WHO bis zur Stunde ausstehend – von geplanten 50 Forschern aus Frankreich sah keiner je das Innere des Bio-Reaktors – eine reine Einbahnstraße an Technik-Transfer – selbst beim Bau seien französische Firmen ‚systematisch ausgebootet' worden, so China-Spezi ANTOINE IZAMBARD, der das ganze Projekt zu Papier brachte – Pasteur-Forscher zeigten sich ‚entsetzt' über den schlampigen Umgang in der Anlage – Premier HOLLANDE sorgte für Fertigstellung in der ‚französischsten aller chinesischen Städte', Labor-Chefin SHI ZHENGLI gehört zur Ehrenlegion.

Kong – such! Loki läuft der Spur nach, die ich hinterlasse, nach 3 Sekunden kugelt das Ei durchs Zimmer – Aerosole!

Vor 75 Jahren:

Während der Wehrmachtsbericht von ‚fanatischen Häuserkämpfen' berichtet, wird HEINRICH HIMMLERS Vorzeige-KZ Dachau von amerikanischen Truppen erreicht – als die Soldaten in einem Zug 2.000 Leichen finden, sind sie so schockiert, daß 39 SS-Männer sofort erschossen werden, die sich bereits ergeben hatten (pes).

**30.4.** Corona-Türkei: ‚Der Wahn eines Diktators' könnte eine Kolumne heißten, doch das Feld reicht ja weiter: in seiner jüngsten Predigt machte ALI ERBAS, Chefe Diyanet, Homosexualität für die Corona-Pandemie verantwortlich (auf die Idee kommen ja viele) – Oberchefe RECIP pflichtete flugs bei und ordnete an: das ist ab jetzt, also sofort, einschließlich Begründung bindender Glaubensinhalt für jeden Muslim (oll.). Das ist massenhafte Lebensgefährdung, auf allen Seiten – ist kein Arzt zur Stelle!

Heute vor 75 Jahren:
ist Platzwechsel, ADOLF HITLER erschießt sich, knapp vorher wird noch geheiratet, gelogen wird wie 12 Jahre lang: er sei ‚gefallen an der Spitze der heldenmütigen Verteidiger' und so – 24 Stunden drauf geht der Inspirator der Verbrechen ins Gift, vorher seine vier Kinder, die in Reihe gelegt und betäubt sind. – WALTER ULBRICHT landet mit Gruppe, STALIN im Rücken – er wird übernehmen.

Die Urteilsbegründung zerpflückt das ‚nichts gewußt' der BEATE TZSCHÄPE, sie war Inspiration und Organisation des Geschehens (vgl. Band 7.2, 2013, Seite 56 f.), ihre Abwesenheit Element der Täterschaft des kriminellen Dreibundes, der sich in den Feuern & Flammen von Anschlägen und Brandstiftungen unter dem Applaus von Tausenden Anfang der 90er Jahre fand (vgl. Bd. 2, 1990–94, Seite 237, 264 f. und mehr).

Lufthansa: Piloten bieten max. 45 % Gehaltsverzicht für 2 Jahre an – Staatsangebot über Eintritt mit 10 Milliarden, klingt fast wie ein Fall aufgedrängter Bereicherung, Herr ALTMAIER – in den Details dann knallhart: Sperrminorität, Zinssatz 8 %, 2 Mann in die Konzernführung – Vorstand erwägt Insolvenz mit Schutzschirm – JUSTUS HAUCAP wettert gegen den Staatseinstieg, weil alle Partei-Agenden mit einsteigen, allenfalls Kredit mit Zins und Laufzeit – schließlich hängt das Menetekel an jeder Hauswand: was draus wird, wenn der Staat einen auf Wirtschaft macht, ungläubiges Staunen in vielen Sprachen, so KERSTIN SCHWENN (30.4.) – derweil refinanziert sich Boeing über den Markt, Anleihen mit Kupons bis 5,5 % (maf. 5.5.20). – PEPP-Kaufrausch-Programm der EZB bei 118 Milliarden, 750 bis

Jahresende angepeilt, italienische Anleihen mit 11 Milliarden im Fokus, weit jenseits des Kapitalschlüssels, der bei 4,6 läge (sibi 5.5.20).

**1.5.** Nach dem leichten Spiel des GUILLAUME CANET mit der AUDREY TAUTOU in ‚Zusammen ist man weniger allein‘ hatte ich einen Traum – am Straßenrand, einer Kreuzung, in deren Mitte ein brennender Schuh lag – den nahm ich und warf ihn aufs andere Ende, es war zum Lachen, der nahm den Schuh und warf ihn zurück, wir waren vergnügt.
Zum Frühstück geht's in die ewige Last, die Räumarbeiten am letzten Jahrhundert – die filmische Verarbeitung des SEBASTIAN HEINZEL, den das bis in den STALIN-Linie-Freiluftpark bei Minsk führt, in einer Luftwaffenuniform mit Eisernem Kreuz, ‚die Haut seiner Großväter‘ (HANNES HINTERMEIER 30.4.) – so verharrte die Generation der Kriegskinder in ihren Prägungen, bis deren Kinder, ‚die Kriegsenkel, Babyboomer, ihre Erzeuger beelterten‘ (SABINE BODE). – Heute Abend ‚HANNELORE KOHL – die erste Frau‘.

Dem Pandämonium von Virologe, Epidemiologen, Pandemiologen, Katastrophologen und Apokalypsologen tritt entschieden Feinschmecker JACOB STROBEL Y SERRA entgegen – diesem Zirkus der Moderne sei die Zivilisation des Altertums ja wohl häuserhoch überlegen in Form eines Dutzend von Gewürzen, zwischen Anmut und durchschlagender Wirkung: das beginnt mit Kreuzkümmel statt Magenbitter, geht über den Fenchelumschlag gegen Lungenbefall über den Koriander der Ägypter gegen die Bauchmalaise, Wacholder gegen Blutzuckerüberhang – weiter krönend den Knoblauch, Freund der Menschheit, Leute! Bei Schlangenbiß und Skorpionattacke (kommt alles wieder!), also antiseptisch & antibakteriell, blutverdünnend, ihr Herzkasper – und gepriesen bereits im Talmud: ‚ … kräftigt den Samen und wirkt gegen den Magenwurm‘, so!

Zurück ins Abendland, wir sind nicht fertig, ihr Kurzweiligen, weiter geht's mit Bockshornklee & Basilikum (Harn!), Ingwer (Cholesterol!), mit Zimt & Pfeffer zu Sache, letzterer

,Samba' – Acryl, Skript auf Holz, 4 x 80 x 110 cm – 2001

der Allesräumer auf der Strecke Atemwege-Leber-Verdauung – alsdann zur Schwertlilie (Viagra, ihr Depris!), Petersilie lassen wir links weg, obwohl – es war der Petersilienkranz, der's Haupt des Herkules bekränzte, Herrschaften! (ich fasse es nicht) – und kommen auf die Zielgerade mit Kampfer (Herz!), Tamarinde (nochmal Verdauung), erneut Ingwer ‚gegen alles' und, den Tod schon vor Augen – Salbei!, welches die würzige Kehrt-

*Chefarzt Pedanios*

wende einleitet (nein, wir wiederholen das nicht) – Derart befeuert, sollte ich den DIOSKURIDES, PEDANIOS konsultieren, seine ‚De materia medica', falls Sie notieren wollen, statt beim Apotheker vorbeizuhusten – Pestnasen, also Masken (!) mit überlangen schnabelartigen Zinken voller Gewürze trug der Venezianer bereits in finsterster Zeit – und, Teufel auch, den Cocktail aus Muskatnuss, Gewürznelke und Ceylonzimt empfahl bereits die HILDEGARD VON BINGEN, das wird einem heutigen Jammerlappen ja wohl noch zumutbar sein – worauf ihr noch wartet, fragt der so lesenswerte Mann abschließend! Hoch STROBEL, sage ich!

Marion macht HomeOffice und verschickt Videos mit Matheaufgaben an die Kinder, mit Beispielzeichnung und so – ich bin beeindruckt.

Nach +2,1 % in Q4/2019 aktueller Absturz -4,8 % Einbruch im BIP-USA, reiner März-Effekt (wvp.) – für April gleiche Erwartung, Arbeitslose geschätzt 20 %, nach 3,2 % – deutsche Unternehmen in ‚Angst vor Untergang', Projektion -6,3 %, -50.000 Beschäftigte im Einzelhandel – Vorteil Staatsdienst und Pensionäre

– Gesundheits- und Arbeitsminister mit ‚beifallträchtigen Versprechen‘, HUBIS ‚Sozialschutzpaket II‘ vorneraus ‚ohne Bedacht der verteilungspolitischen Folgen, Anreizwirkungen und Kosten‘, so HEIKE GÖBEL – für die Bestverdienenden, DIETRICH CREUTZBERG zitiert Berechnungen, die auf 93 % des Nettos beim Kurzarbeitsgeld kommen – das sei ‚nicht auf die Bekämpfung von Notlagen ausgerichtet, heißt es seitens der BDA – IW bestätigt: Hilfen für Bestverdienende – JÖRG HOFMANNS Mindestlohnallüren berühren die Armutsquote zu Null Prozent, die Rentenansprüche zu 0,01 % (CREUTZBERG 5.5.).

**2.5.**

Mick Abrahams
Guitar, vocals, seven-string slide gu

Jack Lancaster
Flute, violin, tenor sax, baritone sa
soprano sax.

Andy Pyle
Electric bass, six-string bass

Ron Berg
Drums

‚Tochter geköpft‘, in Charkiw – die unbekleidete Frau trug den Kopf in einer Plastiktüte, in der anderen Hand das Messer – so geht's quasi vorm Aufstehen – 7.00 Marion hoch, einkaufen, Bäcker, Klinik zum Corona-Abstrich, wenns schief geht, Quarantäne – nach dem Frühstück grade eingegrooved im Putz-Modus, CAT STEVENS auch an der Arbeit, kommt der Anruf der Klinik: Probe verusselt (Fachbegriff), bitte nochmal kommen – also hin, Strich ab – ich nutze die Gelegenheit und lege ‚Blodwyn Pig‘* auf (1969, falls Sie erinnern), das feuert ordentlich, der WischMob auch – Loki ergreift die Flucht in den ersten Stock, hätte mal warten sollen auf ‚*Dear Jill*‘, oder ‚*Sing me a song, that I know …*‘ naja – Anschluß mit ‚Vanilla Fudge‘, 1970, ANDY WARHOL in Company, das möbelt – da kommt mein Schatz zurück, also Graceland und wisch.

*... the band

152

Den Kiloband ‚KL' des NIKOLAUS WACHSMANN durchge-
bracht – die Monstrosität des KL-Systems, womit der HEINRICH
HIMMLER mit Dachau direkt nach der HITLER-Einsetzung begann – systematisches Gewaltsystem, befeuert durch Rechtsfrei-
heit, die dem Sadismus des schließlich auf 50.000 anwachsenden
Lagerpersonals freien Lauf ließ und ab 1941 ‚fast jede Form von
Mord (praktizierte): Erschlagen, Aufhängen, Erschießen, Aus-
hungern, Ertränken, Vergasen, Vergiften' (a.a.O., S. 337) – das
System dehnte sich aus in die Volksgemeinschaft und umfaßte
gegen das Ende hin 535 Lager, die großen umgeben von Unmen-
gen von Nebenlagern – je näher die Niederlage, desto inferna-
lischer das Wüten – am Ende wurden Gasöfen demontiert, um
sie in den österreichischen Alpen wieder in Betrieb zu nehmen.

‚Man lebt nicht ungestraft so lange Zeit außerhalb der Norm', no-
tierte ein Dachau-Häftling im Januar 1945 (573). – Der Satz galt
zuerst für Täter und Opfer innerhalb der Lager – er galt ebenso
für große Teile der Volksgemeinschaft, wie sich noch lange nach
dem Ende der Kampfhandlungen zeigte – erst der Vernichtungs-
und Arbeitsfuror, der Umbau- und Transportwahn quer durch
die Restflächen des Reiches, die Realitätsverweigerung ‚bis zum
letzten Mann', das ewige Lügen – dann der umstandslose Wechsel oberster Anführer vor den Militärgerichten in den ‚nichts gewußt' und ‚nicht gewollt' habenden Befehlsempfänger – ‚Sie sind
wie ein kleines Kind', entgegnete der Vernehmungsoffizier auf
die märchenhaften Aussag des SS-Führers und mehrfachen
Lagerkommandanten ARTHUR LIEBEHENSCHEL (702) – bis
zu jenem Menschen, der das System in Reinkultur verkörperte:
ADOLF EICHMANN, der sich in Jerusalem als kleines Rädchen
beschrieb – der aus dem Kern einer Rassenhierarchie das Recht,
ja die Not ableitete, alles an Menschen zu vernichten, was dagegen unrein war.

153

Wer konnte das schon, diese Zehntausende ins Gas geschickt zu haben und dabei anständig geblieben zu sein – wer konnte das schon, diesen und tausend andere Sätze zu formulieren – und was waren die ‚Befreiten' Andere als ‚Davongekommene' – wieviel tausendfach wurde ihnen das in den folgenden 70 Jahren entgegnet, von Tätern und Sympathisanten.

Der das verkörperte, erlitt und in Worte faßte, wird zu seinem 100. Geburtstag und 50. Jahrestag seines Freitodes von JOCHEN HIEBER in vier biographischen Werken vorgestellt (30.4.) – Bis IDA EHRE die Todesfuge des PAUL CELAN im November 1988 in den Bundestag trug, war da über vierzig Jahre viel, sehr viel von diesem Ignorieren, Vermeiden, ja nicht verstehen wollen, im Einzelfall Denunziation dessen, woran CELAN schrieb und was er verdichtete – dieses Verzweifeln des Dichters des Deutschen an seiner gerade auch literarischen Umgebung, zwischen ‚Linksnibelungen und den Rechtsnibelungen' hat WOLFGANG EMMERICH in biographische Erlebnisse gebracht, dazu JÖRG SPÄTER, der die ‚Nahe Fremde' vorstellt. – Noch keine solche Inkarnation des deutschen Jahrhunderts kannte ich bisher.

‚Das ist faschistisch', wettert ELON MUSK, die Leute verhaften, wenn sie trotz Verbot das Haus verlassen – ‚gebt den Leuten ihre verdammte Freiheit zurück!' – er weiß mehr nicht (lid. 2.5.).

**4.5.** Berlin kompakt – ‚Kommunikationsstelle Demokratischer Widerstand', also KDW! Nix da, alle Phantasie führt die Feder – ‚Notstandsregime' – ‚de facto-Diktatur' – das Virus ‚eine Maske, um nach Gutsherrenart über unser Leben und Wirtschaften zu bestimmen' – wo ist Anselm Lenz, auf freiem Fuße, er warf mit einem Bündel Zeitungen – wo ist der ‚Volkslehrer NIKOLAI NERLING!', der predigt, das Virus gäbs gar nicht – LARS GÜNTHER – Die Agentur ‚Ruptly' kommt aus Moskau für Aufnahmen für Sputnik Deutschland – Corona ist das Werk von BILL GATES, das Band von ‚Russia Today' läuft mit, Oberhaupt einer internationalen Verschwörung sei er, er wußte schon vor Jahren davon, also! – Wer in die Zukunft sehen kann, ist doch nicht von dieser Welt! Doch, erst das Virus aussäen und dann mit Impfstoff Kasse machen – Plakat ‚Jesus rettet – Bill Gates zerstört‘ – BALLWEG (who the fuck …) – Reichsbürger ‚Impfkritiker‘ – KEN JEBSEN – ROLF LUDWIG, pendelt zwischen Leipzig und Mallorca – ‚Widerstand 2020‘, mit BODO SCHIFFMANN von der Schwindelambulanz – Querfront rechts-links-Esoterik – dem Pharisör ist nichts zu schwör, gell! – bis eine Bande von linksradikalen Allüren ein ZDF-Team mit Eisenstangen überfällt – sie halten ihr eigenes Bild nicht aus. – Berlins Nahrungskette reicht eben tief, in die untersten Keller des Jahrhunderts, kannst du nicht abbinden.

Zurück in den Tageszirkus, D 1: Kilowattstunde bei 78,15 Cent, gibt's nirgends außer in Leipzig, ‚erst um 19 Uhr beruhigte sich die Lage‘ (niza. 1.5.) – wer wars? Ei die Sturmbö! – Folge? Sturm, sorry, Strom mit Aufschlag ins Ausland verschenkt – Folge 2, wer bezahlt das? Ei die Verbraucher, dieser König Kunde! – Folge 3? Wer kassiert? Ei der *windmill owner*, an den's ausgeschüttet wird, alles EEG-Konto, diese Saldierungsbirne von Abgaben und Rausschüttungen – geht grade in die Grütze, denn im Sommer wurde ‚stets mehr ausgeschüttet als eingenommen‘, ja Sport, Spiel, Spannung, *Loide*! Aber im antikapitalistischen Sackleinen gegen die Börse wettern, ihr *small town gangster* – das Virus sorgt auch hier für Hochstimmung, vulgo Höchstpreise für die Stromabnehmerärsche – bis zu 9,8 Cent pro Kilowurz – wofür?, Ei ums Konto auszugleichen, weil die Ausschüttung ja fix ist, rechnet ‚enplify‘ hoch (niza. 21.4.) – die *master of desaster* im doppelten Rittberg.

Und sonst so? Ach ja, olle HOFFMANN, REINER, vom DGB, auch er im Agendamarsch, ‚ich sehe überhaupt keinen Grund dafür, daß wir den Gürtel enger schnallen‘ (BEEGER/CREUTZBERG u.a. 2.5.), also von irgendwas einen Abstrich zu machen – macht ja schon der Arzt! – Übers Kurzarbeitsgeld sind bei der BA bis Herbst 26 Milliarden raus, Defizitprojektion 2021 bei 10 Milliarden, *isjanoch* Staatshaushalt da – Mindestlohn soll auch auf kick, von 9,35 auf so 12, den Hinweis des LARS FELD, das treffe die gebeutelte Branche der Gastwirte und Einzelhändler (dc. 20.5.), hätte der sich auch sparen können! Solange der brave Exekutor am Hebel sitzt, HUBERTUS HEIL muß seine Zeit, sein Amt nutzen, die 2 vor dem Komma ist schließlich in weiter Ferne – und FRANZISKA GIFFEY nimmts auch vom Lebenden, zieht die Frauenquote für Unternehmen weit über die Koalitionsabsprache hinaus – trifft damit zielsicher die Nerven aller Beteiligten, selbst PETER ALTMAIER trommelt, hör mir auf! (dc. 7.5.).

Sr. GUZMÁN, *call me El Chapo*, macht ein bißchen Sozialpolitik in Mexiko, von NY Centralknast aus – Klopapier, Reis & Bohnen mit große Foto drauf, damit jeder Bescheid weiß, wem er verpflichtet ist – wie Sozialpolitik bei HUBI, nur ohne Foto, naja, und andere Beschaffung, wenn du verstehst. Auch sonst ist er Vorbild, so beim Tunnelgraben aus Gefängnis, grade haben es wieder 12 geschafft in Cieneguillas/Zacatecas (wenn Johnny T. davon erfährt!) dpa. 8.5. – Aber Geschäftsklima in der Unterwelt ist so kaputt wie oben, weil Unterwelt ja Teil von Welt ist, die Grundstoffe aus China fehlen, Fentanyl aus Wuhan und so … in LA stapeln sich die Erlöse, fliegt Bargeld rum, hebt die Polizei auf, neue Vertriebsformen in der Not sind Essenslieferanten in Valencia, macht doppelte Boden in Rucksack und voll mit Marihuana und Bares, *capito!* Eben wie 1930, ‚kaut ein dubioser Mafiosi traurig seine *calamari fritti*‘ (falls Sie erinnern), als Al Capone in Chicago Suppenküche aufmachte, dachte er sich auch was, oder! ‚*The evil is always and everywhere*‘. – Kurz, die Ordnungsmacht bleibt aufmerksam, sehr aufmerksam – und in Kolumbien erwischts glatt Tavo, Kosename für Gustavo Adolfo Alvarez Téllez, so der Eintrag im Telefonbuch – der macht große Hebefeier, kurz hinter der Küste, alles verstopft von de Boliden, alles besoffen dazu, da fliegt die Spezialeinheit um die Ecke und setzt fest, was nicht auf die Bäume kommt.

So, schließlich, machts NICOLA GRATTEN in Italien auch, nachdem er vor dem Mafiosi in der Maske des Wohltäters warnt – grade verbrachte er wieder ‚Dutzende Politiker‘ ins Zellulose, weil die den Wohltaten nicht widerstehen konnten, so *the world at 18.00* von DAVID KLAUBERT (4.5.) – und es werden erneut 500 Jahre Schweren Kerkers fällig und ein Dutzend dieser pittoresken italienischen Kleinstädte unter Staatssequester gestellt – die EAV immer noch unhintergehbares Bonusmaterial. – Und, 20.15: ‚Kinder des Krieges' – ‚Wenn Heinrich (der 8.?) im Ehebett (mit Anna von Kleve) nicht versagt hätte, wäre unsere gemeinsame Geschichte … anders verlaufen', erklärt HILARY MANTEL – keine Ahnung, was der falsch gemacht hat, dann noch, ‚als die Rote Armee in Nissen einmarschierte, fiel kein einziger Schuß'.

Aber jetzt: ‚Pariser Tapeten gleichen bodenlosen Palimpsesten' – das behauptet MARC ZITZMANN (das sind überschriebene alte Schriftstücke) – darum geht's in RUTH ZYBERMANS Film ‚Les enfants du 209 rue Saint Maur', den Spuren seiner Einwohner, die zwischen 1942 mit dem Konvoi Nr. 1 und Juni 1944 mit dem Konvoi Nr. 76, dem letzten, in ein KL der Deutschen deportiert wurden. Davon schrieben sie auf die Tapeten.

HEINZ STRUNK – Obacht, Mord und Totschlag unterm Goldenen Handschuh – bedankt sich für den Kasseler Literaturpreis für grotesken Humor mit einem Schlag gegen denselben in Deutschland – ‚in schrecklichem Zustand sei der', ‚verlängerter Arm des rheinischen Karnevals, der erbarmungslosen 5. Jahreszeit, Gebrabbel, Gebrunze, Geblöke, Gekreische, Gepöbel', ‚eine Art Schrei ohne Fröhlichkeit' – wie die Umkehrung des Satzes von PRIMO LEVI: ‚wie kann ein Mensch prügeln, ohne zornig zu sein' – STRUNK schließt seinen Text: Humor als Antwort auf Melancholie – große Sympathie.

1976: die Geburt der digitalen Photographie bei der NRO, KH 11, falls Sie notieren wollen – die satellitengestützte Aufklärung seit dieser Zeit hat wesentliche Parameter für das Handeln am Boden geliefert, jedenfalls, was die Frage von Krieg und Frieden im Kalten Krieg betraf.

5.5. Die Verteidigungsministerin möchte die zuverlässige F 18 Hornet beschaffen, nicht zuletzt wegen des lagernden Atombombenmaterials – die könnten die Amerikaner beim Abzug gleich mitnehmen, korrigiert da die Tante SPD das aktuelle Sicherheitskonzept – Co-Chefe WA-BO spricht noch von ‚menschenverachtender Waffengattung' – Fraktionschefe MÜTZENICH will gar keine Flugzeuge, Motto: das Stück geht auch zu Fuß, dazu ne ordentliche Steinschleuder und der Russe springt hinter den Ural oder wie.

Das ist die Dialektik beschränkter Souveränität, irgendwann schlägt's um – auch wenn ein Halodri in Washington das Banner führt – Objekt der Abschreckung ist schließlich ‚real existierender Putinismus' (BERTHOLD KOHLER), in beständiger, auch nuklearer, Aufrüstung. – Er läßt grade die ‚Hauptkirche der Streitkräfte der Russischen Föderation' hochziehen, 95 Meter hoch, wahrscheinlich atomwaffenfrei – aber mit Schutzheiligen der ‚strategischen Nuklearkräfte' bestückt, so FRIEDRICH SCHMIDT – alles in khakifarben, innen dunkel-khaki! Kommst du also vom Training im ‚Park Patriot' oder vom ‚Panzerbiathlon', von der ‚spielerischen Erstürmung' des Reichstags (mit der neuen Kuppel!), kannst du dich gleich absegnen lassen im Mosaikenzauber von ‚Krymnasch' mit STALIN-Büste – also, ihr Rot-Strategen, ‚schön leise sein bein Hilfeschrei'n'!

Wie strategisch die Atomsprüche des WALTER-BORJANS sind, verdeutlicht PETER CARSTENS (6.5.) am innerparteilichen Personalkarussell: an die Stelle der Transatlantiker tritt eine Anti-Amerika-Nato-Achse MÜTZENICH-KÜHNERT+Parteispitze, der Wehrbeauftragte H.-PETER BARTELS getauscht mit EVA VÖGL – die will sich erstmal nach dem Befinden der ‚Soldatinnen und Soldaten' erkundigen, Kita im Mannschaftswagen und so, hat sie übernommen! – Basisarbeit für Rot-Rot-Grün, die Bundeswehr ist ja in jeder Hinsicht vorbereitet für solche Politik.

Um 19 Uhr zum Hörnertreffen eine Straße tiefer.

Zwei Stunden New York – Reportagen von 50 Reportern im ‚New Yorker' ‚ist das Gegenteil (der Annahme), das Virus mache alle gleich', so VERENA LUEKEN – die leeren Straßen rufen Furcht hervor, machen die Stadt verschwinden, ihre Sehnsucht, die jeden zurückholt, der einmal dort war: ‚an einem Ort voller Fremder zu Hause zu sein, … auf der Straße in der Masse allein'. – 100 %! NY ist die Extravaganz der amerikanischen Melancholie.

Um 20.00 ,Berlin 1945' von VOLKER HEISE, ein Bildersturm voller Originale in zwei Teilen – Verhandlung gegen JAMES GRAF V. MOLTKE vor dem Volksgerichtshof, Hinrichtung am gleichen Tag – Volkssturm eingekleidet von Volksopfer – von Herrn

GOEBBELS verpflichtet, ,niemals kapitulieren' – auf dem Schlesischen Bahnhof ist eine Lore mit erfrorenen Kindern eingetroffen – ein Querschnitt durch das Programm des Zirkus Busch – die Ansprache des Führers zum 12. Jahrestag der Machtergreifung, um Freiheit, Ehre, Zukunft – Onkel Paul ist immer blau – erste Aufnahmen von der V 2 Richtung England – 2.500 Tonnen regnen auf das Regierungsviertel Berlins – entweder wir werden die Russen totschlagen oder wir halten sie auf – es gelte, die Wende des Krieges zu ertrotzen – Kampf bis zum letzten Berliner – die Erfolgsmeldungen im Wehrmachtbericht – mit dem Fall von Berlin wäre die Niederlage Deutschlands unzweifelhaft, meinte der Führer – ungelogen.

27.4.1945 für Dahlem ist die Sache erledigt – 100 Selbstmorde, der Herr Pastor hat seine Frau, Kinder und sich erschossen – unsere Einheiten setzten sich im Bell Alliance Block fest, um den Zugang zum Führerbunker zu blockieren – der Flakturm steht wie eine Insel im Meer, die Russen sind längst vorbei – ich befinde mich 50 Meter vom Reichstag entfernt, in den unterirdischen Gewölben, hier schießt jeder auf jeden – WALTER LEONHARD kommt mit der Gruppe ULBRICHT.

DÖNITZ – jetzt beginnt die Zeit der Buße für meine Parteizugehörigkeit – wie eine Giftwolke liegt der Dunst des Sterbens über der Stadt – heute ist Nazi-Sondereinsatz – in der (russischen) Kommandantur war das Arbeiten angenehm, ich hatte den Eindruck, sie wollten das Gleiche wie die Nazis, nur unter anderem Vorzeichen – ,Oratorium einer Höllenfahrt', ANDREAS KILB.

An einem Format von Weltordnung arbeiten XI als auch PU-TINUM, man könnte einiges anders machen, FRIEDRICH SCHMIDT.

6.5.

| Corona 6.5.20 | Infizierte | in 24 Std. | Aktive | Tote | in 24 Std. |
|---|---|---|---|---|---|
| Deutschland | 167.007 | 855 | 23.191 | 7.275 | 282 |
| Italien | 214.446 | 1.445 | 91.218 | 29.759 | 370 |
| Spanien | 254.635 | 363 | - | 25.857 | 244 |
| USA | 1.269.311 | 25.583 | 959.835 | 76.307 | 2.578 |
| New York | 333.491 | 3.352 | 252.938 | 25.956 | 752 |
| Großbritannien | 182.192 | 5.536 | - | 29.766 | 611 |
| Frankreich | 137.150 | 4.183 | 57.393 | 25.785 | 278 |
| Brasilien | 16.611 | 11.896 | 66.653 | 8.588 | 667 |

Loki bellt jeden Einzelgänger an, Motto: ihr habt doch Ausgangssperre! Erschrickt auf dem Gassiweg, als käm' der Transformer entgegen, kotzt, dann geht's.

EZB: ,Indem die Bundesregierung und der Bundestag tatenlos geblieben seien, hätten sie die Bürger in ihren Grundrechten verletzt' (cbu.) – ,Das Urteil war zwingend', erläutert Verfassungsrichter PETER HUBER und: bei schrankenlosem Anwendungsvorrang europäischen Rechts ,hätte Deutschland (und andere Länder) gar nicht beitreten dürfen' (Interview 13.5.20) – mehr ist fast nicht zu sagen aus dem dritten Urteil des Verfassungsgerichts zum rechtswidrigen Gebahren des Frankfurter Schuldturms. – Und dass du den *Oigehah* besser nicht in der Pfeife rauchst, aus Gesundheitsgründen, aber als reinen EU-Propagandaautomaten in den nächstbesten Container drücken kannst, ist die zweite Bestätigung – CORINNA BUDRAS zitiert aus den ,seitenweisen' Auflistungen von EuGH-Urteilen, die von ,Europarechtswidrigkeit' strotzen und in denen ,die EZB ... stets mit Samthandschuhen an(gefaßt wird)' – der Bundesbank werden Beschränkungen auferlegt, Mitwirkung untersagt.

HOLGER SCHMIEDING: ‚die Richter haben sich geirrt' (14.5.20),
denn außerhalb ihres Mandates Preisstabilität habe die EZB
nichts zu berücksichtigen – der Negativzins habe im übrigen die
Kreditvergabe befördert (sibi).

Brüssel (die Hypophyse spielt das Lied vom Tod, Zitat) zieht
sich ins Wolkengebinde zurück, welches Vorrang hat, die EU-
Kommission prüft ein Vertragsverletzungsverfahren gegen
Deutschland (GRUNERT/GUTSCHKER 13.5.20) – OLLI SCHOLZ
schwurbelt, mit seinen kandidatenmäßig motivierten Entschul-
dungsofferten an Städte und Gemeinden (GEINITZ 18.5.20)
kopiert er geradezu den EZB-Modus, befreit die so Beschenk-
ten ‚im Corona-Quirl' (HEIKE GÖBEL) von der staatsrecht-
lich-haushaltsrechtlichen Verantwortung – der Rat der EZB
sucht nach Worten, für den Moment also ratlos, Korrektur oder
Flucht nach vorne? – HANS-GERT PÖTTERING aus Straßburg
sieht die ‚EU-Rechtsgemeinschaft' gefährdet (18.5.20) – als erster
hierzulande tritt WOLFGANG SCHÄUBLE gegen das Urteil an,
wodurch er den Bestand des Euro gefährdet sieht, das Urteil sei
– wegen möglicher Nachahmung – ‚gefährlich' (Mü. 9.5., MUSS-
LER 9.5.20). – Die Wirkung des Verfassungsgerichtsvotums
könnte darin liegen, zusammen mit dem Virus die Niederlegung
jeglicher Rechtsbindung im Staats-, Verfassungs- und Europa-
recht zu befeuern – das *‚whatever it takes'* des MARIO DRAGHI
wird umfassend materielle Gewalt.

Keine Frage, denn die Zukunft, die nähere, steht fest: Forcierung
völliger Vergemeinschaftung der Finanzpolitik, weitere Entlee-
rung des Bundestages und die Ausgeburt der Eurobonds wie
kirchliches Amen, wenn Sie erinnern – damit endlich Ruh' ist!
(so ungefähr auch BRAUNBERGER) – zurück bleibt das Bun-
desverfassungsgericht, ‚eines der letzten wirklich unabhängigen
Verfassungsgerichte', REINHARD MÜLLER.

Kein Jahrestag baut sich mehr auf als dieser Abgrund – die Öff-
nung der KL und das ‚bis zum letzten Mann' dieses Krieges – bei
ARTE ‚Diplomatie' in der Regie von VOLKER SCHLÖNDORFF
– Paris ist vermint, der Kommandant DIETRICH VON CHOL-

TITZ hat den Befehl, es hochzujagen, wofür seine Familie haftet – ‚Wissen Sie, was Sippenhaft heißt', fragt er den schwedischen Diplomaten, der ihn zur Verweigerung drängt – die Familien aller Offiziere werden in Haft genommen, damit diese ihrem Eid treu bleiben – von Hitler persönlich unterzeichnet, einen Tag vor meiner Ankunft in Paris – ich liebe meine Kinder – der Diplomat: worauf zielt der wohl – Asthmaanfall, Tabletten – RAOUL NORDLING bleibt dran – Paris hat nur einen Trumpf in diesem Spiel, das sind Sie – der Spiegel ist halb durchlässig – bereits für den Voyeur Napoleon.

Ein Portrait des Generals wie das über KURT VON HAMMER-STEIN von HANS-MAGNUS ENZENSBERGER. – Im Anschluß das Leben des VOLKER SCHLÖNDORFF über zurückliegende sechs Jahrzehnte – er hatte an der Befragung Nachkriegs-deutschlands (West) gearbeitet – bis eine Liebe ihn auf die Spur brachte, seiner Mutter, die in der Küche verbrannte. Da war er fünf, hinter der Glastür.

Und die Laufschrift ‚Wahlrechtsreform'? – Läuft! Ins Leere, aus der Opposition kommt Erinnerung (elo. 6.5.) – Anhörung verschoben, kein Laut seitens der Regierungsfraktionen – der Reichstag wird aus den Fugen geraten, nicht wegen Arbeit, sondern wegen der Seßhaften.

7.5.     Vom Gassigang aufs Haus zu, da schiebt die schwarze Katz' quer durch die Dachrinne – Loki steht in der Luft – um 10 der nächste Skandal: das Hörnchen sitzt unterm Kirschbaum und speist Reste – Loki überschallt hin – Hörnchen allerdings wie der Blitz baumhoch – jetzt sitzt der Hund vorm Baum. – Der Weißdorn summt – wir waren Eis essen, echte Herausforderung, schaffe ich höchstens einmal im Monat.

XI arrondiert den Pazifik, also wie Scheibchen, hier inselweise – Staatsrat macht ‚zwei neue Verwaltungsbezirke' auf (FRIEDE-RIKE BÖGE), also so ein Satz Inseln, 25 an der Zahl, ein paar Riffe und ‚Unterwassererhebungen', woraus Insel wird – liegt nach Völkerrecht zwar bei Vietnam, kommt aber XIS Küstenwache herangerauscht, rammt son bißchen und, hast du nicht gesehen, Fischerboot sinkt – Malaysia mit seine Öl- und Gasfelder muß auch aufpassen, pflügt XI unverhofft durch und setzt sein Fähnchen – alles neue Weltordnung. – Mit dem Mekong geht's ähnlich: elf neuere Staudämme klemmen den Folgestaaten am Fluß, Laos, Kambodscha, Thailand, Vietnam, das Wasser ab, Wasserstände drei Meter unter Normal (TILL FÄHNDERS 27.5.20).

‚Der Untergang' (Regie OLIVER HIRSCHBIEGEL) – Der Führer sucht eine Sekretärin – mein Hund ist viel klüger als die Menschen (das erlebt er täglich) – ‚Woher kommt die Schießerei!' Marzahn? das sind 12 Kilometer! – der Volkssturm wird füsiliert – BORMANN: ich kann kein Mitleid empfinden, das deutsche Volk hat uns schließlich beauftragt, jetzt wird abgerechnet. – Die ‚Adolf-Hitler-Spende' war ja extra eingemeißelt.

8.5. Der Krieg und das Massaker bis zum letzten Tag kommen so hart über uns, wie ich mich nicht erinnern kann – nach dem ‚Untergang' gestern mit BRUNO GANZ im Bunker heute HANS-JÜRGEN SYBERBERGS ‚Demmin', wo die verschonte Kirche bis heute auf dem vom Schutt geräumten Marktplatz steht.

> ‚Frauen ließen sich mit ihren Kindern erschießen oder schnitten sich mit Rasierklingen die Pulsadern auf oder banden ihre Kinder mit einem Strick an sich und ertränkten sich in einem der Flüsse' (JAN BRACHMANN).

Tausend nahmen sich das Leben, als nach dem Abzug der deutschen Truppen und der Flucht von Partei- und SS-Führern Richtung Hamburg die Rote Armee einmarschierte und schließlich die Stadt in Brand setzte.
Nach MARTIN FARKAS' ‚Über Leben in Demmin' SYBERBERGS ‚Ein deutsches Requiem', es sollen die Lebenden endlich der Toten gedenken.
‚Man kann dieses Land nur mit gebrochenem Herzen lieben' – die Rede des FRANK W. STEINMEIER vor der Pietà, inmitten der vier Repräsentanten des Staates.

*Des Führers Abschiedsgeschenk – ‚Dem deutschen Volke'*

Und daß der 8. Mai auch für das EZB-Regime, das Staatsanleihe-programm und die Euro-Bonds zum Jahrestag wird, heute zum 10., hat in der ganzen Ambivalenz auch Pikantes – der drohende griechische Offenbarungseid im Oktober 2009 gab den Anstoß und WERNER MUSSLER macht eine Abriß der Ereignisse um den Krisengipfel vom 8. Mai 2010 (2.5.20) – nach ‚systemischer Krise' (JC TRICHET), ‚Generalmobilmachung, Eurobonds' (N. SARKOZY), ‚Schuldenschnitt' (W.SCHÄUBLE), ANGELA MER-

*… Genosse Stalin übernimmt …*

KELS ‚Scheitert der Euro …, dann scheitert Europa' und schließlich dem Schweigen der deutschen Delegation geht's in den EFSF,
später ESM und wie sie alle heißen werden – Start mit 750 Milliarden – heute ist der Traum SARKOZYS von der ‚veritablen
Wirtschaftsregierung' etabliert.

Daß bereits die Physiognomie den Verbrecher preisgibt, machte
vor 150 Jahren schon der Arzt CESARE LOMBROSO klar – 1887

ins Deutsche übersetzt, gehörte es zum Propagandarüstzeug der Nazis – die Gesichtserkennung nimmt alte Versprechen auf, von Amazon bereitgestellt, sollten 120 Kalifornische Abgeordnete aus 25.000 Aufnahmen Verbrecher erkennen – die Auswahl enthielt auch 26 Politiker – (Ergebnis? wohl offen) – das System soll jetzt 80 %ige Treffsicherheit bieten (FRIDTJOF KÜCHEMANN).

Abends ,Ein Dorf schweigt', mäßig, kein Biß, Drehbuch?

Aber die DOKU ERIC (VICTOR) BURDON auf seinem weißen *Stonehenge Wagon, born 1941, we all worshipped ROMMEL* – kannten nur den Krieg – kaum zu Ende, kam der Korea-Krieg – *sky pilot* gegen Vietnam – *the Scottish Bloodies,* seine Großmutter sprach nie wieder mit ihm, weil er das Feuer hatte ausgehen lassen – *Louis Armstrong came, diggin' my potatoes* – STING – *freezen cold* – *high heels 16 cm, short cuts, you know Johnny Rae,* er war fast taub – *I was crazy about the New Castle Jazz Club, he gave me a mero (?) – the down beat club … would be packed –,In The Old Part Of The City, Where The Sun Refused To Shine' – a tough working class community – ,We Got To Get Out Of This Place, If This' The Last Thing We Ever Do …'*
*He than moved into the Boy London Town* – Armee Parker, wegen des Alkohols, in jeder Tasche eine Flasche – in New Castle bist du Trinker, *you can't survive – House in New Orleans … of the Risin Sun – the uggliest group on Rock ,n' Roll, thats what they where* – BRUCE SRINGSTEEN, Beatles, Rolling Stones, Animals *3x working out music* – alle Tantiemen gingen auf einen der vier, der dann Sony auf sich angemeldet hatte – *how to kill him* – trennt sich von der Gruppe, fuhr eine Corvette, selbst auf dem Parkplatz sah die aus wie 250 km/h – *that car opened a lot of doors* – JIMI (HENDRIX) *was a unic human, came from NY, we sent Jimi to hang up with me, and Jimi did* – er war einsam, ich sagte, geh, du bist bekokst – zwei Tage später war er tot – ich suchte nur noch Trost.
1967 San Francisco – wenn du LSD nimmst, *on a massive scale* – Monterey – Altamont – *spill the wine, take that girl*

..., ‚War' – *I was a white guy and they fired me* – Joshua Tree
... – irgendwie zu Ende, kommst du nich wech von!

JOACHIM STARBATTY 80, AfD-Gründer mit häufigem Zug zum Verfassungsgericht.

FLORIAN SCHNEIDER ging, 73 – ‚Direktor' Kraftwerk.

**9.5.** Alphabets Städtebauabteilung unter Leitung eines DANIEL DOCTOROFF beendet das Projekt einer ‚Smart City' in Toronto (guxdu Bd. 9, 2017, Seite 314). In diesem Konstrukt hätte es keine Überfälle mehr gegeben, weil der Spur jedes Bürgers gefolgt würde – und die Krankenversicherung nach Nutzerdaten berechnet wäre (NIKLAS MAAK 11.5.) – Verfolgung wäre Voraussetzung für gutes Leben, also das Modell XI mit *profit jump*. Vom Ende ‚eines verstörenden Experiments im Überwachungskapitalismus' spricht der Kanadier JIM BALSILLIE (lid.). – Was BILL GATES mit seinen 100 Quadratkilometern in Arizona macht, ist offen.

Um halb vier zur Einladung ins Kuckucksnest – das wird fröhlich, so über Tee mit Kuchen zu Prosecco und Weißwein – Ferienpläne eingeschlossen – zurück und zeitig über den Abgang zum Posaunen-Singen, heute stark bayrisch – später Taphli bei mehr Weißem, Marion gewinnt.

LITTLE RICHARD ging, 87 – ‚*A Wapbabeluhna, belap bembum ...*', falls Sie eine Ahnung haben. Er war lebendes Tollhaus, ‚der das Klavier mit Händen & Füßen, mit Armen & Beinen traktierte, mit heiserster Kehle' etwa 1957 zum Vorbild und Muster von Rock ‚n' Roll und allem wurde, was nach ELVIS, OTIS REDDING, FATS DOMINO bis PAUL Mc CARTNEY kam, so EDO REENTS (11.5.) – mehr kreolisch aus dem schwarzen New Orleans als Memphis, ‚wo das Million-Dollar-Quartett ELVIS PRESLEY, CARL PERKINS, JOHNNY CASH und LERRY LEE LEWIS bei Sun Records unter Vertrag war'. – Drei Jahre drauf schrieb er sich als Theologie-Student ein.

ROY HORN, 75, Las Vegas, Corona positiv. – Gerade beginnt die Elvis-Doku, da ruft Frau Grabic an, heillose Aufregung garantiert, die Ratte liegt da immer noch!

Tausende im Protest gegen die Einschränkungen. – LUKA-SCHENKA in voller Montur.

**11.5.**   EZB: Tage nach dem Urteil, diesem Paukenschlag, steht das Verfassungsgericht allein, in Brüssel ohnehin, aber auch im eigenen Land – warum Paukenschlag? Weil erstmals ein Verfassungsorgan den Souveränitätsverlust des Landes offizialisiert hat. – Es tauchen aus den Regierungsparteien je ein ‚Europapolitiker‘ auf, geschätzt Reihe 8, also ‚vorgeschoben‘, und mahnen den Vorrang von EuGH und allem, was da oberhalb des Nationalen tumultiert. Jedenfalls habe ich KATJA LEIKERT, CDU, und ACHIM POST, SPD, in diesem schwerwiegenden Thema bisher nicht vernommen. – Die Kommissionschefin hantiert vorschnell mit Vertragsverletzungsverfahren, die Zeitung plädiert für Erhalt der ‚Rechtsgemeinschaft‘, dabei ist ihnen dort nichts weniger wert als das zugrunde liegende Recht.

So hat das Urteil auf den ersten Blick aufklärenden Wert in zwei Punkten: 1. die EZB ist souverän in ihren Währungsspielen – die tragenden Urteilsgründe, das Außerachtlassen massiver Kollateralschäden, allgemein die Ignoranz der Verhältnismäßigkeit, sie ist beabsichtigt zugunsten absoluten Vorrangs des Staatsschutzes – 2. der EuGH, als Rechtsinstitut eine Lachnummer, bleibt im Vorrang jedem nationalen Gericht gegenüber, legt jegliches nationale Recht europakonform aus, und notfalls in die Ablage. – Solchen Souveränitätsverlust hat keines der unterworfenen Völker abgestimmt, er ist ihnen exekutiv und judikativ entwunden worden. Die Rückführung des Bundestages auf eine Verwaltungseinheit von, sage max. 100, ist aktueller denn je – dem steht nur PEP, aber auch nur PEP entgegen, Volksfreunde!

Dazu die nächstliegenden Stellungnahmen, so des DIETER GRIMM (18.5.), ehemaliger Verfassungsrichter und Meister seines Fachs, der die 60-jährige Agenda dieses Europa-Gerichts nachzeichnet – beginnend mit der bodenlosen, nämlich rechtsgrundfreien Selbstermächtigung dieses Instituts 1963 und 1964: europäisches Recht ginge allem nationalen vor, bums, aus! Niemand, selbst der damalige Generalanwalt, konnte das nachvollziehen – doch je wilder die Europa-Paranoia wurde, insbesondere mit dem Euro-Katastrophen-Katarakt, der Flucht aus Verantwortung und der Not, das Explosiv-Potenzial zu bändigen, desto lieber wurde es dem nationalen Applaus-Management, mit der ganzen Chose nichts zu tun zu haben – darüber entsagte man still & schweigend dem Anspruch nationaler Souveränität und überließ die Drecksarbeit der Währungsmanipulation der komplett politisierten EZB und die Abwehr von Einspruch dem komplett politisierten EuGH.

Daher hat beim Europagericht alles Vertragsrecht, ja jedes Votum ‚verfassungsgleiche Wirkung‘ – das ist ‚folgenschwere Entpolitisierung der EU‘, weil jedem ‚demokratischen Prinzip entzogen‘ – der totale Gerichtshof ist ‚gegen Wahlergebnisse und öffentliche Meinung immunisiert‘ – das Rundbau-Parlament Straßburg, schon über sein Konstrukt kaum legitimiert, ohne substanziellen Einfluß und im *wörst case* über den Trilog an der kurzen Leine geführt.

Abschließend das ‚Abrollen‘ der Entscheidung des deutschen Hofes: sie war nach vielfachen Versuchen eines Dialoges mit dem EuGH zwingend – die exekutive Monstrosität des Europa-Flechtwerks bekam hier ultimative Anschauung. – Dazu im Feuilleton dreizehn Professoren mit Stellungnahme (4.6.20), sie betonen den Dialog aktivierenden Modus des Urteils, unter ihnen HANS-WERNER SINN und PETER GRAF KIELMANSEGG. Tut aber nichts, Regierung und Bundestag werden der EZB ein ‚volles erfüllt‘ bestätigen (MANFRED SCHÄFERS 30.6.20).

Weiteres: LARS KLENK (20.5.20) stellt seine Promotion über jenes Europa-Organ vor – ähnlich wie DIETER GRIMM – die Strecke, auf welcher sich der EuGH von einem ‚Verteidiger der europäischen Grundfreiheiten‘ zur Vorranginstitution gegenüber nationalem Recht entwickelte – ‚juristisch war und ist diese Ent grenzung nicht zu rechtfertigen – als ‚politischer Akteur‘ wurde er zum Opportunisten, bediente sich des ‚Tricks‘, Regelungen je nach ihrer Verbreitung für ‚ausnahmsweise gerechtfertigt‘ oder für ‚ungerechtfertigt und rechtswidrig‘ erklären – ‚als politischer Schachzug äußerst geschickt‘, doch ‚juristisch nicht haltbar‘.

So häufen sich Entscheidungen, woran KLENK das Urteil ‚rechtlich kaum begründbar‘ hängt, den Luxemburger Richtern attestiert, daß sie ‚nicht willens oder nicht in der Lage sind, ihre Urteile ausreichend zu begründen‘. – Den Laden dadurch auszutrocknen, daß kein Staat ihn mehr anfragt, könnte ein Weg sein, doch sind ja die Umwege in Europa zahlreich, zu dem gewünschten Ergebnis zu gelangen. – JOCHEN ZENTHÖFER hatte in seiner Anmerkung (4.5.) diese Rechtsprechung des EuGH als einen der Gründe für den Brexit benannt.

Und noch weiter nach vorne ausgreifend: gegen das Schwadronieren, ‚die Nullzinspolitik der EZB komme allen Bereichen von Staat, Gesellschaft und Wirtschaft zugute‘, hebt REINER SCHMIDT (18.7.20) die gewaltige Umverteilung von Sparern und Gläubigern zu Regierungen und Schuldnern hervor, nennt die Ertragsverwaltung großer Stiftungen, die Altersbestandssicherung der Versicherungen u. a. m. – Das EU-Regime – als Staatenbund und nicht Bundesstaat, ihr Hornis – sei definiert, d. h. begrenzt, über das ‚Prinzip der begrenzten Einzelermächtigung‘ des Artikel 5, Abs. 2 EUV, wenn Sie das bitte überprüfen wollen – darüber wird sich allseits fröhlich hinweggesetzt.

Corona ist ein großer Animateur für Soziales & Klerikales – denn was Singapur hat, was die Emirate so abseits unterhalten, das gibt's auch hier – gerade offenbart in Coesfeld, wo unter den Bulgaren und Rumänen das Virus explodierte, 200 von 1.200 im Moment befallen, ebenso in Bad Bramstedt. – Bischof CARLO MARIO VIGANÒ hingegen, nah beim Heiligen Stuhl, sieht im Virus einen ‚beunruhigenden Auftakt zur Schaffung einer Weltregierung‘ und macht ein Manifest – dank planetarer Verbundenheit des Klerus setzen sich da einige Sympathisanten drauf, so der Texaner JOSEPH STRICKLAND, der drüben eh die Faxen dicke haben wird – aber auch der Erzbischof von Astana aus den Weiten Kasachstans macht mit, alle im ordentlichen *battle* mit Franziskus – extreme Mischung von Motiven, die so etwas bündelt. Noch einer, aus dem asiatischen Karaganda, de JAN PAWEL LENGA, seit 9 Jahren emeritiert, hat jetzt nach seinem ‚Antichrist'-Schmäh in Richtung Rom Predigt- und überhaupt Auftrittsverbot – und Kardinal GERHARD LUDWIG MÜLLER ist auch dabei, wendet sich gegen ‚fremde Mächte' – die halten sich noch bedeckt – den bekannten Mächten sollte die Aufmerksamkeit gelten! – Das Ganze findet auf hiesigen Straßen statt, 5.000 in Stuttgart, in Berlin gegen die Polizei *free wheeling paranoia*,

KEN JEBSEN skandiert nationalen Widerstand, gib GATES keine Chance. – IfO-Index -51 %. – Madagaskar-Chefe ANDRY RAJOELINA empfiehlt Kräutertee gegen die Corona – die katholische Kirche unterstützt das, die Bestellungen aus der Umgebung häufen sich.

Marion telefoniert Tag für Tag – Hallo Jonas – hier ist Frau Seegert – Bearbeitung bekommen – verstanden? – Bearbeitungsstand – Fragen – Diskussion, oder Rückgabe, nochmal! – Schüler für Schüler – Eltern für Eltern – dann TelKo, Kollegen und wieder …

12.5. Corona: im Sergius-Kloster beschloß man, das Küssen der Dinge beizubehalten – von 150 sind daher 70 infiziert, auch nahezu alle Dozenten der Geistlichen Akademie sowie mehr als die Hälfte der 500 Frauen des Nonnenklosters Diwejewo – Oberpriester ANDREJ LEMESCHOK vom Kloster Minsk erklärt den 1.000 Gläubigen beim Ostergottesdienst, Gott sei der Chefarzt unserer Welt, 100 der 130 Nonnen sind infiziert. Das, fährt er fort, seien ‚punktgenaue Treffer' Gottes für die Sünden der Klosterfrauen, zitiert KERSTIN HOLM – auch Chorleiter Vater Sergej sieht eine Strafaktion Gottes für die Gesetzlosigkeit der Menschen am Werk. – Das ist wie vor 100 Jahren bei der Spanischen Grippe, also stabil (guxdu bei LAURA SPINNEY) – ob Zar, ob Bolschewiken oder Putinski.

Der Historiker NICOLAS BAVEREZ sieht das Corona-Debakel ,im französischen System' begründet, dem ,ideologischen Denken und Verleugnen der Wirklichkeit' – der ,sanitäre Ausnahmezustand' hebe die Justiz und das Parlament als Gegenmacht auf, so JÜRG ALTWEGG.

Über all dem Skurrilen & Dämonenhaften, welches das Virus (,Schleim, Saft, Gift', klärt das Wörterbuch) so virulent macht (Aufgemerkt, gleicher Wortstamm), heißt es, aufmerksam zu bleiben – denn im Lande der Präsidenten, Vorsitze und Beiräte werden täglich Weichen gestellt – JÜRGEN JOOST stieß auf einen Versorgungsprozeß vom Feinsten: OLAF SCHOLZ sieht ANDREA NAHLES als Präsidentin mit fünfstelliger Handsalbe vor, von was, ist *wurschd*, mein PEP signalisiert ,Posten', es soll sich um die ,Bundesanstalt Post (eventuell auch gleicher Wortstamm!) und Telekommunikation' handeln, also einen der zahlreichen Verpackungsapparate für Staatswirtschaft – von deren systemgefährdendem Ausbau im befreundeten Ausland des Südens ja schon zu lesen war – doch, gemach, um Abwicklung von Pensions- und Beihilfezahlungen für Beamte soll's gehen, die gibt's ja schon lange – und die Ministerpension wird ,voraussichtlich' verrechnet, meint dc. (12.5.). – Alles der Rede wert.

**13.5.** PRIMO LEVIS ,Ist das ein Mensch' zu Ende gebracht, den im Abzug brandschatzende und deportierende Deutsche nach Auschwitz transportierten – ,Ich kann nicht sagen, daß ich die Deutschen verstehe', schrieb er 1961 in das Vorwort.

STEVIE WONDER 70 – EDO REENTS Würdigung beginnt damit:

,Mr. Wonder, macht es Ihnen eigentlich etwas aus, dass Sie blind sind? – Nein, Hauptsache ich bin kein Schwarzer'.

Corona: Masseninfektion in der Fleischindustrie – die Infekti-
onszahlen für Deutschland unsicher, selbst geringe Fallzahlen
bieten keine Sicherheit (SIBYLLE ANDERL). – Großbritanniens
Statistik, mehr als 40.000 Tote, beruht auf ‚institutioneller Un-
ordnung‘ (job.).

Jilin, China, abgeriegelt nach Ausbruch des Virus, 21 Infizierte
(BÖGE 14.5.) – Wuhan abgeriegelt nach 6 Infektionen, 100.000
Tests täglich. Dabei beflügelt Corona über die Warn-App Gelb-
Grün-Rot die Verfolgung jedes Schritts im Riesenreich: wo sie
in den letzten 14 Tagen einkaufte, wie sie bezahlte, welche Verkehrsmittel sie nutzte – springt der Code über Nacht auf Gelb,
sind alle Türen, alle Verkehrsmittel verschlossen, ist der Urlaub
abgebrochen – Ausweisung unliebsamer Journalisten nicht mehr
erforderlich, weil ‚bewegungsunfähig‘, so HENDRIK ANKEN-
BRAND (27.5.20) – 168 Kameras auf 1.000 in Chongqing – Kameras vor der Wohnungstür installiert in Peking – Foto von
jedem Fahrgast in den Bussen von Guangzhou – in den ‚7-Ele-
ven-Läden‘ zahlen die Kunden ‚einfach mit ihrem Gesicht‘.

PETER BEARD starb am 19. April, *living out of Africa* – Artnets
Auktionskatalog fasziniert mich – *place Your Maximum Bid!* –
der monströse Band von Taschen tröstet mich. – HUBERT SPIE-
GEL zur Neuauflage der Reportagen des ALBERT LONDRES
von 1928 aus Afrika – genauer aus dem Kongo, wo die belgische
Kolonialmacht 500 Kilometer Gleise von Brazzaville zur Küste bauen ließ – nach der Unfähigkeit, Korruption, Unmensch-
lichkeit, mörderischen Ausbeutung und Gleichgültigkeit der
Unternehmer, Kommandanten und Amtsträger kommt er zum
‚Sadismus der Handlanger‘, dem keine Grenzen gesetzt waren –
unter Bedingungen wie in den deutschen KZ arbeiteten sich die
Schwarzen ohne technische Hilfsmittel buchstäblich in den Tod,
17.000 nach 200 Kilometern verlegter Gleise und 300 noch vor
ihnen.

Der Sohn des SIEGFRIED BUBACK setzt sich weiterhin gegen
die Nazi-Projektionen der Mörder zur Wehr. – Denn da ist ein
weiterer Jahrestag aus dem ‚Gedenk-Geflecht‘ des letzten Jahrhunderts mit seinen braunen oder roten Quellen: vor 50 Jahren

fand sich das Mordkomplott ‚Rote Armee Fraktion‘, über dessen fast dreißigjähriges Wüten HARALD BERGSDORF einen Abriß macht (11.5.20). Für ihre Selbstermächtigung benutzten die Leute vorzüglich den schlichten DDR-Polit-Kauderwelsch, der seinen STALIN-Primitivismus ja nicht leugnete. Von den Fällen der ums Leben Gebrachten sind bis zur Stunde nicht aufgeklärt:

- Attentat auf Ernst Zimmermann 1985,
- Attentat auf Karl Heinz Beckurt und Eckart Groppler 1986,
- Attentat auf Gerold von Braunmühl 1986,
- Attentat auf Alfred Herrhausen 1989,
- Attentat auf Detlev Karsten Rohwedder 1991.

Die Datierung der Auflösungserklärung 1998 auf den Geburtstag des HITLER könnte noch zu den sinnvollen Fehlleistungen zählen.

**15.5.** ROLF HOCHHUTH starb, 89 – einer der ‚hitzigsten Köpfe der Nation‘ (F.A.Z.). – Seit der Premiere des ‚Stellvertreter‘ am 20.2. 1963 blieb er ‚gefürchteter Anrufer … in Verlagshäusern und Redaktionen‘ (SIMON STRAUSS 15.5.20) und kennzeichnete den Abriß des Uraufführungs-Theaters am Kurfürstendamm als ‚rüdesten Vandalismus, der sich (nach Hitler und Ulbricht) gegen Kultur in der Reichshauptstadt ausgetobt hat‘.

Daß Brüssel und gMv, wie sag ich’s, auf Spannung stehen, vulgo, zum Zerreißen gespannt, ist Gemeingut, jedenfalls erweist das die Tageslektüre – im Besonderen deren alles überschattende Blüten, wozu aus jüngster Zeit die DSGVO gezählt werden muß – zur Entlastung wiederum ist anzumerken, für uns wärs Mindeststandard, wir hätten das Vieh auf, sagen wir, Bundesbaugesetz-Format getrieben (bei allein 16+1 DS-Beauftragten, ich bitt’ Sie!) – so wie ja die Corona den DS-Furor so richtig von der Leine läßt, du holst es nicht ein! – CONSTANTIN VAN LIJNDEN versucht das in Worte zu fassen: technischer Unverstand, eine in deutscher Grundangst verpackte Überwachungsparanoia und europäisch befeuertes ‚fortschrittsskeptisches Bedenkenträgertum in Digitalisierungsfragen‘ bilden eine zähe Masse, aus der du eine pragmatisch und effektiv gefaßte App nicht ins Laufen kriegst.

Als gälte es, mit jedem Tastendruck die NSA einzufangen – der SNOWDEN-Film gestern Abend zeigte den unendlichen Abstand – und die St. Petersburger Trollfabrik kriegst du auch nicht abgeriegelt – wer das Kanzler-Handy abgraste, haben sie nach fünf (i. W. 5) Jahren rausgefunden (ruwe. 6.5.20): es war de DIMITRIJ (29)! Hätt' ich dir gleich sagen können, aus der Hackergruppe ‚Fancy Bear‘ (ATP 28, falls Sie dem nachgehen möchten). – Und die Allianz von Facebook und Johnny residiert drei Etagen drüber, ihr Sorgenfalten – so wie dieser MARC ZUCKERBERG seinen Laden im persönlichen Durchgriff regiert, so soll der ‚Soziopath‘ (sagt SCOTT GALLOWAY 8.5.20) auch im politischen Raum sämtliche Schäfchen, und das ist eine Herde!, ins Trockene bringen.

Dabei sind sie im Einhegen des Lebens ja Weltmeister, den Corona-befeuerten Auflageplänen der Grünen mehr als ebenbürtig – da weist FRANZ-CHRISTOPH ZEITLER (15.5.20) auf so ein Windschattengewächs mit Namen ‚Taxonomie-VO‘ hin, dem das Inkrafttreten droht, per ‚delegiertem Rechtsakt‘ natürlich, damit im Absolutvorrang – den 31 folgt Anhang über 600 Seiten, auf denen jedwedes Finanzieren wirtschaftlicher Tätigkeit lecker grün oder widerlich braun etikettiert wird. – Lehrbuch Planwirtschaft und ‚in krassem Gegensatz‘ zum europäischen Emissionshandel – das Straßburg-Ensemble wird in Kürze unter Jubel zustimmen – die Finanzwirtschaft mit einem Komplettüberzieher in weitere Beurteilungs- und Berichtssysteme gezwungen – aber sowas findet ja kenntnisfreie Zustimmung im öffentlichen Raum, Motto: trifft ja die Richtigen. Der Text ist eine wahre Fundgrube für *bullshit bingo fans* und zeugt von den Anstrengungen und dem Schweiß in den EU-Stadtteilen Brüssels. – Und wie im Corona-Finanzieren: statt Effektivität ist eher eine weitere Hohlraum-Versiegelung sicher. Oder auch: *mermuss ja was mache, wemmer ferzzischtausend aufm Hof hat.*

Hier noch einer aus dem Hauptquartier Brüssel: das geradezu infernalische Geschrei wegen des Referenzraumes fürs internationale Kindergeld (erinnerst du? – Dann guck! Band 10, 2018.1, Seite 163–165!, alles über MARIANNE THYSSEN) entkleidet sich als arriviertes Dominanzgehabe eifernden Gleichheitswahns – denn DAVID DECKERS verweist auf den EuGH, der vor Zeiten eine britische Regelung für ok hielt, welche den ,gewöhnlichen Aufenthalt(-sort) des Kindes‘, heißt, die dortigen Lebenshaltungskosten als maßgebend fürs Kindergeld erklärte. – Du brauchst bloß ,Diskrimi!‘ rufen und alles kuscht, wie bei ,Klima Obacht!‘ *Isso. Alle gerahmt!*

Beim Abendbrot: heute hat mich der Nachbar sogar gegrüßt, sagt Marion – dann ist er in Behandlung! – Das Telefon geht bis 20 Uhr am Stück – Marion bringt Ekson zum Ergebnis.

**16.5.**     Gassi – Frühstück und Kaltstart ins Putzen, zwei Platten und die Hütte glänzt.
Was ist Phase, JOHNNY T., im Vollbesitz Amerikas, schlägt aus gegen XI – Motto: *have a break, we could save 500 Billions!* Da rechnet hoffentlich noch mal einer nach – XI bleibt verhalten, grade große Huldigung seitens des Papstes – was will der in Rot-China? Er will die Rotfront-Gegenkirche einzäunen, die seit 1857 gegen die katholische Weltarmada agitiert. Daher ist olle FRANZISKUS des Lobes voll, wie XI das Virus gebändigt hat, schlimmer als die WHO.

Dabei in größter Aufregung bei jedem neuen Ausbruch, der die zweite Welle ankündigt, FRIEDERIKE BÖGE 14.5.20. – Nach 35 Tagen Ruhe sechs Neuinfektionen in Wuhan und die 11 Millionen sollen komplett unter Abstrich gesetzt werden, dazu Blutproben von 11.000 – dortige Epidemiologen empfehlen dagegen Schwerpunktmaßnahmen.

Corona und das Management des Virus wird massive soziale Umwälzungen befördern, wesentlich die Mittelschicht vieler Länder dezimieren – CHRISTOPH EHRHARDT und RAINER HERMANN berichten aus Nahost: die Mittelschicht ist Treiber ökonomischer Entwicklung und politischer Liberalisierung – sie ist ,weniger anfällig als andere Klassen für jenen Klientelismus, der die ganze Weltgegend lähmt‘ – extremste Einkommens- und Vermögensspreizung, breiteste Korruption und Ressourcenabsorption durch Staatsfunktionäre, Sicherheitsapparate und Militär, massiver *brain drain* über Jahre – direkt betroffen Libanon, Ägypten und der Irak, Flächen für neuen Krieg, wozu natürlich Syrien gerechnet werden darf – Türkei und Iran bereitstehend.

Wobei das Thema Mittelschicht natürlich auch für so herrlich entwickelte Gesellschaften wie unsere gilt, wie an den aktuellen Finanzspritzen detailliert werden kann. – Für die SPD etwa: Massenversorgung ist Klientel, Präferenz der Monopole hundertjährige Tradition, Mißtrauen gegenüber der Mittelschicht Teil ihrer DNA – der Koalitionspartner dazu in großer Annäherung.

Und dennoch bzw. bei alledem: die Welt guckt auf Deutschland, ELENA WITZECK über den Neid: wie die das organisieren, erst die Bundesliga, jetzt den *lock up* – der Guardian verfolgt aufmerksam die Verlautbarungen der Bundesregierung – die NYT voll des Lobes über das Krisenmanagement.

Komme nicht klar mit den Wortfetzen, aber das Stichwort: der promovierte Ingenieur HANS KAMMLER – der die Atomforschung unter Tage und Heerscharen von Zwangsarbeitern kontrollierte – und die Gruppe um WERNHER VON BRAUN in Oberammergau übernahm – die ‚*Operation paper clip*‘ begleitete – (Annie Jacobsen: *Operation Paperclip, The Secret Intelligence Program that Brought Nazi Scientists to America. Little, Brown and Company*, 2014) – wo blieb Kammler! Selbstmord? Gefangenschaft? auf einer Verhörliste vom 30.5. steht er – 2.11. Namensnennung – für die Familie ist er tot.

Ex-Chefvolkswirt der EZB war OTMAR ISSING, der ihrem Gebaren jetzt entgegen tritt, dieser EZB, gepriesen als die ‚einzig handlungsfähige Institution in der Europäischen Gemeinschaft‘ – weil sie jenseits vereinbarter Regeln agiert, unter dem Beifall der politisch Verantwortlichen – es ist nicht ihre Aufgabe, so der Autor,

- den verkorksten Laden Währungsunion zusammenzuhalten,
- Anleihebesitzer mit Sattelschleppern voll Geld vor Verlusten zu schützen,
- mißtrauensgesteuerte Zinsunterschiede in Anleihen zu eliminieren,
- die Mitgliedschaft eines Landes in der Währungsunion zu sichern.

Denn das ‚Haus des Geldes‘ ist nicht Teil eines europäischen Bundesstaates im Unterschied zur FED – es ist ein Institut oberhalb und außerhalb eines Staatenverbundes, welches sich freigemacht hat vom Regelwerk, der Not eines unhaltbaren Zustands folgend, dessen Bruchstellen es mit Geld stopft.

17.5.  Zugegeben, es ist nicht einfach, bei Verstand zu bleiben – schließlich ist auf den keineswegs immer Verlaß, zumal in diesen Zeiten, Herrschaften! – deshalb wird diesem ominösen Konstrukt ‚Verstand‘ ja gerne etwas vorangestellt: gesund soll er sein, ja Teufel, wo liegt die Grenze, bitte schön! – Ich fühl’ mich gesund, aber nur, weil ich nicht zum Arzt gehe! – Der zerlegte mich, fände fünf Anlässe für klinische Unterbringung, kurz vor Notschlachtung! – Die zweite Ergänzung dieser Ominöse ist das Präfix ‚Mensch‘, es gibt also auch anderen – womit wir tief im subterranen Verschwörungsdelirat wären, was ist, bleibt uns entzogen, daß da taumelt, wabert, subversiert!

Gleichwohl, dieser Kombi, dieses mehrfach Eingehegte ist offensichtlich lebenswichtig, gehört daher in meine Kürzelsammlung, ja es konstituiert das Schreiben – denn der ‚gMv‘ erfährt seinen Wert aus dem Gegenteil, welches die Welt, genauer deren obere Etagen, füllt – er tritt unentwegt an gegen den Wahnsinn des Tages (dem ich viel abgewinne), ja, er schärft dein mickriges Potenzial, macht dich sprechfähig (was gerne übergangen wird) – soweit erstmal, ich könnt’ noch stundenlang, aber wir sind nicht im Hörsaal sondern in der Anschauung.

… zu HELENE BUBROWSKIS Consorten (16.5.), die das akute Verschwörungssortiment ausbreiten, in Stuttgart und Berlin – da ist jener KEN JEBSEN (53), der von überwachen, Handlanger, entrechten, Waffenkauf und WHO-Pfeife über Pharma-Lobby und Drittes Reich einen bunten Ursache-Wirkung-Mix vorstellt, nicht zu vergessen BILL GATES mit Mikrochip im Impfstoff für die planetare Vollerfassung – vor neun Jahren hielt dieser Prediger noch den Holocaust für einen PR-Gag – man kann diesen Opfern der Bildungsrepublik ja Manches nachsehen, nur pflegen sie das ein Leben lang, machen daraus ihr R&S-Geschäftsmodell – kurz, die Verwirrung ist konstant, und sehr laut.

Weiter zu STEFAN HOMBURG, in Professur, der möchte einige aus der Regierung ‚zur Rechenschaft ziehen', auch er mit Nazi wenig vertraut, dann noch ein BODO SCHIFFMANN, falls Sie mal in seine Praxis kommen, in der Profession des Arztes und mit Aluminiumkugel als *headset*, gegen manipulatives Strahlen, auch das Gelegenheit für ein Obacht! Gegen was er behandelt, wird nicht mitgeteilt, ein Warnschild am Praxiseingang wäre hilfreich.

Sodann ATTILA HILDMANN, Freund der Tiere und der Adiposen, empfiehlt Rückzug in den, zugegeben engen, Kaninchenbau, natürlich im Mindestabstand, von wo aus erst die Ziele der WHO und des Impfverschwörers BILL GATES so recht wahrzunehmen seien. Immerhin kündigt der Mann seinen Tod an – letztlich ein HEIKO SCHRANG TV, der auch den Kanal voll hat – infolge solcher Wahrsagung, insbesondere des Strahlenunwetters, wurden bereits 100 Sendemasten attackiert, Abstand ist also allseits geboten – das ist verdichtete Information über Zustände in der Gesellschaft, die nach Monaten der Abschottung einfach Kontakte suchen, natürlich nur in dem Format, dessen sie mächtig sind, Ereignisse in Spaniens Hauptstadt stellen Vieles davon eher in den Schatten. – Soweit Berlin, Fortsetzung in Stuttgart, wo sich ‚ein vorwiegend saturiertes Publikum, das sich erstmals im Leben mit staatlicher Einschränkung konfrontiert sieht', so STEFAN LOCKE (18.5.), zum Teil grob, also im Pegida-Stil, aber auch mit viel Buddha, also mit Schuhe aus und tanzend vor- und zurückbewegt, bis der ‚Mann in Rot' die Bühne betritt.

Ich muß unterbrechen, in den Garten und einmal die Hecke entlang, mit der kleinen Schere – ich bevorzuge das Format Bürsten- und Frontschnitt, wenn Sie ahnen – wir sind schließlich 12 Jahre marschiert, das wirkt nach, rein epigenetisch, was soll ich da im Garten hinterm Berg halten – dafür habe ich im Grunde das Zeug gepflanzt, 40 Stück links, 20 rechts, so etwas alleemäßig, falls Sie noch folgen können, die endet im Kompost – wie im Leben. Aber, auf dem Weg dahin sollte Ordnung herrschen.

Es geht noch erheblich fundamentaler, Leute, denn SUSANNE SCHRÖTER zieht mit den ‚Sterbenden Weißen Männern‘ (22.4.) abgründige Zusammenhänge auf, die ihren Fokus, ihre Quelle in der Klimabewegung fanden! – Zu deren Entstehungsgeschichte zählt ein ‚postkolonialer Orientalismus‘ eines EDWARD SAÏD der (von alten weißen Männern) diskriminierten Schwarzen in den USA, weiterhin die Frauenrechtsbewegung seit den 70er Jahren mit Krönung in der ‚globalen Schwesternschaft‘ und einem ‚intersektionellen Feminismus‘ und schließlich das ‚Muslimischsein‘, dem ‚Nichtweißen‘ und vor allem dem politischen Islam appliziert.

Im ‚antimuslimischen Rassismus‘ wird Rassismus als Kategorie aufgelöst in einer Versammlung von Opfergruppen quer über den Planeten – die Klimabewegung adaptiert und importiert, so die Autorin, die Feindstellung ‚des Alten‘ als Generationenkonflikt in der GRETA THUNBERG-Parole *‚How dare you?‘* – im klimagespülten Öffentlich-Rechtlichen war es der WDR-Kinderchor, der die Oma zur alten Umweltsau ernannte – wie nah das an den Klimaparolen lag, lammfrommem Gerede des TOM BUHROW zum Trotz, zeigte JOHANNA ROTH in der ‚taz‘ (1.6.19), als sie vorschlug, ältere Menschen bei Umweltsünden, bei starkem Nationalismus und prekärer Arbeitswelt (??) mit Führerschein- und Wahlrechtsentzug in die gesellschaftliche Entsorgung zu schicken – dazu schließlich die Akademikerin FERDA ATAMAN, von Beruf ‚Antifaschistin‘ und ‚Integrationsaktivistin‘ und wiederholt in einflußreiche Positionen des Staatsdienstes berufen, die von Selektionsmethoden des medizinischen Personals nach Naziart zu berichten weiß.

Letzter Aufruf abseits jeglichen Verstandes sind die ‚Ageisten‘, womit der Obskurantismus salonfähig von Bühne zu Bühne schliddert – schwerste Kost, bitte nur unter ärztlicher Aufsicht, unverdaulicher Brei bodenloser Phantasmagorien, die in bedürftigen Zeiten in den Versammlungen Sehnsüchtiger aufschlagen und in gärendem Unfug plakatiert werden. – Blasen, wie sie sich im zuspitzenden Klima der Weimarer Republik vergleichbar entwickelten, anders gespeist, vom GEORGE-Kreis bis zu den Séancen, wo bekanntlich Mobiliar gedanklich geschubst wurde.

18.5.  PETER EISENBERG zum 80. – wie eine Befreiung: ‚Sprache ist, wie sie ist‘ – ein Nachfahre der GRIMMS und KONRAD DUDENS, so EDO RENTS.

Auch wenn's – falsch! – gerade weil's keinen interessiert, wird am Ausbau eines delegitimierten Reichstags fleißig gewerkelt, die CSU als Treiber von Obstruktion einer Wahlrechtsreform hat's fast geschafft – murmelte da jemand was von Ansehen? Und das HB-Briefing fragt mich, ob ich Lust auf ‚mehr Europa‘ hätte, geht's noch!, da wär' ein Experten-Call am Werk.

Da ist es eine Lust umzublättern – wo ich erfahre, daß ich genauso viele Bakterien ausführe wie mein Zellenbau zählt, täglich! – Obendrauf die Corona, Flucht aussichtslos – und der Dompteur deines Körper-Einmaleins, inklusive deinem vor solcher Dominanz kollabierenden Kleinhirn ist BILL BRYSON, OLIVER ROHRBECK – WOLFGANG SCHNEIDER kommt aus dem Schwärmen nicht raus – du kannst eh nix ändern, der ‚Fleischklumpen‘ ist zwar in Form gebracht, treibt aber aus, wies grade wächst, bis es klemmt.

19.5.  RUS: Bilder von ALISSA GANIJEWA – Häufung mysteriöser Todesfälle von Medizinern, zum Beispiel nach einem Sturz aus dem Fenster – Verbote, über mangelnde Schutzausrüstung und fehlendes medizinisches Gerät zu reden – der bekannte Straftatbestand, falsche Informationen zu verbreiten – gegen all das eigene Ermittlungskomitees im Einsatz, wie bei XI gibt's regelmäßige Geldstrafen zu kolossalen Summen – Aufrufe von Chefchens zur

,Planerfüllung' – neues Polizeigesetz mit mehr Befugnis und weniger Verantwortung, etwa Öffnung von Autos, ohne den Besitzer zu informieren, zügiger Waffengebrauch.

,Liebst du meine Brüste, meine Schenkel, meinen Bauch, meine Schultern ...?' – ,Ja, ich liebe sie', kommt die Antwort von Paul an Camille, alias BARDOT, so zitiert von ANDREAS KILB – Paul war MICHEL PICCOLI in JEAN-LUC GODARDS ,Verachtung' (1963) – MICHEL PICCOLI starb, 94 – es ist nicht zu beschreiben, wie und wie oft der das ,zum Fürchten leichte Leben' (KILB) spielte.

**20.5.**

| Corona 20.5.20 | Infizierte | in 24 Std. | Aktive | Tote | in 24 Std. |
|---|---|---|---|---|---|
| Deutschland | 178.531 | 704 | 13.361 | 8.270 | 77 |
| Italien | 227.358 | 665 | 62.340 | 32.418 | 162 |
| Spanien | 254.635 | 429 | | 27.540 | 66 |
| USA | 1.608.702 | 22.659 | 1.118.539 | 97.310 | 1.433 |
| New York | 370.695 | 2.050 | 272.030 | 29.212 | 111 |
| Großbritannien | 226.793 | 1.372 | | 34.739 | 309 |
| Frankreich | 143.845 | 418 | 52.384 | 28.107 | 110 |
| Brasilien | 293.375 | 21.472 | 157.780 | 18.894 | 911 |
| Indien | 112.028 | 5.553 | 63.172 | 3.434 | 132 |

In Spanien 50.000 Pfleger und Ärzte infiziert – um 20.00 Applaus – um 21.00 Töpfe und Pfannen – die Korruption im Königshaus (RÖSSLER).

BARBARA BORCHARDT (64), Mitglied der ,Antikapitalistischen Linken', wurde Mitglied des Verfassungsgerichts Mecklenburg, einen Bruch mit den kapitalistischen Eigentumsverhältnissen lehne sie nicht ab (dpa) – sie hat den ganzen DDR-Spuk schließlich mitgemacht als Diplom-Juristin, also wie CHRISTINE LÖTZSCH – alle haben sie gewählt, von Bedenken oder Einwänden oder schlicht einer Erörterung war nichts zu hören (MONA JAEGER 22.5.), so etwas wird dem Kandidaten-*deal* geopfert und so gibt es die diversesten Hüter der Verfassung.

Weitere drei Voten zum EZB-Urteil (KIRCHHOF – HIRSCH – NUSSBERGER).

Giselher ruft an, muß auf den Tisch – Herz frei machen, Klappe wechseln und Beipaß – er ist guten Mutes – was muß, das muß – ich prüfe mein Laufwerk.

Brasilien bei mehr als 1.000 Toten täglich, mit der Durchseuchung von den Wohlhabenden zu den Armen steigen die Kurven exponentiell an – gemessen wird anhand der Hautfarbe, die Dunkelhäutigen bei 55 % der Toten, nahe am Bevölkerungsanteil – Treiber sind wie überall Diabetes, Bluthochdruck und Übergewicht – Todesfälle unter 60 in armen Stadtteilen mehr als 50 %, in reichen bei 5 %.

Italiens Mafia macht Corona zum forcierten Geschäftsmodell, Höchstzinsen für Mittellose – der $CO^2$-Rückgang sei radikal, freut sich's, das ist wenig erstaunlich, aber der klimatologische Geleitzug gerät in Schwingung, er arbeitet ja an der Verkehrswende – und die feuchte Aussprache, Leute, ist jetzt mal zu unterbinden, ebenso lautes Sprechen und natürlich aufdringliche Nähe, denn dann hats das Aerosol (der Drecksack) noch leichter als ohnehin! – Denn Evidenz besteht nicht, daß zwei Meter Abstand schützen, daß Mundschutz Infektion verhindert, da Kleinstteile wie das luftgängige Aerosol bis zu sechs Meter in der Luft Strecke macht, referiert MÜLLER-JUNG (20.5.) die schlechten Nachrichten.

Da weisen GEORGE M. CHURCH und HANS LEHRACH einen ganz anderen Weg aus der Pandemie: mit ihrer Sequenziermaschine ‚NovaSeq 6.000' soll in kurzer Zeit dank der ‚Hochdurchsatzsequenzierung' national, kontinental und global das Problem gelöst sein – sie brauchen Probenröhrchen, Barcode und ‚ausgefeilte Logistik', ‚dringend nationale und internationale Infrastrukturen (für) mehrere Zyklen populationsweiter Tests', letzteres wird in Abständen wiederholt – klingt wie eine Annonce zur rechten Zeit.

Wir hatten bestimmt den schönsten Himmelfahrtstag, quasi seit Menschengedenken, alle vier um den sonnenbeschienenen Tisch, Ostseite, feinstes Grillgut – flotte Aperols – später am Hang liegend, bedienen Jonas und Leon die Boom-Box mit den ‚schlimmsten Erfolgen‘ von UDO JÜRGENS & Gang bis in die heillosen Pokémon-Tiraden (wenn Sie bitte erinnern wollen), dazu ‚Ich und mein Holz‘ – später kommt Lena, jetzt Westseite, nimmt einen Schluck, wir auch – gegen Mitternacht ausfallfreies Ende – bis 3 Uhr, als ich hochschrecke … und für 48 Stunden nicht zur Ruhe komme … tags drauf, vom Krankenhaus zurück, ruft Christiane an und sagt ab, auch Frank hats erwischt – die Frauen erzählen sich die Ereignisse – der Schock arbeitet sich durch – pures Glück, das bekanntlich unverständlich bleibt – und das Leben geht weiter!

Siebzehn Monate in der ‚Diakonie Freistatt‘ (Regie MARC BRUMMUND) unter evangelischer Ägide – der gleiche Sadismus wie im SS-Lager – nach dem Ende der Kampfhandlungen, nach der Befreiung, wie es heißt – der Schwarze unter den Jungen hat sich aufgehängt, ‚macht euch mal keinen Kopf, im Dunkeln ist der Schwarze halt schlecht zu sehen‘.

Das CHUCK BERRY Portrait macht wieder auf – er hat ein paar Tankstellen ausgenommen, also Ärger gehabt, mit 12 schon Gangster – er startete den Rock ‚n‘ Roll, JOHNNIE JOHNSON, MUDDY WATERS, Chicago – im *Rex Theatre for Coloureds Only* – in der *Macombor Lounge* am Rande des

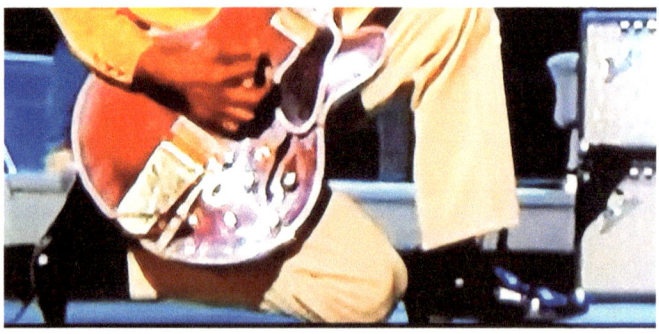

Ghettos, plötzlich fielen Schüsse – zu Chess Records – May-belline Cosmetics, das wird der Titel – JOHNNY RIVERS – *he considered to set up a contract* – To Much Monkey Business – Roll Over Beethoven – *Rock n Roll is a river of music* – System Paiola, er war ziemlich gut in Mathematik, bekam nur ein Drittel, Elvis, Little Richard, *the ‚Poete Laureate of Rock n Roll'* – er war sehr deutlich, nuschelte – sie dachten, er sei weiß und ließen Chuck nicht rein – sie haben das Seil in der Mitte der Tanzfläche zerrissen – dort begann das Ende der Rassentrennung – Johnny B. Goode, ein Mythos.

Bei jedem Ärger: die Weißen kommen mit einem blauen Auge davon, die Schwarzen werden verknackt – drei Tage nach einem Konzert im Weißen Haus, für JIMMY CARTER, wurde er verurteilt und ging ins Gefängnis – JERRY LEE LEWIS stellte eine Flasche aufs Klavier, halb voll mit Benzin, die fiel um, alles übers Klavier, Streichholz dran und das Klavier brannte ab.

23.5. ‚Verrat, Aufruhr, Subversion, Separatismus' ist das Besteck, mit dem XI Hongkong aufräumen will, aus dem Müll des Stalinats zusammengestellt – den auf 50 Jahre angelegten Garantievertrag von 1997 können sich die Leute aufs Klo hängen, nach einem blutigen Untergang. Der Volxkongreß sprachs mit einer Stimme – die Baustellen an den Rändern des Riesenlandes häufen sich.

Obacht, Sonnabend: Gassi-Brötchen-Frühstück – *house watering*! Mit Dire Straits von 1988 geht's, noch etwas Rolling Stones und alles glänzt, gell!

Großbritannien: bis zu 20% der Leute halten Corona ‚bis zu einem gewissen Grad für eine Erfindung' – 40% sehen in der Verbreitung des Virus einen ‚bewußten Versuch mächtiger Leute, Kontrolle auszuüben' – 22% wittern ‚globale Verschwörung' (job.) – Indien: 45 Millionen Binnenmigranten ohne Arbeit, wandern in ihre Dörfer, viele mit Virus.
Frankfurt M.: nach einem Baptisten-Gottesdienst (10.5.) 40 Infizierte, tags drauf 107.

EU: EMMANUEL MACRON und ANGELA MERKEL machen einen Billionen-Vorschlag – alles Zuschuß zur Corona-Not – die übrigen wollen den Maastricht-Rest außer Kraft setzen, bis wann, ist offen, bis alles vorbei ist! Also BRUNO LE MAIRE (FRA Finanz), VALDIS DOMBROVSKIS (Vize), PAOLO GENTILONI (Währung) und PIERRE MOSCOVICI (EU/FRA!) und THIERRY BRETON (EU/FRA!) und de GUISEPPE CONTE, Chefe Italien – vier Länder sagen: nur Kredit!

Sind die Füllhörner mit den Wechseln auf die nachfolgende Generation (die Kanzlerin!) erstmal ausgeschüttet, geht's ans Abrechnen, heute an die Jahre sozialdemokratischer Rentenfröhlichkeit (Schwenn/Schäfers), die ihr Klientel-Inferno als Reform maskierten, kritisiert in anderer Formulierung der Beirat des Finanzministeriums – dafür wurde die Trennung von Haushalt und Rentenversicherung beseitigt, das Renteneintrittsalter tabuisiert und der Kassier stellt den ,5. Tragfähigkeitsbericht' auch noch mit den Worten vor: ,… auf lange Sicht deutlich besser aufgestellt als noch vor wenigen Jahren' – die beauftragten Wissenschaftler kommen jedoch ,genau zu dem entgegengesetzten Ergebnis' – OLAF SCHOLZ ,dreht … die Kernaussage (ins) Gegenteil um', vulgo, er lügt. – So hieß das noch 2013 bei seinem Vorgänger in der Zeitung (guxdu Band 7.1, 2012, Seite 138, 146).

Bildungsrepublik: Online-Lehre soll zum Standard werden – das Virus als Hebel – THOMAS THIEL nennt das Geflecht von Bertelsmann-Konzern – Centrum für Hochschulforschung und HS-Forum Digitalisierung, in das die Hochschul-Rektorenkonferenz eingebunden ist – deren Präsident PETER-ANDRÉ ALT warnt vor schneller Rückkehr zum Präsenzunterricht, die digitale Lehre solle Früchte tragen, so TT.

24.5.  Auf dem Gassiweg, Wiese links: aus dem hohen Gras stehen zwei große Ohren auf – Loki ist empört – Marion: ich glaube, ich muß mal in die Kirche – um 10 Uhr mit Abstand und Mundschutz in den leeren Raum, den Gesang übernehmen zwei Frauen, deren Sopran von traumhaftem Klang die Kirche füllt – wenn man einen Vertrag erreichen will, muß man sich vertragen wollen, zitiert die Pastorin HELMUT SCHMIDT, das ist sehr schön, wie mit dem Kredit, zu dem, schon rein sprachlich, Vertrauen gehört, der Vertrauen ist.

**25.5.** Covid 19 ist eine ‚Systemerkrankung‘ mit ‚vielfacher Entgleisung des Immunsystems und der Gerinnungsprozesse‘, einem ‚teuflischen Wechselspiel zwischen Entzündung der Gefäße und Thromboseneigung‘ mit Mortalität über alle Altersgruppen, berichtet RÜDIGER SOLDT aus großen Kliniken in Baden-Württemberg.

BRAS: JAIR BOLSONARO spricht von Gouverneuren als ‚Stück Scheiße‘, regt die Bewaffnung der Bevölkerung an, Kollega Wirtschaft regt einen China-Marshall-Plan an, Kollega Bildung will die Richter des Obersten Gerichtshofs ‚und andere Penner‘ hinter Gitter packen – Chefes Handy zu konfiszieren zu Beweiszwecken, findet General HELENO, Minister für institutionelle Sicherheit, nicht gut, gefährdet ‚Harmonie zwischen Staatsgewalten (und) nationale Stabilität‘, wie bei XI und PUTINO. – BOLSO‘ warnt auch ‚vor Hurensohn, der hier auftaucht … und Diktatur einführt‘. – Brasilien am gleichen Punkt, wohin DILMA ROUSSEFF von links das Land schon einmal hingetrieben hatte (TJERK BRUWILLER). – Diagnose: *corruptio strukturalis,* 20 Parteien im Parlament, Stimmen gegen Posten und so.

Abends ‚Das weiße Band‘ des MICHAEL HANECKE; mit CHRISTIAN FRIEDEL, ULRICH TUKUR, SUSANNE LOTHAR – finsterste Schwarze Pädagogik vor Beginn des 1. Weltkriegs – der Vater schickt die Kinder ohne Abendbrot ins Bett und kündigt an, sie morgen vor aller Augen der Reihe nach mit 10 Rutenschlägen zu züchtigen – und holt sich das Einverständnis der Opfer ein – verbunden mit der Erklärung, wie sehr er und die Mutter darunter leiden und eine schlaflose Nacht haben werden – sich selbst als den Leidenden gerieren und zur Strafe gezwungen zu sein, ja höherem Gebot folgend.

Dem Vater waren die Kinder ausgeliefert – das ritualisierte Strafen – das Anbinden der Hände am Bettrand, Erinnerung

– das Leben in der Kälte – die Frau, die den Mann mastur-
biert, der sie verachtet, sie zum Sterben auffordert – ihr letzter
Widerstand: du kannst doch gar nicht ohne mich – die Frau-
en fügen sich bis an ihre Grenzen, beide suchen das Weite
vor dem Herrn Baron, dem Arzt, auch vor der Finsternis des
Pastors.

Verstockte Verhältnisse von Standesdünkel, herrschaftlichen
Gebräuchen und der Gewalt der Unterwerfung gezeichnet
– der Kriegsbeginn als Befreiung, auch von derartigem – dabei gingen die Gewaltverhältnisse jetzt in gnadenlose Tota-
lisierung – ein ungeheurer vertikaler Energiespeicher, diese
Gesellschaft, deren Lebensenergie in martialischen Riten ge-
staut war und in den Krieg entwich – die Rückkehr daraus
führt ins Elend, in die Suche nach Anschluß – den bietet der
offene Osten – daran anzuknüpfen wurde für die Nazibewe-
gung ein Leichtes – es ist keine ‚deutsche Kindergeschichte‘
wie annonciert – es ist ein Stück aus deutscher Diktaturge-
schichte, die immer auch im Kinderzimmer beginnt, bevor
sie in den Verwüstungen von Mensch & Material kulminiert.

Ein Logopäde zu elf Jahren verurteilt nach jahrelanger Gewalt
an Kindern.

Was in Ruhezeiten köchelt, kocht in der Pandemie auf: das Ensemble von Weltherrschaft, Finsternis und Verschwörung – da ist
der Aluminiumhut, die ‚BRD-GmbH‘ der Reichsbürger, der *deep
state*, das BILL GATES-Syndrom der Chipimpfung, umgeben
von den 2.000-jährigen Sümpfen des Antisemitismus – CLAU-
DIA VON SALZEN (WK 25.5.20) nennt die neue Weltordnung
des Evangelikalen PAT ROBERTSON, die ‚Geheimorganisation‘,
in der unsäglichen Studie der Friedrich-Ebert-Stiftung von 46 %
der Befragten genannt, das Adenochrom, aus dem Blut von Kindern gewonnen, wovon auch der XAVIER NAIDOO öffentlich
überzeugt ist, weiter das QAnon rechtsradikaler US-‚Patrioten‘,
das vergiftete Trinkwasser des Kochs ATTILA HILDMANN
bis zur nur noch geschmacklosen Anheftung des gelben Sterns
durch Impfgegner und das Weltverschwörungstrauma aus den

,Protokollen der Weisen von Zion' – Elemente eines ,weitgehend über Codes und Chiffren' transportierten Antisemitismus – die Pandemie befeuert den schwelenden Bodensatz der Gesellschaft.

Mit im Spiel der Trupp von Cyber-Ganoven, die auf Kreditkarten-Info scharf sind, Wasserfilter für 249 gegen das Netz 5G als Virusursache anpreisen, ohne zu liefern, dazu Chlordioxyd und Kokain (PETER WELCHERING 19.5.20).

26.5.     Die Theater der Schweiz gehen auf 70 % Besetzung hoch, ,weil die Zuschauer … auf ihren Plätzen sitzen, alle in dieselbe Richtung schauen … und in der Regel nicht sprechen' – Konzerte: der Tröpfchenausstoß bei Blasinstrumenten sei gering, lautes Schreien und wütend lautes Sprechen hingegen gefährlich – Probenarbeit in kleinen und festen Teams möglich, so das Gutachten.

Langes Gespräch mit Hartmut, ebenso mit Nils, ,liest sich richtig gut'. Wann treffen wir uns wieder!

27.5.

| Deutschland | Infizierte | in 24 Std. | Aktive | Tote | in 24 Std. |
|---|---|---|---|---|---|
| 27. Mai | 181.895 | 607 | 10.652 | 8.533 | 35 |
| 4. Juni | 184.923 | 498 | 8.387 | 8.736 | 37 |
| 27. Juni | 194.689 | 290 | 8.163 | 9.026 | k.A: |
| 5. August | 214.104 | 1.024 | 10.159 | 9.245 | 13 |
| 5. September | 251.056 | 775 | 15.447 | 9.401 | <2> |
| 5. Oktober | 304.657 | 3.086 | 31.341 | 9.616 | 14 |
| Einwohner: **83 Mill.** | | | | | |

| Italien | Infizierte | in 24 Std. | Aktive | Tote | in 24 Std. |
|---|---|---|---|---|---|
| 27. März | 86.488 | 5.907 | 66.352 | 9.162 | 921 |
| 27. Mai | 231.138 | 585 | 50.597 | 33.164 | 118 |
| 4. Juni | 234.018 | 177 | 37.949 | 33.782 | 88 |
| 27. Juni | 240.157 | 175 | 16.703 | 34.870 | 8 |
| 5. August | 248.803 | 384 | 12.492 | 35.335 | 10 |
| 5. September | 276.337 | 1.694 | 31.193 | 35.543 | 16 |
| 5. Oktober | 327.586 | 2.257 | 58.903 | 36.002 | 16 |
| Einwohner: **60 Mill.** | | | | | |

| Spanien | Infizierte | in 24 Std. | Aktive | Tote | in 24 Std. |
|---|---|---|---|---|---|
| 27. März | 152.000 | 6.168 | | 5.138 | 773 |
| 27. Mai | 263.429 | 1.377 | | 27.885 | 42 |
| 4. Juni | 266.249 | 341 | | 28.133 | 25 |
| 27. Juni | 268.188 | 252 | | 28.259 | 23 |
| 5. August | 343.483 | 4.405 | | 28.499 | 26 |
| 5. September | 517.133 | 4.503 | | 29.418 | 184 |
| 5. Oktober | 879.776 | 10.774 | | 32.225 | 46 |
| Einwohner: **47 Mill.** | | | | | |

| USA | Infizierte | in 24 Std. | Aktive | Tote | in 24 Std. |
|---|---|---|---|---|---|
| 27. Mai | 1.763.404 | 20.931 | 1.132.032 | 104.742 | 1.566 |
| 4. Juni | 1.940.804 | 22.838 | 1.081.117 | 112.916 | 1.054 |
| 27. Juni | 2.594.868 | 43.444 | 1.360.773 | 128.883 | 518 |
| 5. August | 4.976.621 | 58.264 | 2.274.531 | 161.953 | 1.333 |
| 5. September | 6.431.162 | 42.095 | 2.531.334 | 192.818 | 707 |
| 5. Oktober | 7.691.822 | 41.363 | 2.581.683 | 215.047 | 425 |
| Einwohner: **328 Mill.** | | | | | |

| New York | Infizierte | in 24 Std. | Aktive | Tote | in 24 Std. |
|---|---|---|---|---|---|
| 27. Mai | 383.029 | 1.180 | 279.326 | 30.140 | 103 |
| 4. Juni | 395.235 | 1.597 | 284.185 | 30.876 | 118 |
| 27. Juni | 402.335 | 845 | 285.300 | 31.337 | 61 |
| 5. August | 447.379 | 688 | 87.044 | 32.811 | 10 |
| 5. September | 471.267 | 807 | 62.737 | 33.073 | 8 |
| 5. Oktober | 500.415 | 1.154 | 67.459 | 33.317 | 17 |
| Einwohner: **8,4 Mill.** | | | | | |

| Großbritannien | Infizierte | in 24 Std. | Aktive | Tote | in 24 Std. |
|---|---|---|---|---|---|
| 27. Mai | 242.110 | 1.823 | | 36.599 | 425 |
| 4. Juni | 255.175 | 1.636 | | 38.154 | 139 |
| 27. Juni | 264.007 | 1.147 | | 39.095 | 82 |
| 5. August | 307.184 | 891 | | 41.240 | 14 |
| 5. September | 344.164 | 1.813 | | 41.549 | 12 |
| 5. Oktober | 515.571 | 12.594 | | 42.369 | 19 |
| Einwohner: **66,6 Mill.** | | | | | |

| Frankreich | Infizierte | in 24 Std. | Aktive | Tote | in 24 Std. |
|---|---|---|---|---|---|
| 27. Mai | 145.746 | 191 | 50.591 | 28.571 | 66 |
| 4. Juni | 152.444 | 767 | 53.428 | 29.040 | 44 |
| 27. Juni | 155.561 | 425 | 54.091 | 29.321 | 27 |
| 5. August | 194.029 | 1.695 | 81.406 | 30.305 | 9 |
| 5. September | 317.706 | 8.550 | 199.535 | 30.727 | 18 |
| 5. Oktober | 624.274 | 5.084 | 493.295 | 32.299 | 69 |
| Einwohner: **67 Mill.** | | | | | |

| Brasilien | Infizierte | in 24 Std. | Aktive | Tote | in 24 Std. |
|---|---|---|---|---|---|
| 27. Mai | 414.661 | 22.301 | 222.317 | 25.697 | 1.148 |
| 4. Juni | 615.870 | 31.890 | 306.834 | 34.039 | 1.492 |
| 27. Juni | 805.649 | 30.465 | 367.899 | 41.058 | 1.261 |
| 5. August | 2.862.701 | 54.685 | 744.706 | 97.418 | 1.322 |
| 5. September | 4.123.000 | 31.199 | 700.068 | 126.230 | 646 |
| 5. Oktober | 4.940.499 | 25.210 | 498.424 | 146.773 | 398 |
| Einwohner: **209 Mill.** | | | | | |

| Indien | Infizierte | in 24 Std. | Aktive | Tote | in 24 Std. |
|---|---|---|---|---|---|
| 27. Mai | 158.086 | 7.293 | 85.803 | 4.534 | 177 |
| 4. Juni | 226.713 | 9.889 | 111.900 | 6.363 | 275 |
| 27. Juni | 298.283 | 11.128 | 142.810 | 8.501 | 394 |
| 5. August | 1.963.239 | 56.626 | 595.300 | 40.739 | 919 |
| 5. September | 4.110.838 | 90.600 | 852.487 | 70.679 | 1.044 |
| 5. Oktober | 6.682.073 | 59.893 | 919.363 | 103.600 | 886 |
| Einw.: **1.350 Mill.** | | | | | |

Nazi: auch der Karneval unterwarf sich, Kölner Festkomitee-Chefe THOMAS LIESSEN ging bereits 1932, noch ohne Not, in diese Partei und ließ ordentlich marschieren – REINER BURGER nennt einen Widerständler, dem jetzt der ‚Karl-Küpper-Preis‘ gewidmet wird – den ereilte noch 1952 erneutes Auftrittsverbot, befeuert vom strammen Dauerkarnevalisten LIESSEN – kein Winkel der ‚nachsichtigen Republik‘, wo sie nicht unverdrossen und, was ja entscheidender ist, ohne Beeinträchtigung, ja wohl gelitten, wenn nicht belobigt für ‚ihren Widerstand‘ ihrer Arbeit nachgingen.

Nach zehnjährigem Krieg ist Syrien in vier Einflußsphären zerlegt, nachdem Amerika sich unter den Präsidenten OBAMA und TRUMP auf Sanktionen zurück- und rausgezogen hat – die EU zu keinem Zeitpunkt koordinierten, geschweige denn koordinierenden Einfluß hatte – daher machen sie Aufteilung: PUTINS ‚persönlicher Gesandter‘ als Hauptakteur mit der Hand auf der Infrastruktur, der Iran an der Küste entlang in Richtung Israel, die Türkei in der Arrondierung der Nordprovinzen – die USA stützen die Restflächen kurdischer Selbstverwaltung bis zum Abzug, (RAINER HERMANN) – das Volk, soweit nicht umgekommen, lebt in Schutt & Asche, nach Libyen ein weiterer Klassiker eines *failed state*. Die Zyniker des Planeten blockieren im Sicherheitsrat einen zweiten Zugang ins Land für Lebensmittel.

Der Unterschied liegt eher in der Maskierung, die Substanz ist ehern: plündern, bereichern, sichern – zu den Geschäftsmodellen des Putinats, des RECIP, des Ajatollah, des EDOUARDO und fünfzig weiteren ihres Schlages tritt BASCHER AL ASSAD – diese Kehrseite des verwüsteten Landes beleuchtet CHRISTOPH EHRHARDT im zurückeroberten Quabun, einer Trümmerwüste – dort rücken ‚die Goldsucher mit Metalldetektoren‘ an, gefolgt vom Trupp für Fernseher, Klimaanlagen und Weiterem, danach die Möbelwagen, zuletzt Transporter für alles Sanitäre – sodann folgt das Angebot an die Beraubten, ihren Hausrat zurückzukaufen, auf Basis von Inventarlisten!

Alles militärisch organisiert, wie die Rückeroberung durch die 4. Division unter Präsidentenbruder MAHER AL ASSAD, dem

Spezialisten von Wegezoll bis Drogenschmuggel – dabei geraten die ‚Rudelführer' schon auch aneinander: de Baschar gegen Cousin Rami, Mafiapaten über eigene Wirtschaftsimperien, die Baschar mit Familie besetzt hält: Ehefrau Asma, Bruder Maher und Vetter Rami Makhlouf, Kosename ‚Rami al Harami', umgangssprachlich ‚der Kriminelle', natürlich mit Privatmiliz, rekrutiert über Wohltätigkeitsladen ‚Bustan-Stiftung', macht viel in Rauschgift, neulich sind vier Tonnen aufgeflogen, alles voll Schnee – aber das ganze System mit eigenen Leuten durchsetzt, seit 2011 aufgebaut.

De Hafiz hat Staatskorruption schon 1957 gegründet, dann die Arisa aus dem Makhlouf-Korrupti geheiratet, Obacht, die ist Alewitin – Sohn Baschar heiratet aber Sunnitin – und schon geht der Zirkus los – sie macht in wohltätig, zum Einschleusen von Hilfsgeld (von de EU und so, verstehst du!), Rami scheffelt Gold und Dollars, die Söhnchen donnern mit Boliden und Flugzeug über Land – und überall und mittendrin der Russ' und Iran, alles voll mit seinen Milizen, vorrangig in Hizbullah-Drogenschmuggel – Chefe hat aber auch ‚nichts als Verbrecher um sich herum', sagt JAMES JEFFREY aus Washington – dann die Putinowski ‚Tiger Forces' und die 4. Division von de MAHER, ‚Mann der Iraner', machen schon mal Tagesgefechte wegen der Schmuggelrouten, wo ja Cousin BASCHAR AL ASSAD der Märchenprinz ist – der ist natürlich stinksauer – kriegst du in keine Netflix-Serie unter 10 Teilen!

Corona: in Mexiko nur zu erahnen, bei 100 Tests auf 100.000 liegt das Ausmaß im Dunkeln, die Todesrate eher am Sargverbrauch zu messen (TJERK BRÜHWILLER).

PUTINO greift aus ins Mittelmeer – neuestes Flugwerk wird nach Libyen verlegt, um CHALIFA HAFTARS Ambitionen zu stützen – das US-Afrikakommando äußert Bedenken, daraufhin zögert PUTIN (cheh.).

Um 12 in den Gassiweg mit Handschuhen, Scheren und Müllsack, Marion macht den voll, Vaddi macht den Weg gangbar

– kaum unterzuckert, ist die feine Birnen-Quiche fertig – wir sitzen auf der Terrasse Ost, köstlich! Dazu der 5-Kilo-Band des PETER BEARD, 770 Seiten in Leinen, bin hin & weg über so was Schönem – gehörte unter die ersten 5, wollte ich die Bibliothek ästhetisieren – dann noch der Hahn plus Kumpel, also Sopran und Tenor, als säßen sie am Tisch, dabei 1.000 Meter wech! Von den vier Elstern nicht zu reden, infernalisch von Ast zu Ast. – Abends, 21.15: Ekson ruft an – Marion an den Rechner für noch eine Schulstunde.

Die Brückenbauer in die Vergemeinschaftung der Schuldenbillionen überholen sich: MERKEL/MACRON steigen übers ‚Corona-Zuschüßchen‘ ein – der Sozialdemokrat OLAF SCHOLZ zieht ALEXANDER HAMILTON heran, um in den EZB-Brüssel-Schuldturm überzuleiten, schließlich sei die SPD schon seit 1925 für die ‚Vereinigten Staaten von Europa‘. – Vom ‚Wiederaufbau‘ spricht ANGELA MERKEL, wofür sie die 6-monatige Ratspräsidentschaft nutzen will. – Straßburg fordert 2 Billionen und zwei Drittel der 750 als Zuschuß.

28.5.  In die Filiale zur Mediation – viel Skepsis in der Vorbesprechung, die nach dem dritten Schritt weicht – Teilnehmer mittags etwas im Schweiß und fertig, unterzuckert zurück.

Corona in der Bildungsrepublik: gravierende Lerndefizite sind kein/kaum Thema. ‚Betreuung und virologische Aspekte‘ bestimmen die Debatte um das Aufmachen von Kindergärten und Schulen – der Kollateralschaden immens, die Hygienekonzepte eher ‚Gewissensberuhigung der Schulleitungen und Behörden‘, HEIKE SCHMOLL. Wie sehr Benachteiligte die ‚eigentlichen Verlierer der Krise‘ sein werden, breitet HANNAH BETHKE aus (29.5.), ‚überfrachtete Hygienekataloge‘ überforderten alle Kinder. – Tests hochfahren statt mehr Kindergeld ausschütten, fordert TIM ENGARTNER.

Und dann Corona im Krankenhaus! Du denkst, es läuft – in der Weltspitze – nix da! Machen REINHART/VON BUTLER/GRAF (27.5.20) einen dicken Strich durch – in den Pro-Kopf-Ausgaben ist das Land Spitzenreiter, 40 % über EU-Durchschnitt – bei vermeidbaren Todesfällen im Mittelfeld, das sind 200.000 jährlich – das Corona-Management der Politik bekommt großes Lob – und steht im Kontrast zur fehlenden Gestaltung und Steuerung des Gesundheitssystems insgesamt – die an den quasi gesetzgebenden ‚Gemeinsamen Bundesausschuss‘ delegiert ist, eine Versammlung von Partialinteressen – welche ‚die Verantwortung für die Qualitätssicherung und -kontrolle‘ nicht im gebotenen Maß und Umfang wahrnimmt – in 40 % der Kliniken Operationen ohne ‚ausreichende medizinische Expertise oder Ausstattung‘ – in 15 Jahren grade einmal Qualitätsindikatoren (QI) für 14 Krankheiten/Eingriffe geschafft, Dauer derartiger Verfahren liegt bei 8 Jahren – in den USA ‚über 200 für alle Krankenhäuser verbindliche QI‘ – in Australien sichert ein System der anonymen Berichterstattung über gefährliche Vorfälle kontinuierliche Verbesserungsprozesse – dort: Fokus auf Verhinderung von Vorfällen, hier: Fokus auf Wiederbelebung, so die Autoren – Dänemark: bei der Reform des Gesundheitswesens zeigt sich, daß Überkapazitäten ohne qualitätssichernde Struktur Ursachen für Qualitätsmängel sein können, Reduktion der Häuser für Infarktbehandlung von 50 auf vier bewirkte Halbierung der Herzinfarktsterblichkeit – dabei steht D. beim Herzkatheter weltweit an der Spitze – das System Dänemark ersparte hier 7.000 Tote – die Hölle ist die Sepsis: 15 bis 20.000 Vermeidbare, also auch Weltspitze … Mängel Notfallversorgung … Unkenntnis von Frühsymptomen bei allen Beteiligten … Marginalisierung der klinischen Infektionsmedizin … Folge: massive Einschränkung der Behandlungsqualität für ca. 4 Millionen Patienten jährlich – das war etwas ausführlich, nur, damit Sie Bescheid wissen, wenn's soweit ist!

China: der Volkskongreß der 2.878 hat noch nie in seiner Geschichte ein Gesetz abgelehnt – wie soll er auch, wenn jeder nur einen Knopf für Zustimmung vor sich hat – sozusagen ein gebundenes Mandat, wenn Sie noch folgen können.

MARKUS SÖDER vor dem Maut-Ausschuß: weise alles zurück, würde den gleichen Scheiß wieder machen – das ist standfest.

IRM HERMANN starb, 77 – ihr Leben vor der Kamera des RAINER WERNER FASSBINDER.

29.5.  ‚Wir müssen endlich Schluss machen mit einer Antifa, die nur den Rechten hinterherläuft. Wir müssen uns bewaffnen, wir müssen direkt Minderheiten vor Ort schützen, wir müssen den Kapitalismus als Hintermann des Faschismus entlarven!‘ und ‚Wir brauchen antifaschistische lokale Schutzorganisationen!‘, heißt es im Twitterpost der Linke-Jugend Bielefeld.

USA: rassistische Konfrontation bleibt virulent – Plünderung und Brandschatzung nach dem Tod eines schwarzen Amerikaners, dem ein Polizist das Knie über Minuten auf den Hals drückt, bei bereits angelegten Handschellen, die Kollegen stehen dabei, einer filmt es – die acht Minuten gehen ins Netz und bringen Nordamerika in den Aufstand – der Haß aus vierhundertjähriger Unterdrückung breche sich Bahn, sagt der weiße Bürgermeister JACOB FREY, es sei Mord, warum sei der Täter in Freiheit – vom Gouverneur: ‚obwohl ich als weißer Mann nicht nachempfinden kann, was Sie erlebt haben, appelliere ich … – vom Präsidenten TRUMP: ‚beginnt das Plündern, beginnt das Schießen‘, die Nationalgarde werde mobilisiert.

Auch Namensgebung im öffentlichen Raum bleibt strapaziös – die ‚Westfälische Wilhelms-Universität‘ ehrt einen ‚geradezu obsessiv antisemitischen‘ Kaiser, so OLAF BLASCHKE (guxdu Bd. 13, 2019.2, Seite 119 f.) – Die Sache soll jedoch erörtert werden, berichtet REINER BURGER. Dem universitären Vorplatz hatte man bereits die Hindenburg-Ehrung entzogen, dabei blieb es. – Dabei wurde der Wilhelm 2 nach der Niederschlagung des Nazi-Projektes aus dem Universitätsnamen entfernt, wie Thomas Seifert später mitteilt (7.9.20) – erst dreizehn Semester später setzte eine Senatsmehrheit diesen Wilhelm wieder ein – schließlich hatte der Landtag NRW gerade das ‚131er-Gesetz‘ beschlossen, also die Aufnahme der ex-Nazis in das staatliche Pensionswesen – und der Doktorvater eines JOSEF MENGELE, der Rassehygieniker OTMAR VON VERSCHUER war auch gerade an die Uni berufen worden.

Universitäten mit Personennamen auszustatten, sei eine Marotte des Absolutismus, also keine zur Nachahmung empfohlene Tradition, gibt Leser Ignaz Bender kurz drauf zu bedenken (4.6.). – Mit dem Kreuz auf der Schloßkuppel in Berlin ist es auch nicht einfach, ANDREAS KILB ruft den Absolutismus der Umschrift auf dem Sockel auf, die jener WILHELM IV verfügt habe: zum bedingungslosen Gehorsam der Untertanen kommt darauf der Herrschaftsanspruch Christi ‚über alle Völker' – da wär's am ohnehin umgewidmeten Bau eventuell auch ohne Kreuz gegangen, fehlt dann aber am architektonischen Original, du kommst aus den Stolpersystemen nicht raus.

VIRGINIA ROBERTS in der JEFFREY EPSTEIN-Dokumentation ‚Filthy Rich': ‚wir waren Kinder. Wir wurden unter ihren Augen gehandelt. Sie wußten, daß es falsch war. Die Monster sind immer noch da draußen. Warum sie noch nicht genannt und beschämt wurden, verstehe ich nicht' (NINA REHFELD).

Corona: Ehebruch und Homosexualität ist Ursache, so Islam-Chefe TÜRK. – Und das Aerosol steht stundenlang in der Luft, Maske sei Spuckschutz, mehr nicht, so MARTIN KRIEGEL, 80 Prozent des Luftstroms geht seitlich ab, Fenster dauerhaft auf oder gleich draußen bleiben, meint er, bei Dauerfrost natürlich fraglich (K. TRUSCHEIT 30.5.).

Vor 75 Jahren: wieder wird THOMAS MANN mit einer Irritation bekannt – JAN BRACHMANN stellt dessen Rede vom 29. Mai 1945 vor, ‚Deutschland und die Deutschen', worin er ‚die vielleicht berühmteste Eigenschaft der Deutschen' definiert: ihre ‚Innerlichkeit', Tiefsinn des Herzens, umweltliche Versponnenheit, Naturfrömmigkeit und Weiteres mehr, was alles in ‚deutscher Metaphysik, deutscher Musik, in Sonderheit (dem) Wunder des deutschen Liedes' kulminiere, ja deutsche Einzigartigkeit ausmache. – Das Schwärmen von deutscher Innerlichkeit wurde bereits dem neidischen RICHARD WAGNER zum Grund, mit dem er seinen Konkurrenten ‚die Fähigkeit zu deutschem Komponieren pauschal absprechen (konnte)' (CHRISTIANE WIESENFELDTS Rezension des MATTHIAS SCHMIDT: Eingebildete Musik, 19.6.20).

Dem sei keineswegs so, dagegen JB und ruft zahlreiche Lieder-
traditionen anderer Länder auf, verstörend sei ‚MANNS men-
tale Mythologie eines Sonderweges‘, zitiert er WERNER HOF-
MANNS streitbaren Text von 1999 – eine gewisse Hochnäsigkeit
zierte wohl den Mann. – Und so ganz widersprechen würde ich
auch nicht, betrachte ich die zeitgenössischen Emanationen um-
weltlicher Versponnenheit.

Unter Bezug auf den bulgarischen Gewichtheber empfiehlt
der Postwurf den Erd-Burzeldorn, warnt dabei zugleich,
nicht mehr als zwei Pillen täglich zu schlucken, weil's mich
sonst zerreißt – wenn Sie ahnen, vgl. Mr. Oberschenkel von
1985: ‚… wenn du allein die U-Bahn füllst‘.
Dazu die Notiz: Grundsteueranhebung um 50 % – du kommst
ja nicht runter von Grund & Boden, geht's noch Frau Sozi-
alstaat!

Auch in Sachen D 1, <u>Klimarepublik</u>, reichts mal wieder, hier das
Schärfste aus 14-tägiger Beobachtung der Spiegel-Kabinette: da
ist das Spezial-Kabinett Kohle, welches Ausstieg formulierte,
wogegen CHRISTIAN GEINITZ den Irrwitz aufmacht: nachdem
den 50 und älteren Braunkohleöfen jenseits ihrer Abschreibung
knapp 4,5 Milliarden hingeblättert werden sollen, kriegen neue,
brandneue Steinkohlewerke wie Datteln 4 oder Lünen, seit 2013
am Laufen, Abschläge auf ihre Milliardeninvestitionen, vor kur-
zem noch von deutscher Politik massivst gefördert! Mit Verstand faßt du es nicht. Die 180-Grad-Wende macht ‚einem der
modernsten, effizientesten, saubersten Steinkohlekraftwerke der
Welt‘ kurzzeitig den Garaus (DIETMAR SPOH/SVEN BECKER
23.5.). – Auch der Rechnungshof gerät über solcher politischen
Sonderfinanzierung in Schnappatmung (28.10.20).

Das reiht sich ein in die Ketten-(Re-)Aktion zur Vernichtung
des deutschen Kapitalstocks, von führenden Technologien, von
Magnetbahn übers Atom zur Kohle, Gas steht an (guxdu Sie-
mens, modernster Gasbrenner, gar nicht erst angeworfen) – weil
ein gigantomaner Politikbetrieb den Kopf voll ZehOh!Zwei hat,
voller Werte und Metastasen, die sich von Kenntnis ungetrübte

EU-Barden zusammengereimt haben – guxdu Band 12, 2019.1, Seiten 32 ff.!!! – Der gute THOMAS M. konnte das nicht ahnen, spürte aber deutsches Wesen.

Zum hochorganen Wahn kommt seine Wetterseite: die Subvention – der Profiteure und von allem, was unter solch teuflischem Programm leidet, in Summe die Investoren, die Betreiber und die Verbraucher. – Und in den Windmühlenvierteln droht mehr Ungemach, konkret Eisprung, sorry Preissprung, ist aber im Klimax das Gleiche! Dagegen wird das Konjunkturpaket, das wöchentlich wachsende, gestemmt (bü./itz. 28.5.). – Zum Echternacher Preissprung – kommts wie? Ei wegen geringeren Stromverbrauchs, 100 x erklärt, *isso*! – ‚Agora‘ kommt auf 8,6 Cent pro Kilo in 2021 – und wer springt ein? Ei der Steuerzahler, der die 8,6 eh schon sattelt – dir springt die Feder aus dem Sofa! Alles schwach vernebelt als ‚Zuschuss aus dem Bundeshaushalt‘ (bü./itz.). – Vorher wollten sie's aus neuer ‚Energiebepreisung‘, also beim Steuerzahler abseien, wenn er Auto fährt oder heizt. – Sodann noch 7 Milliarden Zuschüsse zum EEG, also an die eingesetzten Profiteure, denn gegen den Windmühlen-Leerlauf wegen drohender Überlast kannst du gar nicht anfinanzieren: die Geflügel-Treiber dürften 710 Millionen aus *profit lack* beanspruchen, 20 % über Vorjahr, das heißt übrigens ‚Entschädigung für Ausfallarbeit‘, echter Einakter!

Gibt's nur beim Staat (jaja, ein technischer Begriff, ihr Leutseligen) – du vegetierst im Anfall – aber Ausbau auf 40 Gigas bis 2040 – das treibt CHRISTIAN GEINITZ dann doch in einen Kommentar zum ‚Windbeutelstrom‘, ich tät's ja *Dummbeutel* … (Mundart Frankfurt) nennen. – Und olle ALTMAIER aus der Klima-CDU will die Flügel-Kassierer um Spende für die Windbeutel-Kommunen bitten (bitte tragen Sie das in ihr Organigramm ein), um ‚das Wohlwollen der Öffentlichkeit zu erkaufen‘, meint (Gein-) itz, 13.5. – Jetzt das Verschärfte: ‚Rechtsgrundlage müsse ein Schenkungsvertrag‘ sein, so ein ministrantiger, sorry, ministerieller Fachmann nach dem Durchblättern des BGB, welches für derartige Staatsphantasie wohl kein passendes Angebot mehr hat – ich schon: alles ‚Geschäftsführung ohne Auftrag‘ und

‚vorsätzliche sittenwidrige Schädigung' des Volkes, §§ 677 bis 687 und 826 BGB, wenn Sie das bitte forciert nachsehen. – Schon wieder Einakter, jeden Abend 19 Uhr, statt Wilder Wurzel. – Und wer applaudiert? Ei unsern MATTHIAS MIERSCH von de SPD, *der könnts noch doller, wenner derft!* – Grün schwurbelt, Hauptsache die Kommunen werden ‚geschlechtergerächt' versorgt, irgendwie eklig, solche Begriffshebung – Ich empfehle Flucht auf die Caymans!

**31.5.**  CLINT EASTWOOD 90! – Und gestern Mittag, 13.10 tobt so'ne Falcon 9 von ELON MUSK los Richtung ISS – fünf Minuten drauf lösen sich die *booster* – und landen nach weiteren fünf auf zwei Zielplätzen, synchron! Stehen und fertig, du fasst es nicht, naja ich jedenfalls. – Zeitgleich hat sein Aktienkurs die 800 überschritten, womit ihm die Wette darauf bummelige 775 Millionen buchstäblich ins Konto spült, bei 18,5 % Anteil am Laden, Vermögen akut gegen 36 Milliarden – das alles ist bei uns nicht drin, Herrschaften – schon rein denktechnisch. *Ich sag's, wie's is.*

Nachmittags wunderbare Ausfahrt mit den Rädern, Werschenreger Wald, wenn Sie das notieren wollen, feinste Lagen am laufenden Band, durch die Wiesen bis zur Eisdiele in der Kreisstadt – und wieder durch die Felder, Gassiweg und fertig.

**2.6.**  Minneapolis: brennt, MAJID SATTAR aus dem ‚Kriegsgebiet' (30.5.) – das 3. Polizeirevier raucht noch – das Video über den Mord hat den Kontinent entflammt, Anlaß sei Zahlung mit Falschgeld gewesen, heißt es – Eskalation in St. Paul gegenüber – Demonstration – Angriff – Brandschatzung – Plündern – Polizei – *State Trooper* – Nationalgarde – NEKIMA LEVY ARMSTRONG, Frontfrau seit 2013, nach Ferguson 2014: ‚Wenn ihr nichts ändert in der Polizei, wird Minneapolis ein zweites Ferguson' – ‚unsere Polizeikräfte sind außer Rand und Band' – und keine Perspektive für die Schwarzen – der Präsident sieht ‚das Andenken an George Floyd' durch das ‚Pack' beschädigt und droht, ‚die Arbeit richtig (zu) erledigen'. – *‚When the looting starts, the shooting starts'*, zitiert er den Miami-Sheriff von 1967, WALTER E. HEADLEY.

Was ist hier angesagt? Die Portoerhöhung 2016! Von 62 auf 70, war rechtswidrig, so das BVerwaltungsG, einfach übers Postgesetz hinweggesetzt, von 70 dann auf 80 war auch echter Gesetzesübersprung, sagt die Netzagentur: nicht vom Gesetz gedeckt, aber einer Regierungsanweisung folgend (bü. 16.6.20). – naja, wenn Staatsfreunde unter sich sind, im Aushebeln des Parlaments war die Phase MERKEL ja häufig Vorbild.

Jonas an der Nähmaschine mit seinen Vorhängen, HERBERT GRÖNEMEYER hilft. Später holt er Bilder von der Wand und aus dem Keller, er möchte auch etwas Ausstattung.

Corona: die Feste der Muslime enden in Masseninfektion, freikirchliche Gottesdienste ebenso, Aufforderung zum Test wird ignoriert – so wird der biologische vom kulturellen Code befeuert – den zu brechen, überfordert den Menschen – Paris versucht das, ‚Café de Flore‘ öffnet, mit Mundschutz. Die Dialektik der Gewalt gibt dem Präsidenten Gelegenheit, sich im Kern seines Codes zu präsentieren (will sagen, auch er kann nicht anders) – der Aufstand hat siebzig Städte der Vereinigten Staaten erfaßt, der Präsident mit Familie vorübergehend im Bunker des Weißen Hauses – das Ereignis wird zur Stunde der Exekutive, des Oberbefehlshabers der Streitkräfte, die Bibel in der Hand, das Land im Schrecken. – Auch Mr. Kims Kiosk wurde verwüstet, über online-Spenden kommen in zwei Tagen 23.000 $ zu Hilfe.

*Minnesota, Foto: AFP*

12 Millionen Hektar Wald gelegt in 2019, davon 1,9 in Brasilien, weiter Indonesien, Kongo, Australien, Bolivien.

STEFAN KÜHL erläutert das *Bullshit-Bingo*: du packst ein Dutzend totgetretener Nullbegriffe in ein Hoch-Quer-Raster, wie beim Schiffe versenken, also etwa diese Wertschätzung, Integrität, Nachhaltigkeit, die Synergie, proaktiv, Disruption & Resilienz und so, ach so, agil nicht vergessen – wer beim *statement*, im *meeting* oder sonst einem *talk* zuerst fünf weggestrichen hat, weil genannt, ruft ‚Bingo!‘ – Ohne Rücksicht, denn die Produktion von *bullshit* sei harte Arbeit, betont der Autor, schließlich muß das vorgetragene Zeug auch noch sinnhaft klingen, Konkretheit suggerieren. – Gefährdet und also anfällig seien Führungskräfte, deren *job* abtreibt, darüber hinaus jeder, der im Außen Halt sucht, also im öffentlichen Raum fast Jeder.

**3.6.**  Minneapolis: des TRUMPS Tage seien gezählt – seine stumpfe Ego-Präsidentschaft überschreitet jeden Horizont, seine Gewaltphantasien trennen das Land, eine Wiederwahl unmöglich, falsch, unerträglich – ‚Politische Führung gibt es derzeit nicht‘, notiert MAJID SATTAR (2.6.) – die vorsätzliche Spaltung des Landes auch Folge von drei Jahren ‚ohne mündige Führung‘, wird JAMES MATTIS zitiert (5.6.). – ‚Wenn der falsche Polizist sie anhält, kommt die Todesangst‘, FRAUKE STEFFENS zum Leben am Abgrund. Der Mob jagte auch schon die Griechen und die Juden, aber dominant, also der Gründung und der Geschichte der Vereinigten Staaten eingeschrieben ist der ‚weiße Vorrang‘.

COLSON WHITEHEAD erklärt, warum er nicht an Veränderung glaubt – ‚gar nichts wird sich ändern‘ – der ‚amerikanische Rassismus (steht) in direktem Zusammenhang mit der mangelnden Schulbildung‘ – (wie wärs mit einer Parallelvermutung in Bezug auf den hiesigen Antisemitismus) – schon sein ‚Underground Railroad‘ war von Aussichtslosigkeit geprägt. – WILLIAM C. DONAHUE von der Universität Notre Dame schreibt, warum er auch nicht glaubt, daß sich was ändert.

MICHAEL HOCHGESCHWENDER grundiert diese Befürchtungen (12.6.20) – die Polizei von den Bürgersteigen in die Autos – die Aufrüstung der Polizei und der Gefängnisse durch die Regierung CLINTON – das Strafgesetz von 1944 bestrafte den Besitz von Crack, die Droge armer und dominant schwarzer

Bevölkerungsgruppen, 35 mal härter als den Besitz von Kokain, der Droge wohlhabender Weißer – dazu ein überbordender Rechtsschutz für Polizisten – die Chance des Aufstands liegt in seiner Politisierung. – Wie bei der Polizei gings auch bei anderen staatlichen Initiativen: schwarze Kriegsveteranen kamen nicht in den Genuß günstigen Wohnraums – die ‚Politik des berüchtigten Redlinings‘ verhinderte effektiv den Hauserwerb durch Schwarze, bereits seit dem New Deal der 30er Jahre: über 238 Städte wurde ein Farbschema gelegt, welches den Grad des Kreditrisikos abbildete, alle Bezirke mit überwiegend schwarzer Bevölkerung wurden ‚automatisch rot umrandet‘ (W. V. PETERSDORFF 14.10.20) – Schwarze hatten bis in die 60er Jahre keinen Zugang zu Kredit – vor allem die Regierung habe die Segregation vorangetrieben, wird RICHARD ROTHSTEIN zitiert – heutiger Vermögensvergleich zwischen Schwarzen und Weißen bei 1 zu 10.

ANTONIO GWYNN (18), Schüler, begann nach den Protestmärschen durch Buffalo, die Straßen zu reinigen, 10 Stunden lang – Anwohner schenkte ihm sein Auto, ein weiterer übernahm die Versicherung – das Medaille College stellte ihm ein Stipendium für ein vierjähriges Studium aus (ceh. 16.6.20).

Corona: Ausbruch in Göttingen, 113 Kinder und Jugendliche, weitere 105 Zuckerfest, Shisha-Bar.

**4.6.**    20.000 in Paris, der Tod des schwarzen Franzosen ADAMA TRAORÉ vor vier Jahren gleicht dem des GEORGE FLOYD, ‚mechanisches Ersticken‘ teilte das Gutachten mit – ähnlich in Australien, wo seit 1991 430 *aborigines* in Polizeigewahrsam zu Tode kamen, ohne einen Täterprozeß – da steht die Figur des weißen Mannes in deutlicher Kontur als Gegenwart und Geschichte über dem Planeten.

Die vier Vorgänger des DONALD TRUMP treten auf die Seite des Protestes, wie Verteidigungsminister JAMES MATTIS, der aus dem Süden erklärt, er habe erlebt, was der Mythos von der Überlegenheit der weißen Rasse bedeutete. – Es sei Zeit für Amerika, seine ‚tragischen Versäumnisse‘ zu untersuchen (GEORGE W. BUSH).

2018 erschien Barracoon, darin die Geschichte des Oluale Kossola, letzter Lebender aus der Zeit der Sklaverei, den ZORA NEALE HURSTON interviewte und protokollierte – das Manuskript, 87 Jahre alt, so alt, wie Kossola wurde, der als Kind zur letzten Fracht der ‚Clotilde‘ gehörte, die den Atlantik auf der Mittelpassage überquerte – letzter Raubzug in diesem Geschäft. Nach fünfeinhalb Jahren war er frei und lebte die nächsten 60 in ‚African Town‘, ‚auf der Landkarte Plateau in Alabama‘. – Nach der ‚Verwandlung der Menschen in Vieh‘ (HURSTON) ist die Rückverwandlung nie gelungen, Bericht VERENA LUEKEN, 4.6.20.

Aus Menschen werden Körper, werden Waren:
Plan zur Belegung eines Sklavenschiffs, um 1820
Foto AKG

Einen ‚Leitfaden der Sklavenwirtschaft‘ stellt IRIS DÄRMANN vor, der die Spur purer Gewalt bis in die deutschen Konzentrationslager verfolgt (KARL-HEINZ KOHL 16.10.20) – die Körper der Männer waren so wertvoll wie die der Frauen: ‚eine Frau, die alle zwei Jahre ein Kind zur Welt brächte, würde doch weit mehr Profit einbringen als der beste Mann auf dem Feld‘, zitiert sie den dritten Präsidenten der Vereinigten Staaten, THOMAS JEFFERSON, von 1819 – daher stand ‚Sklavenzucht‘, vorzugsweise durch Vergewaltigung, im Fokus des Südens und wurde dort einer der ‚wichtigsten Industriezweige‘, so die unglückliche Formulierung. Die Vergewaltigten rächten sich durch Strategien der ‚Undienlichkeit‘ – den MARQUIS DE SADE sollen die ‚Peitschenstriemen auf der Haut der entblößten Leiber‘ inspiriert haben – und politische Philosophen wie THOMAS HOBBES und JOHN LOCKE soll der jener entmenschte ‚Naturzustand‘ nicht nur inspiriert haben, sie waren selbst im Kolonialgeschäft aktiv – die Umwandlung des Menschen in ein ‚Stück‘ durch das Einbrennen eines Zeichens auf der Haut gehörte schließlich ebenso zum KZ-Standard. – Der Rezensent warnt vor der Lektüre.

**5.6.** Weiterer Widerspruch ranghoher Militärs zum ‚Mißbrauch der Regierungsmacht (für einen) bizarren Foto-Auftritt' (MATTIS) – das bringt den amtierenden Verteidigungsminister MARC ESPER zur Einsicht.

ALFRED DÖBLINS ‚Berlin Alexanderplatz' von 1929 illustrierte das Schlachthofregime – woran sich soviel nicht geändert hat, wie EDO REENTS bebildert – und die Arbeiter leben wie die Tiere zusammengepfercht, in überfüllten Transportern zur Schlachtbank gebracht, bleiben jedoch am Leben – im Katarakt von Werkverträgen, der die Einheit von Handeln und Verantwortung zerreißt – mit dem sich Eigner preiswerteste Arbeitskraft beschaffen, ohne die Konditionen zu verantworten – wie in Singapur, wie in Dubai, und ein bißchen hier.

Lange nichts gehört von Menschenverachtung, aber jetzt: ‚auch in Deutschland haben wir ein strukturelles und tiefgreifendes Problem mit Rassismus – gerade auch innerhalb der Staatsgewalt', so CLAUDIA ROTH aus dem Präsidium des Bundestages – Anschluß SASKIA ESKEN mit ‚latentem Rassismus in den Reihen der Polizei, der Sicherheitskräfte' – es hat was von ansehensgierigem Aufblasen des amerikanischen Themas in ein deutsches Pendant und verharrt im Parolenformat, nicht ohne Ressentiment – ROBERT HABECKS Idee, ‚Rasse' aus dem Artikel 3 zu entfernen, ist vom gleichen Klempner-Format (nichts gegen den Berufsstand!), besser KLEMPERER-Format: sie wollen Sprache frisieren, als verschwände das Thema damit.

Er müßte dann als ‚Rasse'-Eliminierer, vielleicht deutscher Saubermann-Gesandter, den Begriff aus einem halben Dutzend internationaler Rechtsetzungen radieren, schöne Hinweise an die Krähwinkel-Politiker durch Leser Jan Boetius (16.6.20).

Konkreter ist da der Statuen-Sturz des Philanthropen und Sklavenhändlers EDWARD COLSTON in Bristol, dessen wohltätige

Werke aus der Verschiffung von 84.000 Schwarzen, gebrandmarkt mit den Initialen der ‚Royal African Company‘, herausfinanziert wurden (GINA THOMAS). Basis war der innerafrikanische Sklavenhandel, Ziele waren die Tabak- und Zuckerrohrfelder in der Karibik und dem weiteren Amerika.

Iran sitzt auf 1,5 Tonnen angereicherten Urans, abgemacht waren 200 Kilogramm, Anreicherung in modernisierten Gaszentrifugen, die unterirdische Anlage ist aktiviert (STEPHAN LÖWENSTEIN).

**6.6.** Demonstrationen in Amerika – ‚ein Druck auf die Halsschlagader mit dem Ziel, den Blutfluß zum Gehirn zu unterbinden, gehört nicht ins 21. Jahrhundert‘, heißt es in Kalifornien – er gehört eventuell nicht zum Rüstzeug angemessenen polizeilichen Handelns, jahreszeitunabhängig.
Prediger AL SHARPTON, Houston: ‚es ist Zeit für uns ... zu sagen: Nehmt euer Knie aus meinem Nacken‘ – Die Demokraten im Kongreß gehen auf die Knie – hoffentlich stehen sie auf.

‚Selfless‘ – ein Mann will dem Krebs entfliehen und BEN KINGSLEY schlüpft in den Körper von ‚Deadpool‘, der Konflikt zwischen *body & mind* geht schief – diese Todesklempner.

**7.6.** TOM JONES wird 80, Sir THOMAS JOHN WOODWARD, dem die Frauen Unterwäsche und Wohnungsschlüssel ‚massenhaft auf die Bühne schmissen‘ (EDO REENTS 6.6.20), der auch nach Las Vegas und dem Lederzeug des ELVIS PRESLEY ‚weiterhin noch das schrägste Fremdmaterial fast zu Tode strangulierte‘, dabei mit ‚größter Intonationssicherheit‘, wohl bis zur Stunde.

Das Frühstück sonntags ist ein Ort der Ruhe, meine liebe Frau, meine geliebte Frau, rätselt, ich ziehe das Feuilleton vom 2. Juni hoch, gewidmet MARCEL REICH-RANITZKI zum 100. – und es beginnt mit KARL HEINZ BOHRER, der schreibt so unverwandt, wie RR sprach, der ‚stand nicht unter dem Kommando einer Theorie, sondern der Anweisung des

Lebens', ein Satz, immer noch wie Befreiung und Appetit machend auf die schärfsten Texte 'der sich selbst aussetzenden Frechheit der *lingua libera*' des RR. – Bei alldem jene 'Lasur der Warmherzigkeit, sicher nicht frei von kehrtwendenden Überraschungen und besser als jeder Staubsaugervertreter, der wahre Anwalt der Bücher', so PAUL INGENDAAY gleich daneben – ich fürchte, ich muß sie alle lesen, wenn sie so süffig sind, ich höre gerne auf, bevor es fad wird, nein, meine Ungeduld hat diesen oft streunenden Gang durch Gutes hervorgebracht, das kostet manch Gutes – bis mir wieder einer den Kopf in die Buchstaben drückt – lies es!

Die Republik-Patentkarte zeigt Anstieg der Anmeldungen – ihre regionale Herkunft folgt der Verteilung hochproduktiver Industrien und Wirtschaftszweige über das Land, der die Bevölkerungsdichte folgt – von gut 46.630 Anträgen kommen knapp 30.000 aus den beiden Südstaaten – von den verbleibenden 17.390 sind 10.870 aus NRW und Hessen, 1.841 aus den Ostländern. – Und die *start ups!* Kommen ins Land, welches binnen Jahresfrist vier Plätze direkt hinter das Führungsquartett sprang – also Platz 5 hinter den *Big Four*, hinter der *Bay Area* (San Francisco) und *Silicon Valley* – weit vorne, danach stabil Großbritannien, Israel und Kanada (bth. 9.6.).

Hunderttausende auf den Straßen Amerikas, wie 1964 – unter dem amerikanischen Traum gärt das amerikanische Trauma – während die Falcon 9 am Bildschirm in den Himmel zieht, zeigt die Laufschrift unten Massen und brennende Städte, unterbrochen von den aktuellen Coronazahlen, 'Szenen aus einem Land im freien Fall', zitiert VERENA LUEKEN (2.6.) MICHELLE GOLDBERG aus der NYT – was sie immer wieder untersuchten, wußten sie längst, der Satz von JAMES BALDWIN wird wiederholt zitiert – 'das ist vierhundert Jahre her und das Erbe ist bis heute ihren Körpern eingeschrieben' (LUEKEN).

Brasilien macht die Infektions- und Totenzahlen nicht mehr bekannt, das bringt Unruhe, 710.000 Infizierte – 37.000 Tote – drei Tage drauf wird die Regierung gerichtlich verpflichtet, weiterhin zu veröffentlichen.

Abends EUGEN RUGES ,Metropol' zu Ende gebracht, den Gang durch das Jahr 1936 in Moskau, im 4. Stock jenes Hotels, wo die OMS-Mitarbeiter des Geheimdienstes der Komintern geparkt wurden, untergebracht heißt es, bis der Fahrstuhl um 4 Uhr morgens vernehmlich knackt und das Klopfen an der Tür mal bedrohlich nahe mal entfernter den langen Flur runter zu vernehmen war – um diese äußere Achse dreht sich das Leben der Protagonisten, ihre innere ist die Suche nach Anhaltspunkten in ihrem Leben, die den Vorhalt ,Staatsfeind' stützen könnten, in Erwartung des Klopfens – der oberste Ankläger WASSILI W. ULRICH, zeitweilig wenige Türen weiter residierend, wie LION FEUCHTWANGER, folgte dem Regime der unterzeichneten Listen und verfaßte 30.000 Urteile, größtenteils ohne Anhörung und ohne Prozeß – am Schreibtisch – es ist immer noch gespenstisch, denn das faßte FEUCHTWANGER 1937 in Worte.

**8.6.**  Minneapolis: neun von 12 Abgeordneten plädieren für die Auflösung der Polizei und ihren Neuaufbau – der Präsident habe sich von der Verfassung abgewandt, erklärt der Republikaner COLIN POWELL, er werde den Demokraten BIDEN wählen – die Soldaten hätten einen Eid auf die Verfassung geleistet, nicht auf einen Führer, erinnert ein Minister – JAN WIELE (8.6.) zitiert den amerikanischen Kanon des Widerstandes von MITT ROMNEY, JACOB FREY (Bürgermeister Minneapolis), MURIEL BOWSER (Bürgermeister Washington D.C.), Reverend AL SHARPTON (jahrelang Tour-Manager von JAMES BROWN) bis Rapper KILLER MIKE: *,I'm mad as hell'*, also den Mangel an Entwicklung aus dem ,endlos tiefen Reservoir aus Rassismus und Bigotterie' in Amerika (CARMEN TWILLIE AMBER, Präsidentin Oberlin College Ohio).

Ein Corona-Priester predigt und 350 Zuhörer gehen in Quarantäne, bei vier Veranstaltungen in Vorpommern.

Gin ,Euelsberger' empfiehlt sich: Gold für die Streuobstwiese in der Eifel – NEIL YOUNG mit ,Home Grown' von 1975.
Es war eine schöne Zeit im Schatten des Hegemons, seines

Dollars, von dem in der Welt 6,5 Billionen gehalten werden, im Schatten seines militärischen Schildes über die vergangenen siebzig Jahre – doch ist die Welt jetzt anders, die Zeit komme an ein Ende, so ALEXANDER ARMBRUSTER (6.6.).

**10.6.** Der U-Ausschuß Kindesmißbrauch ‚Lügde' trifft auf eine mauernde Verwaltung, die ihr systemisches Handeln fortsetzt – sie hatte alle Informationen bis hin zum Genogramm – und ließ es gewähren (R. BURGER). – Wieder ein Folter-Netzwerk von Kindervergewaltigern bei Münster aufgedeckt, der 27-jährige Anführer ist ‚amtlich bekannt' (R. BURGER), das versandte Material hoch verschlüsselt, die Mutter stellte die Laube und arbeitet in der Kindertagesstätte.

Berlin ist ein Schauspiel – sein Anti-Anti-Anti-Diskrimi-Gesetz in Kraft! Nach der Bundesverfassung, der Landesverfassung, dem Gleichbehandlungs- und manch weiterem Gesetz wurde es höchste Zeit, dem Krimi die Krönung aufzusetzen – nach Mobilitäts- und Mietendeckel-Orgie die dritte ‚Rechtsgeschichte', entführt es ANTJE KAPEK, Fraktion Grün, mit Sekt und Luftballon – was ist neu? Bei ‚überwiegend wahrscheinlichem Verstoß' kippt der Grundsatz des Nachweises der Tat (Diskrimi) um in die Not des Täters, sich zu entlasten – gefährdet sind jetzt Polizei, Lehrer, Abschiebungsbeauftragte, der Drogenfahnder im Görlitzer Park, der Clan-Ermittler – die ‚Strahlkraft', meint Grün-Justiz-Senator DIRK BEHRENDT, sei ungeheuer – was Stigmatisierung, erkleckliche Entschädigungsregelungen, organisiertes Verbrechen und billiges Rausreden betrifft, wird er Recht behalten. – Nach dem Marsch in die Institutionen wird das Rechtssystem gekippt. Man ist etabliert – und die Etablierten applaudieren, oder schweigen.

Es klingelt – Loki steht auf halber Höhe im Raum – die Glaser kommen, wechseln Stumpfglas im Wintergarten aus – der Hund rast, geht gar nicht! – ich ziehe die Vorhänge zu, mache das Radio an und füttere ihn – rein erziehungstechnisch komplett daneben (bleibt hier im Raum!).

**11.6.**     Mit 10 Kilo Fachliteratur Jus nach Hamburg, zum Doktorvater (hieß so!) – nach zwei Stunden Lebensaustausch im Wintergarten Mozzarella an Weißwein mit Norman und Katrin – die Seiten mit Neigung zu Abgründigem kommen umstandslos zur Sprache – Norman kannte viele, darunter einen, der schon als kleiner Junge sein Geld mit Zigarettenzügen machte (geht ja unter Corona nicht) – um halb vier mit neuen Verabredungen zurück und natürlich mit Bon der Quartierspolizei.

Und der Einzug in die dritte Staffel ‚Haus des Geldes‘ verleiht dem Weltbild Drehmoment – Auslöser ist der Satz des Professors aus seiner Erklärung des Projektes, die Nationalbank auszurauben: ‚wir nehmen niemandem etwas weg!‘ – Damit will er Bedenken seines Überfallkommandos ausräumen, schließlich sind es Leute mit Anstand, von Tokio bis Helsinki – und wir? Haben zwei Staffeln zu je 10 oder so hinter uns, mit dem Professor und seiner *Inspectora* und klasse Schauspielern, das ist neu für mich, Leute! Einfach liebenswert – auch ohne die Beruhigungspille des Profs, schließlich: was nimmst du einer Zentralbank schon weg, wenn du da mit Wucht reinbretterst, die Druckmaschinen anwirfst und mit einem Laster von frisch Gedrucktem rauskommst?

Dieses einprägsame Bild beflügelte meine Justierung – du mußt das nur übertragen! – Nein, nicht auf deine kleine Barschaft, die gilts ja zu hüten wie Augapfel – aber es gibt einen unter den Palästen Europas, wo du jeden Tag, jeden Monat den gleichen Vorgang beobachten kannst (könntest – Computer sagt nämlich ‚neeein!‘) – nur weniger spektakulär, ja geradezu unauffällig – also, stell' dir vor, das ist das Haus des Geldes und die *freaks* im Frankfurter Turm (nix prost Henninger und dieses *Schorsch, ach Schorsch, ach Schorsch, jetz' bisde bei de Weiber unne dorsch*! auf dem Bierdeckel) geben monatlich Gutscheine aus über aktuell 600 Milliarden – dann folgt als banaler Bankvorgang: Gutschrift – Belastung – Gutschrift – Belastung – wer oder was steht dahinter? NIX!!! – Falls es mal zur Abrechnung kommt, wen kannst du in Haft(-ung) nehmen? ALLLEEEE! Alle, die unter dieser Zeremonie ihr Leben fristen.

Und die Milliarde, die sie da, in Bierfässern getarnt, rausfahren, hochschießen und verteilen, die wird sich in Gegenwerten, im Tausch also, eher verkrümeln – und das ist ein Schiß gegen die 20, die Frankfurt als Staats- und Bankenschutz da monatlich rausmöbelt – und der tiefe Satz vom ‚Staatsmonopolistischen Kapitalismus' findet hier, leicht umgestellt, seine veritable Krönung im ‚Haus des Geldes' – in Frankfurt – und der Riesenapparat, zwischen PEPP & PEP©, den sie um diesen primitiven Job

herum aufbauen, von Frankfurt quer durch Europa, bis Brüssel und zurück, kompletter *bullshit*, Leute! – mit ihren *tripartite abbreviations* texten sie nur die Leute schwindelig, Programmkino mit 1.000 Steckplätzen, wie die Telefonvermittlung vor 90 Jahren – also, ich würde ja sagen, nichts wie hin, der Prof hat so recht, stark revolutionäres Potenzial hat der Streifen.

Übrigens, der Originaltitel ‚*casa del papel*' trifft den Kern weit besser: das ist alles Papier – ohne Gegenwert, fiat money! Und alles bereits auf das Versandfertigste beschrieben, (guxdu Bd. 7.2, 2013, von A bis Z, besonders Seite 84 – und Seite 108 f. und Seite für Seite! – Läuft übrigens seit 2010, dieses Geschäftsmodell Europa!). – In Rußland treiben sie ‚Memorial' in die Pleite, indem sie hinterzogene Steuern erfinden und die in die Konten reinbuchen – hier dienen die Papiere dazu, Gutschriften aus dem Nichts zu küren, damit (und womit) sich Staaten über Wasser halten – und sich gegebenenfalls, also am Tag der Abrechnung, am Vermögen der Leute gesundstoßen – dabei achten sie darauf, selbst nicht zu kurz zu kommen – und was die ‚Fiat Money-Tonnage' bereits an Verbrechen befördert hat, guxdu Italien, guxdu Spanien

(Bd. 7.1, 2012, Bd. 7.2, 2013, Seite 30 ff., von den feineren, regulären Sortierungen in Brüssel – A1 bis A16 und so – nicht zu reden).

Seit zehn Jahren, was sag' ich, seit 20, 25 Jahren setzt sich wissenschaftliches und politisch-ökonomisches, juristisches und verfassungsrechtliches Begreifen mit diesem Wahnsinn auseinander – und es perlt an der politischen Blase ab wie Wasser an der Ente (Zitat RL) – und du kannst sie nicht zwingen zu hören, Stellung zu nehmen – sie tun, was ihnen behagt.

**12.6.**     Putz vorgezogen – ,Brian Auger & The Trinity, JULIE DRIS-COLL, wenn Sie erinnern.

Das Selbstbestimmungsrecht der Völker sollte das ,System von Versailles' fördern, stattdessen wurde ein unbändiger Nationalismus losgetreten mit Hunderttausenden von Toten insbesondere im Krieg zwischen Griechenland und der Türkei – zum hundertsten Jahrestag des Vertrages von Trianon rüttelt VIKTOR ORBÁN an einigen Grenzzäunen – ,Mißverständnis', beruhigt sein Außenministerium, ,Fiume' sei nur eine Aufforderung für ,Urlaub am Meer'.

Nachdem DREW PAVLOU aus dem australischen Queensland den Uni-Influencer XI angreift und seine Uni wegen der XI-Finanzierung kritisiert, wird er für zwei Jahre suspendiert, ist auch seines Lebens nicht mehr ganz sicher – schließlich machen die Gebühren chinesischer Hörer 20 % des Uni-Budgets aus.

Fix noch die vierteljährliche Realsatire, genannt Bundeswehr, deren Berichterstatter sich verkürzelt (pca.) – Einsatzbereitschaft habe ,leicht zugenommen', bei den ,68 Hauptwaffensystemen (auf) knapp über 70 %' – Schützenpanzer Puma (das arme Tier) wird ,seit einem halben Jahrzehnt in offenbar miserabler Ausstattung geliefert (!)', kurz, kommt kaputt an, daher zu 25 % einsatzbereit – allgemein ,ein unbeherrschbar gewordener Rüstungsprozeß' … amts- wie industrieseitig unbeherrschbar, kurz sklerotisch festgefahren – beim Kampfhubschrauber Tiger (schon wieder ein Mißbrauchsfall, wo steckt der Tierschutz!)

wählt Chefe *Inspectorus* ERICH ZORN die Worte ‚zaghaft positive Entwicklungen‘ – genaue Zahlen werden aus völlig nachvollziehbaren Gründen geheim gehalten, um ‚konkrete Rückschlüsse auf aktuelle Fähigkeiten der Bundeswehr‘ zu vermeiden – keine Sorge, PUTIN liegt längst auf dem Rücken vor Totlachen.

Wir sind nicht durch, Herrschaften! – Neueste Systeme sind zu 2/3 einsatzbereit – Vertrags- und Liefertreue der Industrie ‚eine regelmäßige Herausforderung‘ (welch sympathische Formulierung), ‚immer schlimmer‘ *isses* beim Kampfbomber Tornado – beim Sanitätsdienst ‚massive Materialdefizite bei grundsätzlichem Verzicht auf Ersatzteilversorgung‘, daher Restebeschaffung ‚aus defekten Systemen‘, insgesamt ‚Entkopplung vom Stand der Wissenschaft und Technik – also nichts außer heißes Wasser (Tauchsieder!) und Handtuch (aber ein weißes, zum Hochhalten) – kein Wunder, daß die Amerikaner abziehen, solches Land zum Verbündeten zu haben, ist ein Höchstmaß an Selbstgefährdung – MACRON nimmt ja von der Sonder-Waffenbrüderschaft auch eher Abstand – ‚Unbefriedigend‘ sei's, so MARIE-AGNES STRACK-ZIMMERMANN, das ist feinsinnig – aber eine PEP©-Vollreinigung ist ja denkunmöglich!

Nordkorea droht TRUMP, er werde nicht wiedergewählt, wenn er sich nicht benimmt. – Nigeria: ein Dschihadisten-Trupp überfällt ein Dorf, geht von Haus zu Haus und erschießt 81, zumeist Frauen und Kinder, verschleppt sieben und nimmt 1.200 Tiere mit, brennt schließlich das Dorf nieder – wie die SS-Division ‚Das Reich‘.

Wenn's um Rassismus geht, läuft hiesiger Radikalismus in der ersten Reihe – und geht in allfälligen Korrekturmodus, zuerst der Verfassung, sodann im GEZ-System durch die Programme, MICHAEL HANFELD (12.6.) versammelt ein halbes Dutzend mal ‚abgesetzt‘, ‚ausgesetzt‘, aus dem Programm geflogen, an der Spitze ‚Vom Winde verweht‘, ebenso in Britannien die Serie ‚Little Britain‘ (‚*computer sagt naaiiin*) – drauf steigt der Umsatz bei Amazon sprunghaft, die Leute sorgen für sich unterhalb fürsorglicher Meinungsbildung.

Zum weltweiten Bildersturm die Aufzählung von STEFAN TRINKS: solche ‚Spiegelgefechte‘ könnten die Bilder des Bösen mit dem Bösen selbst verwechseln – weitere *reports* von KATIE WHITE, BEN DAVIS zu den Statuenstürzen, WINSTON CHURCHILL steht bereits hinter Brettern, GHANDI guckt auch sehr traurig vom Sockel.

Es ist ‚der Preis der Heldenverehrung‘, so GINA THOMAS (16.6.), aus Großbritanniens imperialer Zeit, der jetzt die Radikalisierung treibt, die mit dem Imperialismus gleich auch den Abbau des Kapitalismus, der weißen Vorherrschaft, dann noch des weißen Patriarchats und der weißen Staatsstrukturen ‚fordert‘ – und 80 Denkmäler auf dem Zettel hat.

In Atlanta/Georgia wird der Schwarze RAYSHARD BROOKS bei einer eskalierenden Polizeikontrolle erschossen.

**13.6.**    Marion fährt zur Chorprobe, Gut Sandbek, drei Frauen und Trainerin, ringsum ein Dutzend auf Hochzeit – kommt zurück und, mit glockenhaften Tönen, an die Arbeit – mittags kleine Ausfahrt auf den Klapprädern mit Loki um den Unisee – schön und schwül. – Abends zur Geburtstagsfeier der Pastorin, ich halte mich raus, zum feinen Essen im El Campo, OHZ – doch schließt die Küche um 9, das ist den Feiernden sehr unpäßlich und so fallen sie um 11 hier ein, Pastoren zuhauf, Küche & Keller (eher der) werden mobilisiert – Start auf dem Hochsitz, dem gebührend gefeierten, sodann großer Talk im Wintergarten, gegen 1 lichtet sich das Feld.

Nord Stream 2: der Kongreß der Vereinigten Staaten beschließt Sanktionen gegen Teilnehmer dieses Projektes, einer Exposition des deutschen Sonderweges – dessen sich alle bewußt sind, nun aber empört. – Im Aufstand gegen die USA ist das Berliner Ensemble ja trainiert, gegen vieles Übrige hingegen mit gleicher Energie immun, was WOLFGANG SEIBEL im Leserbrief aufzählt (18.6.20), die Ostseeröhre verstößt
- gegen das ‚Dritte Energiepaket der EU‘ von 2009,
- gegen die novellierte Gas-Richtlinie von 2019,

- gegen die Ziele der Pariser Klimaschutzkonferenz 2015, weil's Methan mit geschätzt 40 % am Treibhausgaseffekt beteiligt ist,
- und schließlich massiv, genauer in ‚profunder Arroganz gegenüber unseren Bündnispartnern Polen, Litauen, Lettland und Estland‘ und gegenüber der Ukraine.

Da steht die gepflegte Großeuropäer-Attitüde im hellen Schein eines schon tumben Opportunismus, einem Politikformat, dem die Mitte fehlt. Erst das Atom abstellen, sodann das Volk vogelig machen und abkassieren, weil kompetenzfrei, aber mit Billionen effektlos am Klima rumgefummelt wird – du schlägst lang hin.

**15.6.** Corona-App im Land der Angst und Bedenkenträger: nicht die sachlich gebotene Optimierung, sondern das Bild ‚beispielloser Überwachung‘ prägen das ‚Äppchen‘ (JASPER VON ALTENBOCKUM 15.+16.6.), keine Standortspeicherung, keine zuverlässige Information des Gesundheitsamtes, keine schnelle Identifizierung des Infizierten, eben k/ein bißchen Schutz – der eigentliche Feind ist der Datennutzer – Bestätigung jedes Corona-Leugners.

JOACHIM TAUBER erzählt vom baltischen Trio Estland-Lettland-Litauen – wie es durchs 20. Jahrhundert kam, besser, wie mit ihm verfahren wurde – seit Versailles selbständig, standen sich Reste der deutschen sowie die neue Rote Armee aggressiv gegenüber und wüteten durch das Gebiet (drastische Schilderungen bei HERBERT KAPFER ‚1919‘ und ROBERT GERWARTH ‚Die Besiegten‘) – den autokratischen Regierungen folgte die Zuteilung an die braun-roten Diktatoren – über die Einladung nach Moskau und Bitte um Stationierungen, hochgerechneten Abstimmungen und der weiteren Bitte um Beitritt zur Sowjetunion – Enteignungen und Deportationen nach Osten – über die Besetzung durch die Wehrmacht und die Deportation und Ermordung aller Juden – über den sowjetischen Tag der Befreiung in die weitere fast 45-jährige Sowjet-Teilnehmerschaft, nach achtjährigem Partisanenkampf in Litauen – bis zu GORBATSCHOWS Worten in die endgültige Befreiung – bis zur PUTINSCHEN neuerlichen Geschichtsschreibung, die weiterhin von

Freiwilligkeit spricht – und Länder & Leute in hoher Aufmerksamkeit hält, mit ausgeprägtem geschichtlichen Bewußtsein, betont der Autor.

Zum russischen gesellt sich zwanglos das chinesische Narrativ, hier am Corona-Mythos, eingebettet in die imperiale Sicht der Dinge, wie sie XI akut verbreiten läßt – sein ‚Weißbuch‘ soll ‚den Menschen das korrekte kollektive Gedächtnis‘ vermitteln – solange direkter Zugriff noch nicht möglich ist – FRIEDERIKE BÖGE berichtet von Erfolgen auf deutschem Boden, genauer im abendlichen ARD-Programm: die Gebrüder BEETZ haben sich unter drängender Beratung des ‚China Intercontinental Communication Centre‘ (wenn Sie ahnen …) auf ein Husarenstück ‚guter Geschichte‘ vom Corona-Virus eingelassen, worin vielfach ausgelassen, vielfach zugelassen, jedenfalls qualitative Recherche abgelassen wird, fast ein gelungener Aufschlag chinesischer ‚internationaler Diskursmacht‘ – doch setzt der Sender in letzter Minute die Ausstrahlung ab.

Ein PS zum russischen Geschäftsmodell bietet sich an, welches im Inneren ja vom *topos* des Familienbetriebs geprägt ist, jenem Begriff aus archaischer Frühzeit – KERSTIN HOLM bevorzugt für die Charakterisierung jenes Ensembles von Geheimdienstgünstlingen und Sportsfreunden das Zarenmilieu – wo de IWAN, Sohn von de IGOR SETSCHIN, schon reichlich ausgezeichnet, nach Öl sucht – wo die neue Verfassung Brüderchen PUTINOWSKI von parlamentarischer Nerverei, also Nachfrage oder gar Kontrolle, freistellt, auf Applaus-Modus festlegt, wie bei XI – wo die Zarentöchter, sorry, Putinskajas unter Tarnnamen in Richtung ‚Weltspitze‘ tätig sind:

MARIA WORONZOWA baut Forschungsklinik für Gen-Technologie und Nuklearmedizin und hat Platz im ‚Rat des staatlichen Wissenschaftsprogramms, hat Chefe bestimmt! – soll im Genom der Russenpathogene Schwachstellen finden, damit die 100 % positiv sind.

Töchterchen KATERINA mit Tarnnamen TICHONOWA zimmert an einem Technologie-Campus, um ordentlich Künstliche

Intelligenz hochzufahren, dafür müssen alle aus dem Zarenrat spenden: de Rosneft, de Transneft und die Rosatom, hat schon genug Last mit ihren atomaren Hochöfen, weitere Spenden von ,anonymen Quellen' – nach acht Jahren Forsch sieht's mau aus, das Land hat eher ein Milliardengrab mehr.

Und hier? Kriegst du den Koller, *isja* Standard: also Erdöl, Kohle, Gas auf Null bis 2050, sagt ,eines der wichtigsten Beratergremien der Bundesregierung', so NIKLAS ZABOJI – warum dann stellt sich diese Regierung mit Europa und Amerika quer, nur um diese Gasleitung durch die Ostsee zu treiben? – Jedenfalls muß das EEG weg (ich glaub's nicht), meint die Kommission, mit den Gründen, die seit 20 Jahren gegen diese *profit shift*-Nummer formuliert werden – weiter: die KWK-Förderung weg, Stromsteuer weg, $CO_2$-Tonne auf 50 Euro verdoppeln – eine ,Mammuttransformation' für den deutschen Sonderweg, verstehe das, wer will – was, beim Teutates, hat dieses Gremium über Jahre hinweg beraten??

EU: grotesker noch geht's mit der ,Wiederaufbauhilfe' zu, wofür die Verhandler-Troika nach Rom reist – und versichert, sie wolle gar nicht genau prüfen, wo die Kohle hingeht – das Tollhaus im Dreisprung! Nur eins ist sicher: der Tonnagetransport von Geld im Schatten des spiegelbildlich anwachsenden Schuldenberges, wohinter die Schuldner residieren.

**16.6.**   Nachmittags geht der erste Anruf auf das 15.000-Investment in meine Webseite ein: Helge K., Kollege aus den 90ern, aus dem Hamburger Chemieviertel erkundigt sich – ich bin begeistert, reicht schon fast! Nach Corona soll was passieren. Weiß nur keiner, wann das ist.

**17.6.**   Der vormalige Audi-Manager AE wurde in Kroatien in Haft genommen – Auftrag von US-Behörden, drei weitere ebenfalls gesucht, alles unter dem Diesel-Makel.

,Augustus Intelligence' gehört zur Magie der *Artificial Intelligence*, klingt wie deutsche Ausgründung im 77. Stock des Manhattan World Trade Center – denn von Chefe bis sonstwo hin zieren es deutsche Namen, neben HANS-GEORG MAASSEN, dem Jung- und Hochspringer PHILIPP AMTHOR Betagte wie KARL-THEODOR ZU GUTTENBERG, kurzfristig Präsi, doch dann ist die *website* vom Schirm. Dabei auch als Co-Gründer und ‚Mozart der KI‘ (schluck), de PASCAL WEINBERGER aus Frankfurt, auch noch Multigründer, Hochstapler, Wunderkind und 23, einer sagt: Schwergewicht für maschinelles Lernen – Parole Zugriff, wenn das Gehirn in Sicht kommt.

Dagegen Berlin, wo ein gewisses Kontinuum von ‚Behördenversagen‘ (Begriff aus dem *bullshit bingo* zum Kaschieren, Ablenken) auf einen Höhepunkt zutreibt, der von reinem Ekel gezeichnet ist: die wohl dreißigjährige aktive Begleitung eines Systems von Kindesmißbrauch durch das West-Berliner Jugendamt – unter wissenschaftlicher Anleitung des HELMUT KENTLER und frommer Assistenz durch einen HELLMUT BECKER, seines Zeichens Leiter des Max-Planck-Instituts für Bildungsforschung (HEIKE SCHMOLL). Und Gewährsmann des Pädophilen GEROLD BECKER.

Kinder und Jugendliche ‚bewußt an pädophile Pflegeväter vermittelt, (die) alleinstehend und oft wegen sexuellen Mißbrauchs vorbestraft (waren)‘ – damit zwei Probleme gelöst, heißt es weiter: Kinder von der Straße und den Mißbrauch ‚in die eigenen vier Wände‘ geholt – die Einrichtung von Wohngemeinschaften oder Pflegestellen bei pädophilen Männern war in der Senatsverwaltung bekannt und überwiegend bei den Bezirks-Jugendämtern akzeptiert – Hinweise auf Mißbrauch wurde ‚von den Jugendämtern ignoriert‘ (wie neulich Lügde), der Pädophile von Mitarbeitern ‚verteidigt‘ – Bezirksämter ließen Briefe der Opfer unbeantwortet.

Das ‚KENTLER-Experiment‘ war ‚ohne ein Netzwerk von Behörden, Jugendämtern sowie pädagogischen/wissenschaftlichen Institutionen nicht möglich‘ – acht Jahre war der Mann Abteilungsleiter im Pädagogischen Zentrum, dem Senator für Schulverwaltung direkt unterstellt, dazu Berater und Gutachter

(HANNAH BETHKE 17.6.) – KENTLERS Päd. Zentrum stand in ‚direkter Verbindung zur Odenwaldschule unter dem Leitenden Pädophilen GEROLD BECKER‘, der die Vermittlung von Kindern an Pädophile, auch einschlägig vorbestrafte, ins gesamte Bundesgebiet betrieb – das ist Berlin, dessen Finanzverwaltung gegen Klagen die Verjährung geltend macht und jegliche Vorwürfe rigoros bestreitet (BETHKE) – was passiert/e im Rest der Republik, grassiert mir durch den Kopf – der Haupttäter in Münster war bereits zweimal vorbestraft, zu zwei Jahren – auf Bewährung – den Stiefsohn für das Leben zugerichtet.

Da ist der Nordkoreaner fast Erholung – dort exponiert sich Schwester KIM YO-JONG gerade ‚auf die Position eines nichtständigen Mitglieds im Politbüro‘, von Protokollchefin über Stift reichen für schwerwiegende Unterschrift, über Aschenbecher halten, aber auch Besuch der Olympischen Winterspiele – jetzt hat sie ihre Ankündigung ‚einer mächtigen Explosion‘ wahr gemacht und das Verbindungsbüro mit Süd-Korea in die Luft gejagt, soll beim Militär gut angekommen sein, das ja regelmäßig einen ordentlichen Bums erwartet – alles von nicht zimperlichen Massenaufmärschen begleitet – als Süd-Korea-Chefe MOON Leute für Gespräch entsenden will, kommt's echt breitseitenmäßig, das sei ja wohl ein ‚taktloser und teuflischer Vorschlag‘ und überhaupt die ‚honigsüßen Worte eines dreisten Mannes‘, könne man ja auf den Tod nicht ab oder so ähnlich.

Während also Schwesterchen eher Krawall schlägt, geht PUTINO eher aufs Ganze, kein Wunder, wenn man auf 6.000 Kernwaffen sitzt – seine Manöver beginnen regelmäßig bei 100.000 und zum Abschluß läßt er seine Generalisti gerne ein paar von den Atomskis auf die nähere Umgebung werfen – THOMAS GUTSCHKER zitiert aus den letzten Brüsseler Auswertungen der ‚Zapad‘-Manöver: 2009 A-Bomben auf Polen, 2013 mit Langstreckenflug aufs schwedische Gotland und 2014 während des Überfalls auf die Krim mit den gleichen Viechern an der West- und Südgrenze Patrouille geflogen – Es wird ungemütlich, so auf längere Sicht, der Einsatzgrad hierzulande könnte einladend wirken, nur die ungeliebten US-*guys* würden das

219

Schlimmste verhindern, die Linke mit Fähnchen in Görlitz, ich sag's, wie's wär! Ob der Ostausschuß und olle MÜTZENICH die weiße Fahne noch rechtzeitig hochbekämen, ich weiß ned – Der Abzug von 10.000 noch nicht sicher …

… dieser unschöne Gedanke, ihr Friedensengel, läßt sich zwanglos weiterspinnen – sagen wir, Ukraine hält (*casus belli!*), Weißrussland wird sanft gekippt, nach Süden beim Tschechen steht ANDREJ BABIŠ in gutem Kontakt zu XI, hat er Flugzeugträger gesagt? De VICTOR ORBÁN is auch gut für allerlei – und dann Balkan, da ist Serbien, schon schriftsprachlich sehr putinös, mental auch mehr slawisch als spanisch, und de SERGEJ LAWROW vom russischen Außenamt kommt extra zur Wahlveranstaltung von ALEKSANDAR VUČIĆ nach Belgrad (MICHAEL MERTENS 20.6.), wenn das nicht Sympathie ist! Kannst du die Uhr nach stellen, wann so'n Freundschaftsbesuch der Schwarzmeerflotte in der Adria einfällt, die *passe doch kaum* an die Kaimauer! – Nicht genug damit, statt EU-Beitritt schreibt de VUČIĆ Liebesbriefe an XI, was sag ich, an ,Bruder XI', wo er nach Riesenlob alles unterstützt, was der grade auf dem Zettel hat.

Mit Serbien hast du also den Doppelpack der Sandwichliste Ost, naja, noch nicht am Hals, so garottenmäßig, aber kurz darunter. Und kaum ist er gewählt, der Serbe, mit knapp zwei Dritteln, macht MICHAEL MERTENS Bericht über ,russische Verhältnisse' (23.6.), Mehrheitsverhältnisse wie in Minsk, oder Moskau, nicht Staatstreue sondern Parteiloyalität wird erwartet, trotzdem EU-Applaus von DONALD TUSK! – Jetzt noch Italiens Beitritt zur neuen Ost-West-Kolonialroute, sorry Seidenstraße - mal' das mal aus auf der Landkarte, wie in der 3. Klasse, das ist fast eingekreist, nur Flucht nach Westen ist möglich.

18.6.  Bei der Liquidierung von Oppositionellen und Unbotmäßigen steht PUTIN längst mit beiden Beinen in Europa: der Generalbundesanwalt gegen den Russen WADIM KRASSIKOW - Anklage wegen Auftragsmord im Tiergarten vor zehn Monaten (MARKUS WEHNER 19.6.) – ,äußerst schwerwiegend', so HEIKO MAAS, von zwei Jugendlichen beobachtet und verfolgt, kam es direkt nach dem Kleidungswechsel zur Festnahme – Beweise zahlreich und erdrückend.

**19.6.** Die Frage lautet inzwischen: war KANT ein Rassist! (PATRICK BAHNERS), genauer ‚Ist KANT ein Rassist‘ – ja, er war's, hielt Menschen weißer Hautfarbe für überlegen, verächtlich gegenüber ‚Negern‘, ‚Zigeunern‘, Juden und Frauen, das Podcast jedoch ist nicht sein Problem, von dem er jetzt gezogen werden soll, so MARCUS WILLASCHEK von der Kant-Kommission (23.6.) – auf den Werbeflächen amerikanischer Produkte stellt sich die gleiche Frage – es mögen keine Rassisten sein, selbst ihre historisierenden Abbildungen mögen von bester Absicht geleitet sein – doch das Abbild zeigt einen Ausschnitt aus Sklaverei-Verhältnissen, daher steht es zur Debatte – Kulturredaktionen ließen sich, deutsche im GEZ-System zumal, gerne ‚von einer revolutionären Stimmung Beine machen‘. – Aykut Anhans, vulgo HAFTBEFEHLS ‚Weißes Album‘, der Mann ist ebenso übergriffig, von bosnisch über türkisch und französisch bis zum Romani (ELENA WITZEK) – ‚Chabos wissen, wer der Babo ist‘, hieß es 2013, daran hat sich nicht viel geändert, ‚Papa war ein Rolling Stone‘, heißt es jetzt – daneben singt REINHARD MEY, 77.

Die ‚Big Five‘ stabil, kurz hinter Aramco, im Juni: Apple 1,52 Bios – Investitionen in Forschung und Entwicklung bei extraordinären 15% – Microsoft 1,48 – Amazon 1,32 – Alphabet 0,98 – Facebook 0,66 – viel gefüttert aus den *fiat money*-Gebirgen.

RAINER LANGHANS liegt im Bett, wird heute 80 – floh mit 13 Jahren aus der DDR, wurde Kommunarde und der ‚freundliche Luftgeist aus einer anderen Welt‘, im Unterschied zu FRITZ TEUFEL und DIETER KUNZELMANN – ‚er hatte die schönsten Haare und die schönste Frau‘ (JÖRG THOMANN) – ‚im Moment bin ich vielleicht zwölf‘, wird er noch zitiert.

**20.6.** Das Schlachtesystem TÖNNIES voll die Seuche, 500 Infizierte und die umliegende Stadt wieder im *lock down*. – HUBI HEIL geht schnell ans Instrumentarium, will Werkverträge verbieten.

EU: es wird ernst mit dem ‚Wiederaufbau'-Programm und es zeigt sich: das Virus wird zur ‚billigen Münze', um durchzusetzen, was schon lange im Plan, aber im Normalmodus flagranter Wort- und Rechtsbruch ist: denn der Riesen-Euroberg hat ‚mit der Corona-Krise wenig zu tun', wie hmk.(19.6.20) aus der Durchsicht bei BRUEGEL/Brüssel und dem IW berichtet – es ist Umverteilung von Wohlstand, wie sie im EU-Haushalt seit jeher üblich ist – ANGELA MERKELS große Worte sind schon der Fabel vom Bau großer Brücken gewichen – IW kommt zum Ergebnis: keine Hilfe gegen Virusfolgen, sondern Zuteilung an die schwachen Staaten, ‚einen Krisenfaktor gibt es nicht' im Kriterienkatalog – mit dem Füllhorn für Polen soll ein Keil in die vier Visegrád-Staaten getrieben werden (HENDRIK KAFSACK 22.6.), es geht (wie immer) um den Kauf von Zustimmung – die Pandemietexte VON DER LEYEN und MERKEL im leeren Raum, statt dessen Aufstockung der Strukturfonds, also Kohäsi und die Agrar-Kilotonnen – *obs ned* ‚das falsche Signal' sei, wagt sich LUCAS GUTTENBERG vom *Jacques Delors Centre* aus der Deckung – prompt kriegt er eins von ELISA FERREIRA: aufladen – Tor hoch – raus und abkippen – und die Aussagen stehen: wofür die Tonnage verwandt wird, werde nicht so genau geprüft, was einst zurückzuzahlen ist, steht in den Sternen – Darauf zwei *Gin Tonic*!

Neuer Ausbruch in Neuköllns Mietskasernen, Hunderte – in Peking ebenso, wieder von einem Fisch&Fleisch-Markt ausgehend, hingegen ganzseitig das *‚Information Office'* zu Wuhan in der Zeitung (20.6.), ‚alles im Griff' – in Italien sei das Virus bereits in Wasserproben vom letzten November gefunden worden, eingeschleppt, heißt es auch.

Aus den wöchentlichen *Hot Spots* der Berliner Gefilde, heute Klima und Soziales, zu 1: wie im EU-Modus machen sie es auch hier, packen ‚einen Bundeszuschuß zum Grünstrom' ins Corona-Programm (HEIKE GÖBEL 20.6.) – Und warum diese transparenten Versteckspiele? Weil das Dachplattenprojekt Solarstrom der teuerste Partikel im Bauchladen der Klimaretter bleibt – und die Zehnjahresfrist für die Subvention abläuft – die

Zeiten ‚ausgehebelter Budgetgrenzen' werden genutzt, die mangelnde Rentabilität konstant zum Steuerzahler geschoben – er ist ja Mensch, immer der gleiche Mensch aus Fleisch und Blut, finanziell verdrahtet, du kannst ihm wechselseitig in die linke oder die rechte Tasche geifen – wenn's penetrant wird, kannst du Zeit kaufen, *call it deficit spending* – das ist die Staatskunst in dumm-dreistem Auftritt, 100 % ineffizient, aber immer klimaaffin.

Hier noch das <u>Klima</u> 2-Kling-Klang ‚E-Audos nicht gut fürs Klima?', lautet die fromme Frage von ikop. – das IfW hat mal wieder die Bedingungen versammelt, unter denen diese Vierräder ‚umweltfreundlich' sind, das soll hinter dem Horizont von 2050 irgendwann der Fall sein – auch das wurde bereits mehrfach vertikal und quergerechnet, ihr Staunerlis – der Mensch möchte spielen, wir befinden uns in ganz großen Spielen!

Ach so, zu 2: Grundrente, hier gilt das Machtwort der Kanzlerin, her mit dem Ding, koste es, was es wolle, Refinanzierung war nur Sprechblase OLLI an MACRON – geh' ihnen solange entgegen, bis das Ding gebucht ist, also in den Büchern ist, also im Schuldbuch eingetragen (enn. 20.6.) – in der Buchführung sind wir schon immer unschlagbar, ob KL oder Haushalt – das macht uns so schön nachvollziehbar.

Wirecard von 92 auf 26 in 7 Tagen – ein Bankangestellter in Philippinien hätte bestätigt, da lägen knapp 2 Milliarden – wenn's genügt, eine Angestellte zur Unterschrift zu bringen, befindet sich die Bank im freien Fall, wenn das fürs Testat reicht, fliegt der Wirtschaftsprüfer hinterher – schon taucht so ein MARK TOLLENTINO, Schall & Rauch, beim HB-Briefing auf – auf den Philippinen ‚bestens vernetzt', der wegen ‚fragwürdiger Geschäfte aus dem Verkehrsministerium flog und bei zwei Banken sechs Konten ‚geführt haben soll' – und so, wenn Sie verstehen.

Für die Putzorgie wünscht Marion sich KLAUS HOFFMANN, der Mann steht auch noch als Doppelalbum im Sortiment – und zieht sich durch alle meine Ehen. – Abends folgt erneute

Einladung in die Kyffhäuser Straße, wo Frank und Christiane geradezu liebenswürdig im Gärtchen eine Palette von Gegrilltem, Salat und feinem Wein abfahren – dazu ein schon sprichwörtlich unterhaltsamer Abend – Cara, Typ Feudel, sucht sich beachtete Teilnahme, 0.30 zurück.

**22.6.** USA: unter den 2,2 Millionen Inhaftierten explodiert das Virus, *social distancing* schlecht möglich – so zerlegen sie die Gefängnisse – *we are in a dog fucking place – 9.000 out of 445.000 prison staff infected, jail ,a death crew ship'*, der Direktor beruhigt vor der Presse, es seien ,geschlossene Gesellschaften'.

Schlag ins Kontor: YAGHOOBIFARAH, HENGAMEH, aus ,Queer'-Verhältnissen schreibt im Kontrollverlust – die ,taz', ohne Kodex, läßt sie gewähren, daher gehören Polizisten ,auf die Mülldeponie', wenn der Kapitalismus ,abgeschafft ist, auf (die) Halde, wo sie wirklich nur von Abfall umgeben sind'. – Da hat sich wieder Klima verdichtet und es findet sich jemand, der die Mechanik formuliert, die vom Menschen absieht, abstrahiert, um sodann mit dem Funktionsträger nach Art der Müllabfuhr zu verfahren, im Rahmen eines politischen Programms – ist Letzteres schon im Antifa-Linksradikalismus skandalös, so ersteres klassisches Vorgehen im KL, wo nur noch vom ,Stück' die Rede war – fällt aber unter Pressefreiheit, wird HORST SEEHOFER belehrt – im GEZ-NDR findet das alles große Sympathie und wird unter Schutz von ,Debattenkultur' gestellt (DANIEL BOUHS) – Rechtfertiger wie Kritiker in ohnmächtigem Sprach-, Sprech- und Spruchpalaver – in Angst oder Sympathie sistiert, die sie wechselseitig zu überspielen suchen – Wie wärs denn mal, so vom Präsidium des Bundestages etwa, mit einem herzhaften ,menschenverachtend', Frau ROTH!

Sekundierend jene großen Worte aus der sozialdemokratischen Führung, auch in der deutschen Polizei sei ja wohl genug Rechtsextremismus – politische Freigaben für den literarischen Pöbel, Kurzschlüssiges aus wohlfeilem Geplapper, frei von Einstehen für solch Ausgeworfenes, nur den nächsten Pluspunkt im Aufmerksamkeitstaumel suchend, vielleicht nicht einmal das. – Die wohlwollende Szene entpolitisiert das eifrig zum ‚Partywort der Eventszene‘, von den linken Parteien dröhnt es schweigend – von der Kanzlerin – Schweigen – politisches Desaster ersten Ranges, sieht man das infernalische Lamento in anderen Themen mit einem Zehntel dieser Sprengkraft. – Und die Strafanzeige gegen die Dame mit ihrer politisierten Selbstbefindlichkeit steht nach der Pressekonferenz bereits in Frage, statt angesichts solcher Infamie ein justizielles Wort zur ‚Pressefreiheit‘ zu fordern.

PS.:
der Erklärungswert ‚Eventszene‘ liegt ja unwesentlich über Null, es scheint eben jenes Spiel des *bullshit bingo* zu sein, also dieses Amalgam von Sinnleerem, welches ein träges Publikum zu einvernehmlichem Kopfnicken animieren soll, diffuses Wohlwollen gegenüber der Aktion des Packs – was natürlich Sinn hat: Zusammenhänge zwischen Wort und Tat weichspülen, verschleiern – was der AfD beständig vorgehalten wird – das gleiche Spiel wie jenes mit der Oma im Hühnerstall.

PS-PS.:
Diese Dialektik von Wort und Tat, vom Formulieren der Gewalt zur Gewalt selbst nimmt ULLA HAHN (30.6.20) auf – ‚Die Sprache ist das Haus des Seins‘ zitiert die MARTIN HEIDEGGER, erinnert sich an ‚Bullen-Schweine‘ der 60er Jahre und zitiert den Talmud, der vor zweieinhalbtausend Jahren den Gang vom Denken ins eigene Schicksal pointierte (guxdu Band 7.2, 2013, S. 106).

Und kurz drauf konzentrischer Angriff auf Polizei in Stuttgart – der Innenminister stellt Strafanzeige – zwölf weitere folgen tags drauf.

PPPS.:
Tut nichts, antwortet der Presserat, unbegründet, nix gegen Menschenwürde, da eine ganze Berufsgruppe im Feuer stand, Polizei sei eh nicht unterm Diskrimi-Schutz (dpa/epd/F.A.Z., miha. 9.9.20).

**23.6.** Wirecard: ‚wer prüfte die wundersamen Finanzbögen des Doktor MARKUS BRAUN?‘ – ei die Finanzaufsicht mit dem deutsch-

hohen Regulat, welches jedes Institut mit geschäftsschädigen-
dem Aufwand überzieht – und sie hat versagt, von ‚einer Schan-
de für Deutschland und einem totalen Desaster' spricht FELIX
HANFELD – denn Behördenchef HENNING PEITSMEIER stellt
eine Kette von Ereignissen vor, die seit Jahren, seit 2008, das Ge-
schäftsgebaren des Konzerns ins Licht bohrender Fragen stellte
(25.6.) – also 12 Jahre gebohrt und nix g'funden!

Am 28. Februar verbot die Aufsicht Leerverkäufe für 2 Monate
(HANNO MUSSLER u. a. 23.6.) – wer, bitte schön, verkaufte Ak-
tien in sichtbarem Umfang, die er nicht besaß? Nur jemand, der
ein Desaster kommen sah – und sich ein weiteres Mal die Taschen
vollstopfen wollte – angesichts ausstehender Testate fürs Vorjahr
mehr als ein Wink mit dem Zaunpfahl für eine Aufsicht, *odr*! –
JAMES FREIS, aus dem US-Finanzministerium, übernimmt den
Vorstand – auf den Philippinen pflegt Geld in großem Umfang
zu ‚verschwinden oder zu versickern', über ‚fiktive Besitzer von
Konten' (she. 22.6.20) – die RCBC-Bank bot sich an, dabei hat
Singapore den Laden schon lange im Visier: verschwand doch
im Februar 2019 glatt der Vize Asien von Wirecard, EDO KUR-
NIAWAN, von der Oberfläche – als dann Bilanz- und Dokumen-
tenfälschung sowie Geldwäsche untersucht wurden, hätte sich
der Widerstand der Deutschen versteift, die hiesige Aufsicht hat
dann wohl nichts gestreift – als KPMG ins Gebiet kam, setzte
sich die lokale Buchführung ab (Urwald, schätze ich, such da
mal einen!).

*... eher findest du dort die Furcifer Voeltzkowi!*
*Gerade nach 100 Jahren wieder aufgetaucht, die Schöne –*
*doch, wenn die hört, wie sie heißt, fällt die vom Ast!*
*Foto: Frank Glaw*

Ex-Vorstand JAN MARSALEK soll in Manila entlastendes Material sammeln, dieweil Chefe seinen kollabierenden Aktienbestand versilbert – den Luftbuchungen folgt die Kreditkündigung über 2 Milliarden.

Was nun die Bafin betrifft: ‚Bisher hatten wir beim Thema Aufsichtsversagen nur an … Malta oder Lettland gedacht. Daß sich hier nun auch die deutsche Aufsicht einreiht, ist mehr als enttäuschend‘, bemerkt MARKUS FERBER aus Straßburg – GERHARD SCHICK winkt mit der Finanzwende (FRÜHAUF u. a. 27.6.20). – Das ist deutsche Depression: entweder wissen sie nicht, was sie tun – oder sie können es nicht.

> In die Stadt zum Radwechsel, vielleicht klappt das ja, die Straßenbahn meide ich, daher Fußmarsch zur Sparkasse; alte Unterlagen an Lülli, Trainergedeck im 4you (reine Sentimentalität) und zurück – nach drei Großeinsätzen der Feuerwehr ist mein Gehör tot, Flucht aufs Land.
> Die Brücke von Genua in knapp zwei Jahren neu errichtet, hier noch nicht erlebt – *Dummbatz!* (Mundart Frankfurt), warum wohl! – *weils ned* geht!

JÜRGEN HOLTZ starb, 88.

2.100 Fälle von Kindesverbrechen bleiben im Dunkeln, diese geschätzten zehn Prozent beruhen auf Hinweisen aus den USA – sie stehen außer Verfolgung wegen Löschung der IP-Adressen – wegen des Widerstandes gegen die Speicherung (KARIN TRUSCHEIT).

**24.6.** ANGELA MERKEL bekennt im Bundestag ihre Haltung zu Rußland, dessen Stalin-Nachfolger PUTIN in offener Aggressivität, seit dem Angriff auf die Informationssysteme vor fünf Jahren jede verbindliche Regelung eines verständigen Verhältnisses untergräbt, verweigert, sabotiert (MARKUS WEHNER). Die Geheimdienste infiltrieren hemmungslos, über schlecht getarnte Diplomaten, mehr noch online und schießen innere Feinde in Berlin über den Haufen – der Autokrat in unbeschränkter

Präsidentschaft mit seinen Panzern am Tag der Stalinschen Siegesparade – in mächtigen Formationen paradiert das Militär am Tribun vorbei, skandierende Regimenter, Fernwaffen und Jagdbomber – so führt jenes Land einen offenen ‚Kalten Krieg‘, wogegen dieses Land verzweifelt um erträgliche Beziehung ringt. – Vielleicht ist es diese Mixtur aus dem Minderwertigkeitsimpuls gegenüber dem reichen Westen, dem Atomwaffenberg und PUTINS ‚ewigem Sieg‘ nach der Verfassungsänderung, die ihn zu diesem ‚harten Konfrontationskurs gegenüber dem Westen‘ bringt (VIKTOR JEROFEJEW 24.6.20) – ‚immer am Rande eines ernsthaften Konflikts, damit Rußland als Atommacht ernst genommen wird‘, das ist fast mehr als ‚Kalter Krieg‘. – Vielleicht paßt das ja: die Spionage gegen das Land erreiche und überschreite die Ausmaße des Kalten Krieges, erklärt BRUNO KAHL, Chef des BND (30.6.).

Und so, wie jene Heldentaten in der neuen Verfassung stehen, platziert sie der ‚Garant der Verfassung‘ (‚PUTIN über PUTIN‘ so REINHARD VESER 2.7.20) auch gleich ins Schulgesetz – dann packt er das aktualisierte Konvolut zum 20. Jahrhundert über seine Berliner Botschaft deutschen Historikern auf den Tisch: so siehts aus! – Das betrifft neben zahlreichen Detailkorrekturen vorrangig: den Katyn-Massenmord – die Okkupation der baltischen Staaten, Massendeportationen und deren Einverleibung in den Sowjetstriegel, schließlich den Angriffskrieg gegen Finnland – am dollsten aber den Diktatorenpakt, woraus der Meister eine sowjetische Friedensmission strickt. – Da ist es erfrischend, einmal all jene Ereignisse unter den kommunistischen Gesichtspunkt der Weltrevolution zu stellen, dem sich ja die Genossen LENIN und STALIN mehr als verpflichtet sahen (guxdu DMITRIJ CHMELNIZKI, Bd. 15, (2019.2), unter dem 10.11.).

Auf jene Wurfsendung der russischen Botschaft mit STALINS Notwehrnummer kommt JOACHIM VON PUTTKAMER zu sprechen (3.7.20) – solche Heldenerzählungen aus dem Putinat sollen ‚Russia great again‘ machen, nach außen den Blick aus imperialer Höhe auf die werten Nachbarn lenken, Motto: nehmt euch in Acht! Ich sage ja, Weißrußland läuft auf Moskau zu, die offene Wunde in der Ukraine wird gepflegt, von den asiatischen Asservaten nicht zu reden. – Er machts wie XI, der ja auch Wünsche an die Welt hat, wie sie über China denken soll, über seine Ausflüge und Einhegungen – und schließlich JOHNNY TRUMP, möbelt mit beinahe gleichem Konzept vor dem Mount Rushmore-Monument die Geschichte der USA auf, seinen systemischen Rassismus kaum verbergend. Die fünfseitige ‚*Executive Order on Building an Rebuilding Monuments to American Heroes*‘ ging bereits tags zuvor raus an Kreti & Pleti – darin freundlich, ‚*to peacefully transmit our great national story to future generations*‘, vulgo: der Prügel bleibt im Schrank.

Also nimmt die Zahl der Geschichtenerzähler auf dem Planeten zu, vorrangig die des Sandwich, Leute! Da kann es befremden, wenn die Bundesregierung China- und Hongkong-Reisende vor kritischer Äußerung warnt, vor dem China-Sicherheitsgesetz sich jedoch nur ‚besorgt‘ zeigt, mit Blick auf Klimaschutz, wo man ja China brauche – für das deutsche Wahn-Thema fallen Grundsätze deutscher Politik schon mal hinten runter.

Bildungsrepublik? Der 8. Nationale Bericht liegt auf – keine besonderen Vorkommnisse – für Integration des Digitalen ‚fehlen

*... wenn Bruder Leichtfuß nach Peking reist ...*   Q.: F.A.Z

229

Konzepte', nur marginale Anwendung – Abgänge ohne Abschluß auf knapp 7 % gestiegen – Anteil ‚fachfremd unterrichtender Lehrer' in sechs Jahren bis 2018 auf 13 % vervierfacht (HEIKE SCHMOLL).

Beratungsrepublik: in Sachen VON DER LEYEN sieht das Oppositionsvotum Fortsetzung der Verschleierung, nachdem wesentliche Teile des Berichts der Koalitionäre ‚wieder für geheim' erklärt wurden (pca. 24.6.) – Rüstungs-Staatssekretärin KATRIN SUDER schlug die Einladung ins Parlament aus – ‚Freundschaften und Kameradschaften' aus älteren Tagen hätten das Auftragsregime bestimmt, *ei's is doch von Vordeil, wemmersisch kennt!* – Das Berater-Regime ANDY ausstehend.

Stuttgart verwahrlost und der Mob tritt gegen die Polizei an, der Bürgermeister wiegelt ab: ‚Youtube-Egos feiern sich nun mal gerne' – 40 % aus Migration, 25 % externe Staatszugehörigkeit, 50 % der Kinder bis 6 aus Migration – der Schloßpark im Zentrum ohne Sicherheit – ich wittere das Format *banlieu* – Diskussion von Konzept seit zehn Jahren – Messergebrauch +69 %, Drogen verdreifacht – noch Fragen? (RÜDIGER SOLDT 23.6.) – die Einwanderung hat die Stadt verändert, die Integration sei gescheitert, sagt jemand.

Das ist in Frankreich auch so, einem Land, das während des Tschetschenienkrieges ‚Zehntausenden politisch Verfolgten … Asyl gewährte' (mic. 19.6.20) – Als nordafrikanische Rauschgifthändler einen jungen Tschetschenen verprügeln, kommen Tschetschenen aus dem ganzen Land, aus Deutschland auch und besetzen das Sozialbauviertel in Dijon mit Sturmgewehren, um Rache zu nehmen (war vielleicht unverhältnismäßig, mag der sensible Beobachter argwöhnen) – später trifft der Clanchef mit dem örtlichen Iman eine Übereinkunft ‚unter Muslimen' und es ist wieder Ruhe.

In Brüssel steht LEOPOLD 2 im Blut – der amerikanische Aufstand ruft die Erinnerung wach an seinen ‚Freistaat Kongo', seinerzeit für 23 Jahre des Königs Privatbesitz, den seine Beauftragten nach allen Regeln der Sklavenarbeit ausbeuteten – hörte er Mißliches, war ihm das durchaus unpäßlich.

,Die Kolonialherren vergewaltigten Frauen, schlugen ihnen Gliedmaßen ab, rissen ihre Gedärme heraus. Männer wurden massenhaft ausgepeitscht, lebendig begraben, ihre Geschlechtsteile … öffentlich zur Schau gestellt' (THOMAS GUTSCHKER 19.6.20).

Die prachtvollen Brüsseler Boulevards aus Kolonialprofiten erbaut, lautet der Vorhalt, Näheres bei JOSEPH CONRAD im ,Herz der Finsternis' (1998) – Wer weiß, ob's ohne den Sockel, auf dem er steht, nochmal ans Licht gekommen wäre.

**25.6.** Die Top 500 EU erlitten Gewinneinbruch von 87 % in Q 1, die der USA von 18 % – das spiegelt die Konfiguration der Wirtschaft, die maßlose Dominanz des IT-Betriebs in der ,Neuen Welt', so alt sie auch gerade aussieht.

In Werchojansk, Sibirien aktuell 38 Grad, im Winter minus 68 (mabr.).

Das Schlachtesystem in seiner durch Infektion getriebenen Offenbarung, das Heilsame der Pandemie, vermittelt Ekel, nicht erst im Prozeß der Tierverwertung, eher noch in der Vorbereitung darauf, der Mast,

das ,Schwein nimmt heutzutage rund tausend Gramm pro Tag zu, auf ein präzises Schlachtgewicht hin, bei Überschrei-

231

tung Abzug vom Preis! Vorbild Pute.– Bei Überfüllung mit schlachtfertigem Schwein werden ,viele Schlachthaken aus dem Markt genommen' (REINHARD BINGENER 25.6.).

Geladen wird zum ,Fleischgipfel (zwecks) Neujustierung der Tierhaltung', woran alles teilnimmt, ,vom Stall bis zum Teller' – BARBARA OTTE-KINAST favorisiert Preisanhebung via EEG-Umlage, diesem Vorbild – das neue Kassiersystem müsse jedoch gegensubventioniert werden, um punktuell zu entlasten – die staatsintervenierende Stallfütterung wäre auch hier perfekt. – So treibt Corona ein weiteres Teilsystem in schrille Wahrnehmung: MELANIE MÜHL betrachtet den ,sich in einer ,Fleisch-Matrix' bewegenden unbekümmerten Allesesser', der sich und sein Nährmittel im ,Karnismus' absichert, einem System aus Überzeugungen, das ,… unser Bewußtsein und unsere Empathie (für das Vieh) … blockiert:
,Auf dem Teller liegt das dumme Nutztier, auf der Couch kuschelt das zur Familie gehörende intelligente Haustier'.

Abends hinter der Terrasse, später Gin Tonic auf der Parkbank gegen die sinkende Sonne, der See hinter der Mauer fehlt, also nach so 15 Meter abfallendem Rasen müßte der kommen, da sitzt aber der Nachbar! Also überspringen in die Baumwipfel, Beeketal und schon hast du die Sonne, bis die hinterm Haus, anderer Nachbar, verschwindet – War ja nur eine Idee mit dem See, du müßtest den halben Ort fluten, hast du aber die Bürgermeisterin auf der Matte! Hauptsache, der Nachbar nimmt seine Pillen, vorgestern hat er wieder geschossen, dreimal, beim Tee, fast war der Henkel ab.

**26.6.** CDU 75! ANNALENA BAERBOCK und ROBBI HABECK machen Gratulation – mit pfiffigem Text, der Angebot mitführt, sie sind strategisch – SPD hingegen auf links-ökologisch und Antifa-Kurs, auf 16 % stehend im Personaltausch, ,Parlamentarische Linke mit 76 gegen Seeheimer Kreis, 60' (PETER CARSTENS 27.6.).

SEBASTIAN HEINTGES entwickelt ein Szenarium ,finanzieller Nachhaltigkeit' und lobt die ,doppische Buchführung, weil nur sie der Wahrheit eine Gasse schlagen könnte. Das kommt ja nun völlig zur Unzeit, da man sich grade allseits von den letzten Regeln verantwortlicher Buch- und Haushaltsführung freimacht – komplett unpäßlicher Text, gell OLLI! Tut nichts, ‚der Bund verharrt in der Kameralistik‘, nörgelt der Autor weiter, pflegt das Schattenhaushaltswesen, die Sondervermögen zur Schuldenaufnahme außerhalb des präsentierten Rahmens, dumme Taschenspielertricks der seriösen Herrn – Schuldensaldo per 2018 bei 1,6 Bio – Ansprüche gegen die Altersversicherung bereits per 2015 bei schlappen 6,8 Bio, wenn Sie bitte addieren – und bitte den Rentensturm von Gesetzen nach der Doppik dazu packen wollen.

Unter diesen windigen Verhältnissen ist auch die Schuldenbremse, schön in die Verfassung gesetzt, was verbindlich klingt, als gelungene Luftnummer zu betrachten – denn es wird ‚das Falsche gemessen‘ – allein der Jahresanstieg der Beamtenpensionen und -beihilfen um 10 %, also 70 Milliarden und weitere gesetzlich fixierte Aufwendungen – Bilanz komplett statt sparsame Kameralistik wäre das Zauberwort für Wahrheit und Klarheit – das aber gefällt der Entourage an der Kasse nicht – welch schöne Perlenkette des Manns von PWC.

Gegen solche Orientierung des Verbergens zeigt sich das Universum in furchtloser Offenheit (das ist es: es kennt keine Furcht!) – dort bilden sich nämlich ‚zwei eng kollimierte, gegenläufige Teilchenstrahlen, (die) zwei ausgedehnte Radiokeulen‘ antreiben (obacht, das ist nicht die GEZ!) und am Ende gehen die Gammaflitzer Tausende von Lichtjahren ins Weite – das ist flotte Fortschreibung des ENRICO FERMI, der von alledem schon eine Ahnung hatte, als er von ‚relativistischen Schockfronten in einem turbulenten Plasma‘ sprach (DIRK EIDEMÜLLER 24.6.) – Von sowas ist Berlin natürlich weit entfernt!
Abends ‚Der ganz große Traum‘ – DANIEL BRÜHL bringt 1874 den Fußball ans Braunschweiger Martino-Katharineum – allerliebst.

Tschernobyl 4: der Soldat erschießt die Kuh, damit die Bäuerin mit dem Melken aufhört – die Liquidatoren aufs Dach gegen 20.000 Röntgen und Gammastrahlen – die Beschaffenheit der Aufgabe erlaubt ihnen nur 90 Sekunden Aufenthalt auf dem Dach, die Graphitblöcke haben ein Gewicht von 6 bis 20 Kilogramm – zwei Minuten und die Lebenserwartung halbiert sich – die Geräte fielen aus – Akimor hat AZET 5 ausgelöst – ich kann Sie vor dem Erschießungskommando bewahren.

RECIP baut das Land weiter um in privates *family entertainment*, mit dem Staatsfundus als Kern, den seit 2018 Kassier BERAT AL-BAYRAK kontrolliert, *issich* Schwiegersöhnchen – dann wurde die Leitung der Notenbank gefeuert und gelegentlich Corona mutiert das Ganze ‚zur Finanzfeuerwehr für angeschlagene Staatsbanken und die Währung‘, bißchen ‚Parallelstaat‘, heißt es, oder auch ‚*family office*‘, so ANDREAS MIHM (24.6.).

ERIC CLAPTON in der Biographie PETER KEMPERS – sein ‚Schmeißt die Neger raus, schmeißt die Kanaken raus‘ von 1976, sein frühes Eintauchen in den Blues der Schwarzen, aus der ‚Shopping-Mentalität des untergehenden britischen Empire‘, zitiert CORNELIUS DIECKMANN (26.6.) den Biografen – niemand werfe den ersten Stein.

27.6.     Gassi – Brötchen, Sie kennen das Wochenend-Ritual, heute standen Kühe im tiefen Gras, links, wenn Sie da vorbeikommen, Loki so entsetzt, daß sie wohl 3 Sekunden auf zwei Beinen steht – ich beruhige sie, *isso!* – Nach dem Frühstück in den Putz-Sound, JJ CALE, es ist zuviel, Wasser durchs Gesicht, mehr Erde geht nicht. – UDO LINDENBERG hat seinen Porsche wieder, wollte um 3 Uhr morgens noch weg, Auto wech! – hat einer aus dem ‚Atlantic‘ geklaut und in Ahrensburg abgestellt, Wertsteigerung seit 1991 bei 300 Prozent, normal.

Tschernobyl 6: Begegnung auf der Straße – Einstieg in einen Wagen – Überreichung einer Urkunde, sehr gute Figur in Wien gemacht, Held der Sowjetunion, Beförderung – zu Hause, er hält seine Haare in der Hand – Sie müssen die Reaktoren verbessern RBMK – erst der Prozeß, dann haben wir einen Helden, und eine Wahrheit, dann kümmern wir uns um die Reaktoren – der Weg der LENINSCHEN Grundsätze, der Anklagevertreter – er hustet – kennen Sie etwas über Tschernobyl? – hier wohnten Juden und Polen, die Polen hat Stalin vertrieben, die Juden haben die Nazis umgebracht – nach dem Krieg kamen wieder Menschen hierher und niemand glaubte, daß ihnen jemals etwas passieren könnte – wie lange? die Ärzte sagen, ein Jahr oder etwas mehr, eine langwierige Krankheit – wozu sich den Kopf zerbrechen, wenn es doch nie passiert – wozu sich den Kopf zerbrechen, drucken wir das doch auf unser Geld – die Wahrheit schert sich nicht um Ideologie – was ist der Preis der Lüge – Legatow erhängte sich – die offizielle Zahl der Toten bis heute: 31.

,Hidden Figures' – KATHERINE JOHNSON, afroamerikanischer Herkunft, rechnete die Flugbahnen aus, auf denen John Glenn um die Erde sauste – eine Frau! 2016 wurde das öffentlich durch MARGOT LEE SHATTERLEYS Buch und Vorlage ,Hidden Figures', über den Rassismus, welcher Mrs. JOHNSON seinerzeit die Toilette für Farbige zuwies, eine halbe Meile vom Arbeitsplatz entfernt, das war der Weg der Frauen in der Männergesellschaft – ,Übrigens Katherine', wendet sich die weiße Sekretärin an sie, ,ich habe überhaupt nichts gegen Sie alle!' – darauf Katherine, ,ja, ich weiß, ich weiß, daß Sie das glauben'. Man kann doch nicht, kommt es noch, vor jedem Schwarzen, dem man als Weißer begegnet, vor Scham im Boden versinken.

Ursprünglich wurde die Polizei in den USA dafür geschaffen, geflohene Sklaven wieder einzufangen. Sie tat genau das, was sie jetzt tut – BILL CLINTONS große Strafrechtsreform, Aufrüstung, Drogenjagd.

Texas: 6.000 Infizierte in 24 Stunden – TRUMP-Voting bei 40 Prozent.

Werder macht 6 zu 1, Köln wollte nicht, die Relegation wird härter.

**30.6.** Zurück ins Eigene, die Kinderverbrechen. das Mißbrauchszentrum in NRW, Bergisch-Gladbach – es sind zur Stunde 30.000 Teilnehmer, die sich Tipps geben, wie man Kinder gefügig macht, den Mißbrauch besonders effektiv – ich stehe in blankem Ekel, wie dicht ist der Boden dieser Gesellschaft.

Sechs Staatsanwälte werden eingesetzt gegen dieses System der Massenvergewaltigung durch Täter, Helfer, Voyeure und Sympathisanten – wenn der Blick zurück Abgründe offenbart, kann das tröstlich sein, denn ich bin ja in aufsteigendem Gelände unterwegs – über 70 Jahre hinweg standen Vergewaltigungen von Kindern im Range von Kavaliersdelikten oder völliger Ignoranz. Wenn es denn durch allen behäbigen Widerstand hindurch vor den Richter kam, stellte der a) wegen Geringfügigkeit ein, b) gab eine Geldstrafe oder c) machte Freiheitsentzug auf Bewährung – die Variante b) illustrierte, es war wie im Puff, nur wird dort vorher bezahlt, nun ja, und eine in der Regel erwachsene Frau signalisiert rein geschäftliches Einvernehmen, von dem auch hier häufigen Gewaltverhältnis abgesehen.

Beim Kind wird das ‚besondere Gewaltverhältnis‘ (Terminus aus dem Verwaltungsrecht) in den Exzeß getrieben – es wird zum Sexsklaven des Paters in den berüchtigten Einrichtungen für die Kinder Gottes, für Erziehung, Ertüchtigung und Erbauung – oder das Kind wird herumgereicht zum allfälligen Gebrauch – wie im Berliner Abgrund, diesem offiziösen Duldungsregime von fast senatorischem Gepräge.

Für solche Tatserien gibt es längst einen Strafrahmen, wie TATJANA HÖRNLE erläutert – und dennoch: was nutzt der, wenn schon das Familiengericht nachsichtig ist, die erforderliche Ausbildung für diese Kundschaft fehlt, die Ermittlungen schleifen, wenn die Jugendämter schweigen, wenn das Pädophile im Halbdunkel bekannt und geduldet ist.

Die Frühsexualisierung von Kindesbeinen an,

- aus den Kommunen der 70er Jahre herkommend,
- fundiert von dem HELMUT KENTLER, grün-politisch transportiert,
- im Berliner Kultus offizialisiert und über Jahrzehnte festgeschrieben,
- weiter in den ‚Leporellos‘ der ‚Bundeszentrale für gesundheitliche Aufklärung‘ illustriert,
- und in der ‚Sexualpädagogik der Vielfalt‘ der ELISABETH TUIDER und des STEFAN TIMMERMANS gefeiert,

all dies, so MICHAELA FREIFRAU HEEREMAN vom NRW-Elternverein (Leserbrief 16.7.20), hat und bereitet weiterhin den Boden für diese ‚exponentiell erwachsenden Verbrechen‘ – und ihr letzter Satz und Aufruf an diese unsägliche KMK-Gemeinde: wann da eigentlich mal ein ‚entwicklungssensibler, altersgemäßer und bindungsorientierter‘ Ansatz für Sexualerziehung in Arbeit geht – die Antwort liegt offen: überhaupt nicht, wie in den 20 übrigen Themen von Kind – Schüler – Student.

Was hat es für Verbalaufstände in der Republik gegeben, als es um's Recht auf Abtreibung ging, man sammle die Ausbrüche des Klerus, sie paßten nicht zwischen zwei Buchdeckel! Das Leben aber der Lebenden, deren Würde des Artikel eins, war keinen Tort wert – Wieviele Hunderttausend ihr Unwesen treiben, weiterhin geduldet und abgedeckt, die für ihr Leben in Freiheit das ihrer Opfer vernichten, bleibt ungewiß in einer Angst-Gesellschaft, die sich an jeder Ecke mit ihrem Datenschutzwahn zu Fall bringt.

FRANCOIS FILLON beschäftigte als Premier seine Frau Penelope, sie war Mitarbeiterin, Mitarbeit nicht nachweisbar, daher wurden die Zahlungen zur Untreue – es bedurfte einigen Drucks bis zur Anklage, jetzt gabs fünf Jahre, drei zur Bewährung – bleibt nur ‚gute Führung‘, um die verbleibenden abzukürzen – immerhin! Ist in Sachen Bayrisches Familienparlament (guxdu Bd. 7.3, 2014, unter dem 13.6. – erscheint bald!) je das Wort Veruntreuung gefallen? Habe nichts gelesen von auch nur einer Anklage gegen die familienfreundlichen Arbeitgeber, geschweige denn von einem Urteil und gar seiner Vollstreckung – die Sache hatte schließlich epidemische Ausmaße, damit sind Sie ja nun vertraut – als seien es auch so eine Art Kavaliersdelikte … trägt unbedingt ein im Korruptionsindex, Herrschaften.

Wirecard: mit der Bankenaufsicht kippt auch die ‚Bilanzpolizei‘ der Wirtschaft, was an Ernest & Young noch hängen bleibt, erweist sich im 24 Stunden-Rhythmus – im Moment steht das erteilte Testat 2018 auf der Kippe.

‚Geschichte ist immer schmutzig‘, welch ein entspanntes Interview mit WOLFGANG REINHARD, frei von dogmatischer Kolonisierung über deutsche Erinnerungskultur, die er Erinnerungszwang nennt, wie das Verbot, den Holocaust zu leugnen – du siehst ja an den tausend rechtsradikalen Packs, was es bedeutet – und natürlich den Kolonialismus und Sklavenhandel, dem erst die rassistische Begründung aufgesetzt wurde, bis zum Entschuldungswahn – als ob das ginge! Gleiches gilt der sogenannten Vergangenheitsbewältigung.

Wie als Antwort hierauf kommt KARL GRÖZINGER (4.7.) mit einem Text um die Ecke, daß die Fetzen fliegen: einem 2.000-jährigen Abriß jüdischer Verursachung allen Unglücks dieser Welt, seit den Paradigmen des Neuen Testaments (die Juden als Kinder des Teufesl, welche die wahre Geisterkennung der johanneischen Botschaft bekämpfen) – weiter über MARTIN LUTHERS Ausrottungsaufruf, über Pestverursacher des 14. Jahrhunderts, den höfischen Merkantilismus, der den rechtlos gestellten Juden spezielle Steuern und Handelspflichten auferlegte, über FRIEDRICH DEN GROSSEN, der die Juden zum Kauf seines schwergängigen Porzellans, später zur Falschmünzerei nötigte, sodann wechselnd vom theologischen zum ‚Kapitalismus-Judenhass‘, ja ebenso seinem Gegenstück, dem kommunistischen Judenhass – und schließlich der Genese der Rassenlehre, in welcher Juden prominent besetzt wurden – aktueller Ausdruck seien Apartheid und Kolonialismus, den der Staat Israel betreibe.

Und wer hat das letzte Wort? – Ei die Bildungsrepublik, die Ereignisse, besser Zustände kannst du schon im Traum hersagen – aber es muß! Heute wieder die *top of the flops*, Berlin und Bremen, wobei unsere Corona auch hierbei geholfen hat: Mathe-Lockdown über Jahre kurz vor 30 %, vereinzelt, in der 9. Klasse auch 34 % der Schüler, nur Bremen ist weiter mit 40,6 % in der 9. Klasse (SCHMOLL 29.6.), Bayern bei 17 %, Sachsen bei 14! – Berliner Regel, sorry, Folge ist die Absenkung des Schwierigkeitsgrades.

Dabei ist Ergebnisanhebung der einfachere Weg, in Bremen um 2 Punkte, macht wegen des vierfachen Gewichts im Abi 8 Punkte, sind auch viel zu schwere Aufgaben, meint Schulsenatorin CLAUDIA BOGEDAN: Notenanhebung ist gute Tradition in Bremen (SCHMOLL 1.7.20) – Den vereinbarten Aufgabenpool der Länder will Bremen verlassen, auch viel zu schwer für Bremer!

Abschließend die Corona-Zeitachsen (Zahlen nach Worldometer)

| China | Infizierte | in 24 Std. | Aktive | Tote | in 24 Std. |
|---|---|---|---|---|---|
| 30.01.20 | 9.692 | 1.981 | 9.308 | 213 | 43 |
| 29.02.20 | 79.824 | 573 | 35.129 | 2.870 | 35 |
| 30.06.20 | 83.531 | - | 428 | ab 20.4. | 17.4.: 1.290 |
| 30.10.20 | 85.940 | (29.10.) 47 | 339 | 4.632 linear | danach linear 0 |
| Einw.: **1.441 Mill.** | | | | | |

| Frankreich | Infizierte | in 24 Std. | Aktive | Tote | in 24 Std. |
|---|---|---|---|---|---|
| 25.10.20 | 1.138.507 | 52.010 | 993.424 | 34.761 | 116 |
| 30.06.20 | 164.801 | 501 | 58.709 | 29.818 | 30 |
| 30.05.20 | 151.496 | 1.828 | 54.482 | 28.796 | 57 |
| 30.04.20 | 129.581 | 1.139 | 55.753 | 24.552 | 289 |
| 30.03.20 | 44.550 | 4.376 | 33.599 | 3.024 | 418 |
| 29.02.20 | 100 | 43 | 86 | 2 | 0 |

| Deutschland | Infizierte | in 24 Std. | Aktive | Tote | in 24 Std. |
|---|---|---|---|---|---|
| 25.10.20 | 437.637 | 9.829 | 110.399 | 10.138 | 27 |
| 30.06.20 | 195.832 | 440 | 7.680 | 9.052 | 11 |
| 30.05.20 | 183.294 | 275 | 9.797 | 8.600 | 6 |
| 30.04.20 | 163.009 | 1.470 | 32..886 | 6.623 | 156 |
| 30.03.20 | 66.885 | 4.450 | 52.740 | 645 | 104 |
| 29.02.20 | 79 | 26 | 63 | 0 | 0 |

| Italien | Infizierte | in 24 Std. | Aktive | Tote | in 24 Std. |
|---|---|---|---|---|---|
| 25.10.20 | 525.777 | 21.268 | 222.236 | 37.338 | 128 |
| 30.06.20 | 240.599 | 142 | 15.430 | 34.921 | 23 |
| 30.05.20 | 232.666 | 417 | 49.223 | 33.433 | 112 |
| 30.04.20 | 205.449 | 1.872 | 101.286 | 28.036 | 285 |
| 30.03.20 | 101.723 | 4.047 | 75.444 | 11.626 | 815 |
| 29.02.20 | 1.128 | 239 | 1.049 | 29 | 8 |

| Spanien | Infizierte | in 24 Std. | Aktive | Tote | in 24 Std. |
|---|---|---|---|---|---|
| 25.10.20 | 1.139102 | 13.658 | | 34.938 | 93 |
| 30.06.20 | 274.280 | 413 | | 28.355 | 9 |
| 30.05.20 | 265.047 | 274 | | 27.990 | 38 |
| 30.04.20 | 250.275 | 1.281 | | 24.543 | 268 |
| 30.03.20 | 167.155 | 5.356 | | 7.716 | 913 |
| 29.02.20 | 1.890 | 256 | | 0 | 0 |

| Großbritannien | Infizierte | in 24 Std. | Aktive | Tote | in 24 Std. |
|---|---|---|---|---|---|
| 25.10.20 | 873.800 | 19.790 | | 44.896 | 151 |
| 30.06.20 | 283.253 | 624 | | 40.391 | 51 |
| 30.05.20 | 249.171 | 1.453 | | 37.362 | 149 |
| 30.04.20 | 155.151 | 5.465 | | 26.614 | 657 |
| 30.03.20 | 20.066 | 2.373 | | 2.043 | 374 |
| 29.02.20 | 23 | 0 | | 0 | 0 |

| USA | Infizierte | in 24 Std. | Aktive | Tote | in 24 Std. |
|---|---|---|---|---|---|
| 25.10.20 | 8.892.942 | 63.510 | 2.889.849 | 230.516 | 442 |
| 30.06.20 | 2.735.956 | 46.877 | 1.438.633 | 130.321 | 731 |
| 30.05.20 | 1.837.592 | 23.588 | 1.163.551 | 108.362 | 1.030 |
| 30.04.20 | 1.105.439 | 31.329 | 873.565 | 65.201 | 2.278 |
| 30.03.20 | 171.686 | 23.712 | 162.012 | 4.107 | 823 |
| 29.02.20 | 68 | 0 | 60 | 1 | 0 |

| New York | Infizierte | in 24 Std. | Aktive | Tote | in 24 Std. |
|---|---|---|---|---|---|
| 25.10.20 | 531.648 | 1.588 | 82.852 | 33.565 | 9 |
| 30.06.20 | 417.836 | 508 | 296.232 | 32.129 | 17 |
| 30.05.20 | 388.621 | 1.651 | 282.160 | 30.419 | 79 |
| 30.04.20 | 310.839 | 4.681 | 237.654 | 23.780 | 306 |
| 30.03.20 | 68.123 | 6.785 | 61.674 | 2.140 | 418 |
| 29.02.20 | - | - | - | - | 29 |

| Brasilien | Infizierte | in 24 Std. | Aktive | Tote | in 24 Std. |
|---|---|---|---|---|---|
| 25.10.20 | 5.394.128 | 12.904 | 401.050 | 157.163 | 237 |
| 30.06.20 | 1.408.405 | 37.997 | 558.789 | 59.656 | 1.271 |
| 30.05.20 | 498.440 | 30.102 | 264.235 | 28.834 | 890 |
| 30.04.20 | 85.380 | 6.029 | 43.544 | 5.901 | 390 |
| 30.03.20 | 4.630 | 374 | 4.347 | 163 | 27 |
| 29.02.20 | 2 | 0 | 2 | 0 | 0 |

| Indien | Infizierte | in 24 Std. | Aktive | Tote | in 24 Std. |
|---|---|---|---|---|---|
| 25.10.20 | 7.909.050 | 45.158 | 656.026 | 119.030 | 463 |
| 30.06.20 | 585.792 | 18.256 | 220.546 | 17.410 | 906 |
| 30.05.20 | 181.827 | 8.336 | 89.706 | 5.185 | 205 |
| 30.04.20 | 34.863 | 1.801 | 24.641 | 1.154 | 75 |
| 30.03.20 | 1.251 | 0 | 1.117 | 32 | 0 |
| 29.02.20 | 3 | 0 | 0 | 0 | 0 |

| Tschechien | Infizierte | in 24 Std. | Aktive | Tote | in 24 Std. |
|---|---|---|---|---|---|
| 30.06.20 | 11.976 | 149 | 3.857 | 348 | 0 |
| 25.10.20 | 258.097 | 7.300 | 158.515 | 2.201 | 124 |

| Polen | Infizierte | in 24 Std. | Aktive | Tote | in 24 Std. |
|---|---|---|---|---|---|
| 30.06.20 | 34.393 | 239 | 11.649 | 1.463 | 19 |
| 25.10.20 | 253.688 | 11.742 | 136.631 | 4.438 | 87 |

| Belgien | Infizierte | in 24 Std. | Aktive | Tote | in 24 Std. |
|---|---|---|---|---|---|
| 30.06.20 | 61.427 | 66 | 34.807 | 9.636 | 3 |
| 25.10.20 | 305.409 | 17.709 | 271.794 | 10.737 | 79 |

| Holland | Infizierte | in 24 Std. | Aktive | Tote | in 24 Std. |
|---|---|---|---|---|---|
| 30.06.20 | 50.273 | 50 | | 6.113 | 6 |
| 25.10.20 | 291.254 | 10.202 | | 7.046 | 27 |

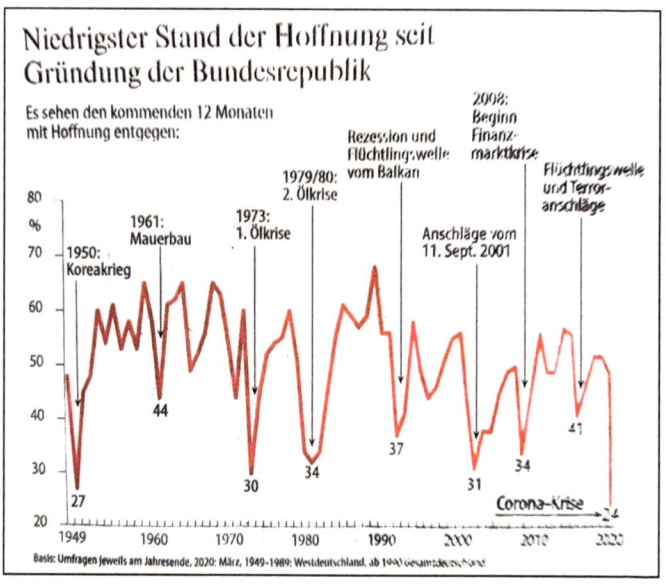

**Niedrigster Stand der Hoffnung seit Gründung der Bundesrepublik**

Es sehen den kommenden 12 Monaten mit Hoffnung entgegen:

- 1950: Koreakrieg
- 1961: Mauerbau
- 1973: 1. Ölkrise
- 1979/80: 2. Ölkrise
- Rezession und Flüchtlingswelle vom Balkan
- Anschläge vom 11. Sept. 2001
- 2008: Beginn Finanzmarktkrise
- Flüchtlingswelle und Terroranschläge
- Corona-Krise

Basis: Umfragen jeweils am Jahresende, 2020: März, 1949–1989: Westdeutschland, ab 1990 Gesamtdeutschland

So tief kann Hoffnung fallen …

Ein Perspektivwechsel könnte Linderung bringen:
die Erde, vom Mond aus gesehen

*Alfred Worden, Crescent Earth*
*rising beyond the Moon's barren horizon.*
*Apollo 15, July 26 – August 7, 1971,*
*orbit 70. Courtesy of Christie's Images*

# Namensverzeichnis

# Themenverzeichnis

# Abkürzungen

| BA | Bundesanstalt für Arbeit |
|---|---|
| *bullshit bingo* | vgl. Seite 202 |
| CET | Central European Time |
| DSGVO | Datenschutz-Grundverordnung |
| EAV | Erste Allgemeine Verunsicherung |
| ef | eigentümlich frei, Zeitschrift |
| EVI-39 | Economic Vulnerability Index |
| F+E | Forschung und Entwicklung |
| gMv | gesunder Menschenverstand |
| MPI-44 | Max Planck Institut |
| NRO | National Reconnaissance Office |
| PEP | Posten-Einkommen-Pension |
| VGH | Verwaltungsgerichtshof |

*Die Partitur*

# Phantastisches
# Tagebuch 1985–1989

Von oben, der vergeß, älter zu werden und mitten im Leben damit anfing

WELTBILDER

Christian Seegert – Phantastisches Tagebuch – Band 1

# 1990 – 1994

### Ab in die Kehrtwenden des Lebens

**Die Sensation ist perfekt!**

# Die MAUER ist weg!

DDR-Bürger dürfen ab sofort direkt in die Bundesrepublik und nach West-Berlin ausreisen

Stur auf Kurs ins Unglück

Christian Seegert
Phantastisches Tagebuch – Band 2

# 2012

„.... what ever it takes ...."

Christian Seegert
Phantastisches Tagebuch – Band 7.1

# 2013

„Der Euro, Aladin & die Wunderbank"

Christian Seegert
Phantastisches Tagebuch – Band 7.2

# 2017

### Das Glas ist voll!

Christian Seegert
Phantastisches Tagebuch – Band 9

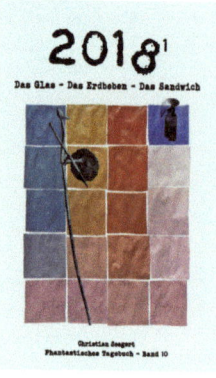

# 2018$^1$

### Das Glas – Das Erdbeben – Das Sandwich

Christian Seegert
Phantastisches Tagebuch – Band 10

# 2018$^2$

Im Sandwich – zwischen Amerika und Xi

Christian Seegert
Phantastisches
Tagebuch
– Band 11–

# 2019$^1$

CoUS? oder ABieCst – eine geht nur – oder keine ...

Christian Seegert
Phantastisches Tagebuch – Band 12

# 2019$^2$

### Was sehen Sie?

Christian Seegert
Phantastisches Tagebuch – Band 13